myBook+

Ihr Portal für alle Online-Materialien zum Buch!

Arbeitshilfen, die über ein normales Buch hinaus eine digitale Dimension eröffnen. Je nach Thema Vorlagen, Informationsgrafiken, Tutorials, Videos oder speziell entwickelte Rechner – all das bietet Ihnen die Plattform myBook+.

Und so einfach geht's:

– Gehen Sie auf **https://mybookplus.de**, registrieren Sie sich und geben Sie Ihren Buchcode ein, um auf die Online-Materialien Ihres Buches zu gelangen
– **Ihren individuellen Buchcode finden Sie am Buchende**

Wir wünschen Ihnen viel Spaß mit myBook+!

myBook+

Wertschätzende Kommunikation in der Personalarbeit

Anke Fröchling/Myrna Stuckert

Wertschätzende Kommunikation in der Personalarbeit

Eine empathische und respektvolle Schreib- und Gesprächskultur im Unternehmen gestalten

1. Auflage

Haufe Group
Freiburg · München · Stuttgart

Bibliografische Information der Deutschen Nationalbibliothek

Die Deutsche Nationalbibliothek verzeichnet diese Publikation in der Deutschen Nationalbibliografie; detaillierte bibliografische Daten sind im Internet über http://dnb.dnb.de/ abrufbar.

Print: ISBN 978-3-648-17519-4   Bestell-Nr. 14182-0001
ePub: ISBN 978-3-648-17520-0   Bestell-Nr. 14182-0100
ePDF: ISBN 978-3-648-17521-7   Bestell-Nr. 14182-0150

Anke Fröchling/Myrna Stuckert
Wertschätzende Kommunikation in der Personalarbeit
1. Auflage, Oktober 2024

© 2024 Haufe-Lexware GmbH & Co. KG
Munzinger Str. 9, 79111 Freiburg
www.haufe.de | info@haufe.de

Bildnachweis (Cover): Stoffers Grafik-Design, Leipzig, KI-generiert mit Midjourney

Produktmanagement: Dr. Bernhard Landkammer

Dieses Werk einschließlich aller seiner Teile ist urheberrechtlich geschützt. Alle Rechte, insbesondere die der Vervielfältigung, des auszugsweisen Nachdrucks, der Übersetzung und der Einspeicherung und Verarbeitung in elektronischen Systemen, vorbehalten. Alle Angaben/Daten nach bestem Wissen, jedoch ohne Gewähr für Vollständigkeit und Richtigkeit.

Sofern diese Publikation ein ergänzendes Online-Angebot beinhaltet, stehen die Inhalte für 12 Monate nach Einstellen bzw. Abverkauf des Buches, mindestens aber für zwei Jahre nach Erscheinen des Buches, online zur Verfügung. Ein Anspruch auf Nutzung darüber hinaus besteht nicht.

Sollte dieses Buch bzw. das Online-Angebot Links auf Webseiten Dritter enthalten, so übernehmen wir für deren Inhalte und die Verfügbarkeit keine Haftung. Wir machen uns diese Inhalte nicht zu eigen und verweisen lediglich auf deren Stand zum Zeitpunkt der Erstveröffentlichung.

Inhaltsverzeichnis

Einleitung 11

Teil A: Die Basis für eine wertschätzende Schreib- und Gesprächskultur 15

1	**Die eigene innere Haltung reflektieren**	**17**
1.1	Positive Grundeinstellung	17
1.2	Menschenbild	18
1.3	Ethische Haltung	19
1.4	Soziale Einstellung	21
1.5	Vertrauen	22
1.6	Fehlerkultur	23
1.7	Offenheit	24
1.8	Dankbarkeit	24
1.9	Innere Stärke	25
1.10	Kapitel 1 auf den Punkt gebracht	29
2	**Nützliche Werkzeuge für wertschätzende Kommunikation entdecken**	**31**
2.1	Mit der *Gewaltfreien Kommunikation (GfK)* wertschätzend kommunizieren	32
2.2	Mit dem *DISG-Persönlichkeitsmodell* die Menschenkenntnis vertiefen	47
2.3	Mit dem *Johari-Fenster* die Wichtigkeit von Feedback verstehen	62
2.4	Mit dem *Eisbergmodell* für Gefühle und Bedürfnisse sensibilisieren	67
2.5	Mit dem Modell *Das innere Team* souveräner auftreten	72
2.6	Mit dem *Nachrichtenquadrat* richtig verstanden werden	79
2.7	Mit den *Vier Verständlichmachern* klar kommunizieren	82
2.8	Mit dem Modell *Situatives Führen* den Führungsstil flexibel anpassen	88
2.9	Kapitel 2 auf den Punkt gebracht	92
3	**Schreibkultur wertschätzend gestalten**	**101**
3.1	Respektvolle E-Mails formulieren	101
3.2	Nutzerfreundliche Protokolle anfertigen	106
3.3	Überzeugende Entscheidungsvorlagen verfassen	109
3.4	Interessenorientierte Präsentationen vorbereiten	112
3.5	Kapitel 3 auf den Punkt gebracht	115

4	**Bedürfnisse verschiedener Hierarchieebenen verstehen**	117
4.1	Auszubildende	117
4.2	Praktikanten, dual Studierende und Trainees	118
4.3	Arbeiter	118
4.4	Angestellte	119
4.5	Vorgesetzte	121
4.6	Geschäftsführung	122
4.7	Kollegen	123
4.8	Betriebsrat	124
4.9	Externe Dritte	124
4.10	Kapitel 4 auf den Punkt gebracht	125

Überleitung zu Teil B 129

Teil B: Anwendung in den Personalbereichen 131

5	**Personalstrategien überzeugend kommunizieren und umsetzen**	135
5.1	Bedürfnisse der am Entscheidungsprozess Beteiligten analysieren	136
5.2	Entscheidungsvorlage für eine Personalstrategie schreiben	137
5.3	Überzeugende Personalstrategien vorstellen	141
5.4	Personalstrategie umsetzen und Mitarbeitende beteiligen	143
5.5	Kapitel 5 auf den Punkt gebracht	147

6	**In der Personalbeschaffung wertschätzend kommunizieren**	149
6.1	Ganzheitliches Anforderungsprofil entwickeln	150
6.2	Passgenaue Stellenanzeigen formulieren	158
6.3	Mit Bewerbern wertschätzend korrespondieren	166
6.4	Auswahl treffen und Bewerbungsgespräche persönlichkeitsorientiert führen	175
6.5	Verständliche Verträge schreiben	181
6.6	Individuelles Onboarding organisieren	186
6.7	Kapitel 6 auf den Punkt gebracht	189

7	**Mitarbeiter individuell führen und passgenau entwickeln**	191
7.1	Mitarbeitende wertschätzend führen	191
7.2	Situatives Feedback zur Leistung geben	200
7.3	Angekündigte Feedbackgespräche führen	206
7.4	Jährliche Mitarbeitergespräche begleiten	211
7.5	Individuelle Entwicklungsgespräche führen	216
7.6	Teams persönlichkeitsorientiert entwickeln	222
7.7	Kapitel 7 auf den Punkt gebracht	233

8	**Sich wertschätzend von Mitarbeitenden trennen**	235
8.1	Mitarbeitende respektvoll abmahnen	236
8.2	Trennungsgespräche empathisch führen	243
8.3	Zeugnisse individuell formulieren	247
8.4	Kapitel 8 auf den Punkt gebracht	254

9	**Schlussgedanken und Impulse**	255

Literatur und Onlinequellen 259
Die Autorinnen 263
Nachwort und Dankeschön 265
Verzeichnis unserer Arbeitshilfen auf myBook+ 267
Stichwortverzeichnis 269

Einleitung

Was ist Ihr Nutzen von wertschätzender Kommunikation?
- Sie verstehen noch besser, wie Kommunikation funktioniert, und was sie stört.
- Sie reflektieren sich selbst mit Ihren Gefühlen, Verhaltensvorlieben und Kommunikationsstilen.
- Sie lernen, die Bedürfnisse unterschiedlicher Persönlichkeiten zu verstehen und sich individuell auf sie einzustellen.
- Sie bewirken auf beiden Seiten Verständnis und Akzeptanz und bauen vertrauensvolle Beziehungen auf.
- Sie finden innere Klarheit in schwierigen Situationen und kommunizieren aufrichtig und empathisch.
- Sie können sicherer mit herausfordernden Menschen und Situationen umgehen.
- Sie meistern eigene Konflikte konstruktiv und tragen dazu bei, Konflikte anderer zu klären.
- Sie finden Win-win-Lösungen und fördern die Bereitschaft, zu kooperieren.
- Sie können schriftlich wie mündlich wirkungsvoller kommunizieren.

All dies führt nicht nur dazu, dass Sie Ihre eigene Kommunikation weiterentwickeln und davon auch in Ihren privaten Beziehungen profitieren, sondern Sie tragen gleichzeitig zu einer wertschätzenden Schreib- und Gesprächskultur und zum Erfolg Ihres Unternehmens bei. Das bedeutet ein besseres Arbeitsklima, motiviertere Mitarbeitende, höhere Leistungen, weniger Fluktuation, eine stärkere Arbeitgebermarke, gesteigerte Produktivität und damit gesundes Wirtschaften Ihres Unternehmens.

Für wen ist das Buch gedacht?
Unser Buch richtet sich an alle diejenigen, die verantwortlich oder mitverantwortlich für Personal sind:
- Mitarbeitende und Führungskräfte im Personalwesen,
- Mitarbeitende oder Geschäftsführer/-inhaber mit den zusätzlichen Aufgaben eines Personalverantwortlichen,
- externe Personalberaterinnen, Personaldienstleister und Kommunikationstrainerinnen.

Wir möchten Personalverantwortliche erreichen, die sich dafür begeistern lassen, die schriftliche und mündliche Kommunikation im Unternehmen wertschätzender zu gestalten.

Wie ist das Buch aufgebaut und welche Elemente erwarten Sie?
Wir haben das Buch in zwei Teile strukturiert:

Teil A: Die Basis für eine wertschätzende Schreib- und Gesprächskultur	Teil B: Anwendung in den Personalbereichen
• die eigene innere Haltung reflektieren • nützliche Werkzeuge für wertschätzende Kommunikation entdecken • Schreibkultur wertschätzend gestalten • Bedürfnisse verschiedener Hierarchieebenen verstehen	• Personalstrategien überzeugend kommunizieren und umsetzen • in der Personalbeschaffung wertschätzend kommunizieren • Mitarbeitende individuell führen und passgenau entwickeln • sich wertschätzend von Mitarbeitenden trennen

Teil A bietet Ihnen eine umfassende Einführung in die Grundlagen, die Ihren Blick für wertschätzende Kommunikation öffnen, erweitern und vertiefen – immer schon auf Personalarbeit bezogen. In Teil B werden Praxiswissen und Werkzeuge auf die vier zentralen Tätigkeitsbereiche von Personalverantwortlichen angewendet. Sie erwartet neben aktivierendem Text eine Fülle an Grafiken, Tabellen, Checklisten, Tipps, Werkzeugen, Praxisbeispielen und Arbeitshilfen. Und Sie werden sehen: Dabei spielen Farben eine wichtige Rolle!

Wie können Sie dieses Buch lesen?
Es gibt verschiedene Lesarten:
a) chronologisch und systematisch nach dem roten Faden des Buches,
b) intuitiv nach Gefühl, Interesse und Lust,
c) selektiv und gezielt nach Ihren aktuellen oder zukünftigen Aufgaben und Herausforderungen,
d) auf Ihre ganz eigene Art und Weise.

Die vielfältigen Praxisbeispiele können Sie leicht an unserem *Beispiel-Button* erkennen. Damit Sie in Ihrem Arbeitsalltag leicht und schnell auf nützliche Tools zugreifen können, gibt es auf *myBook+* Arbeitshilfen, die Sie über einen QR-Code abrufen können. So können Sie sofort umsetzen, was Sie gelesen haben und den Nutzen nachhaltig erleben.

Wer sind die Autorinnen und wie kam es zu diesem Buch?
Wir, das sind Anke Fröchling und Myrna Stuckert. Anke arbeitet als Schreibcoach und Sachbuchautorin. Sie ist Expertin für professionelles Schreibcoaching und für wertschätzende Korrespondenz. Myrna ist systemische Organisationsberaterin, systemischer Business Coach, Trainerin mit Schwerpunkt wertschätzende Kommunikation und akkreditierte INSIGHTS MDI®-Beraterin. Sie hat viele Jahre im Personalwesen gearbeitet – unter anderem als Personalleiterin in einem internationalen Konzern.

Unsere Schnittmenge: Wir setzen uns beide intensiv mit dem Thema wertschätzende Kommunikation auseinander und integrieren die dafür wirksamen Modelle in unsere tägliche Arbeit.

Auch die Entstehungsgeschichte dieses Buches ist besonders: Wir sind Schulfreundinnen und haben uns über die sozialen Netzwerke wiedergefunden. Als Myrna über ein berufliches Online-Netzwerk von Ankes Buch *Wertschätzend korrespondieren* erfuhr, hatte sie die Idee, gemeinsam ein Buch zu schreiben, das Know-how und Erfahrungen beider verbindet.

Wir wünschen Ihnen, dass dieses Buch Sie stärkt, inspiriert, motiviert und dafür begeistert, wertschätzend zu kommunizieren! Viel Spaß beim Lesen …

Ihre Anke Fröchling und Ihre Myrna Stuckert

Teil A: Die Basis für eine wertschätzende Schreib- und Gesprächskultur

1 Die eigene innere Haltung reflektieren

Wenn Sie beginnen, sich mit wertschätzender Kommunikation zu beschäftigen, werden Sie wahrscheinlich nach und nach die Welt mit neuen Augen sehen. Ihre innere Haltung wird sich noch stärker als zuvor in Richtung Respekt und Achtsamkeit verändern.

Die innere Haltung ist die Einstellung, mit der eine Person auf Situationen reagiert und wie sie diese bewertet. Sie entwickelt sich durch die Biografie und die Sozialisation, durch Ereignisse, Erfahrungen und durch die Menschen, die einen beeinflussen. Dadurch entstehen das eigene Menschen- und Weltbild sowie die Perspektive, aus der heraus das Individuum empfindet, denkt und sich verhält.

Im besten Fall verhilft Ihnen eine wertschätzende innere Haltung zu einem guten Umgang mit sich selbst und stärkt so auch die Resilienz. Gleichzeitig fühlen sich die Menschen, denen Sie begegnen, respektiert und erfreut. Daraus entfalten sich eine positive Stimmung und eine konstruktive Zusammenarbeit.

Für Sie als Personalverantwortliche ist der Mensch die wichtigste Ressource im Unternehmen. Wenn Sie dafür sorgen, dass Mitarbeitende gern zur Arbeit gehen, sorgen Sie gleichzeitig dafür, dass diese die größte Leistung bringen. Außerdem können Sie als Vorbild die Unternehmenskultur gestalten.

Die folgenden Aspekte sind für eine mündliche und schriftliche wertschätzende Kommunikation hilfreich – unabhängig davon, ob sie bereits ausgeprägt sind oder sich gerade erst entwickeln.

1.1 Positive Grundeinstellung

Vielleicht kennen Sie es: Ihr Mitarbeiter, Ihre Kollegin, Ihr Vorgesetzter, Ihr Partner, eine Nachbarin, ein Freund – und zuweilen vielleicht auch man selbst – jammert, schimpft, nörgelt, regt sich auf, ist zynisch, polemisch, sieht alles schwarz oder katastrophisiert. Es ist nicht einfach, sich davon abzugrenzen und sich nicht herunterziehen, beunruhigen, angreifen oder demotivieren zu lassen.

Erarbeiten Sie sich eine positive Grundeinstellung und versuchen Sie, immer wieder darauf zurückzukommen. Üben Sie sich darin:
- das Gute zu sehen – im anderen, in sich selbst, in einer Situation, in einem Geschehen, in einer Sache,
- den Fokus, wo immer möglich, auf das Positive zu legen,

- auch andere Perspektiven einzunehmen und zuzulassen,
- den Sinn dessen, was geschieht, wahrzunehmen und zu verstehen,
- Schwieriges entweder anzunehmen oder es zu verändern,
- das Problem in eine Herausforderung zu verwandeln,
- lösungsorientiert zu denken und
- ein für alle Parteien positives Ergebnis anzustreben.

Fragen Sie sich in jeder belastenden und schwierigen Situation:

Abb. 1: Fragen für eine positive Grundeinstellung

1.2 Menschenbild

Andere Menschen abzuwerten, ist sehr verbreitet. Kaum jemand ist völlig frei davon. Wir neigen dazu, zu vergleichen: Sind die anderen schlauer oder dümmer, gebildeter oder ungebildeter, größer oder kleiner, schöner oder hässlicher, dicker oder dünner, ärmer oder reicher, erfolgreicher oder weniger erfolgreich als ich/wir? Wir haben Vorurteile hinsichtlich des Geschlechts, des Alters, der Erfahrung, des Jobs, der Funktion, der Hierarchie, der Religion, der Parteizugehörigkeit, der Hautfarbe, der sexuellen Orientierung, der Kultur und vieler anderer Dinge mehr.

Wertschätzung bedeutet, diese Gedanken wahrzunehmen und sie dann vorbeiziehen zu lassen. Setzen Sie sich zum Ziel, sie durch folgende Aussagen zu ersetzen:
- Alle Menschen sind gleichwertig.
- Alle Menschen sind grundsätzlich gut.
- Alle Menschen geben das Beste, das ihnen in einer Situation für sie möglich ist.
- Jeder Mensch kann sich weiterentwickeln.
- Ich kann andere Menschen nicht ändern, nur mich selbst.
- Ich kann nur versuchen, sie für etwas zu gewinnen.

Wir Autorinnen möchten Sie dafür gewinnen:
- das Interesse an anderen Menschen zu vertiefen,
- alle Menschen wertzuschätzen – egal, auf welcher Hierarchieebene,
- auf gleicher Augenhöhe sein zu wollen,
- andere weder ab- noch aufzuwerten,
- leidenschaftlich die positiven Eigenschaften des Gegenübers zu suchen,
- den Fokus auf die Stärken des Gegenübers zu legen und
- ihn oder sie, wo möglich, zu fördern und zu unterstützen.

1.3 Ethische Haltung

Bei einer ethischen Haltung geht es darum, sich bestimmter Werte und Normen bewusst zu sein und danach zu leben. Dabei verstehen wir unter Werten allgemeine Zielvorstellungen wie Ehrlichkeit, Frieden, Gerechtigkeit und Höflichkeit. Die dazugehörigen Normen wären konkrete Handlungsrichtlinien – beispielsweise »Ich sage die Wahrheit.«, »Ich löse Konflikte ohne Gewalt.«, »Ich behandle alle nach den gleichen Grundsätzen.«, »Ich begrüße, bedanke mich und verabschiede mich.«.

Besonders als Vertreter der Personalabteilung sollten wir in dieser Hinsicht als Vorbild dienen, denn wir stellen das Gewissen des Unternehmens dar. Dies bedeutet, dass wir diese Werte und Normen nicht nur selbst verinnerlichen und in unseren beruflichen Alltag integrieren, sondern auch die Verantwortung tragen, sie im gesamten Unternehmen zu verwirklichen und zu fördern.

Das Beschäftigen mit dem Thema *Wertschätzung* führt bestenfalls auch dazu, eine ethische innere Haltung gegenüber der Umwelt auszubauen. Das Unternehmen ist Teil der Umwelt und ist damit auch mit für sie verantwortlich. Wertschätzend ist es, im Unternehmen darauf zu achten, klimafreundlich zu produzieren und zu reisen, Ressourcen zu schonen, Müll zu vermeiden sowie den Tierschutz zu fördern. Dazu gehört auch, dafür zu sorgen, dass die Arbeitsbedingungen sicher und fair sind – sowohl die eigenen weltweit als auch die der Lieferanten. Für besonders wichtig halten wir, keine Kinderarbeit zuzulassen.

In den verschiedenen Unternehmensbereichen heißt es, zwischen Bequemlichkeit, Kostensparen, Selbstbestimmtheit auf der einen Seite und Nachhaltigkeit auf der anderen Seite abzuwägen. Bestenfalls schließen sich diese Faktoren nicht aus.

Konkrete Maßnahmen, die direkt oder indirekt von der Personalabteilung beeinflusst werden können, sind zum Beispiel:

Personal
- Bewerbungen per E-Mail und Online-Formular zulassen.
- Erste Bewerbungsgespräche online führen.
- Für Seminare und Workshops Trainer und Tagungsorte aus der Region auswählen.
- Bei Veranstaltung und Besprechungen die Bewirtung auf gesund und nachhaltig umstellen.
- Bei den Betriebsvereinbarungen ethische Grundlagen einbeziehen, zum Beispiel Reisekosten-Richtlinien.

Arbeitswege, Geschäftsreisen und Transport
- Bahn statt Auto oder Flug.
- Fahrgemeinschaften bilden.
- Tickets für öffentliche Verkehrsmittel anbieten.
- Arbeitsweg per Fahrrad unterstützen – finanziell, durch firmeneigene Fahrräder, Unterstellmöglichkeiten für Fahrräder und durch Duschräume.
- Fahrzeugflotte auf klimafreundliche Technologie umrüsten.
- E-Ladestationen einrichten.
- Bei der Logistik unnötige Wege/Transporte vermeiden.

Einkauf und Produktion
- Plastikfreie Verpackungen, recycelte Materialien und Produkte einkaufen.
- Wenig in Plastik verpackte Produkte verwenden und verkaufen.
- Für Meetings von Kaffeekapseln absehen.
- Bei Kaffeeautomaten finanziellen Anreiz schaffen: Kaffeepreis mit eigenem Porzellanbecher niedriger als mit Einmal-Plastikbecher.
- Nachfüllbare Flipchart-Marker und recyceltes Papier bestellen.
- Produktion: Emissionen bestmöglich reduzieren und für Arbeitsschutz sorgen.

Ernährung und Tierschutz
- In der Kantine vegetarische und vegane Gerichte anbieten.
- Bio-Fleisch und regionale Produkte verwenden.
- Mehr Obst und mehr Gemüse anbieten.

Als Personalverantwortliche liegt einiges davon in Ihrer direkten Verantwortung, anderes können Sie indirekt mit beeinflussen. Wenn Sie ethisches Handeln tatkräftig fördern, tragen Sie nicht nur zu einer wertschätzenderen Unternehmenskultur und einem positiveren Unternehmensimage bei, sondern auch dazu, dass die kommenden Generationen eine Zukunft haben.

1.4 Soziale Einstellung

Wer sich nur oder vor allem auf sich selbst, seine Vorteile und sein eigenes Vorwärtskommen konzentriert, wird wahrscheinlich sein Prestige, seine Macht und sein Geld vermehren. Diese »Güter« werden in unserer Gesellschaft häufig mit Erfolg gleichgesetzt. Mit Wertschätzung hat das meistens wenig zu tun.

Echter Kontakt zu anderen sowie befriedigende berufliche und private Beziehungen lassen sich nur aufbauen, wenn das Ich mit dem Du zusammenarbeitet. Das bedeutet, nicht nur an sich selbst zu denken, sondern sich wirklich für das Gegenüber zu interessieren, aktiv zuzuhören und sich Zeit zu nehmen, um zu erkunden: Was ist das für ein Mensch hinter der Fassade, hinter der Rolle? Das bedeutet auch Empathie, sich in den anderen hineinzuversetzen und seine Bedürfnisse im Blick zu haben.

So kann eine Balance zwischen Nehmen und Geben entstehen. Dazu gehört auch, teilen zu können und Freude daran zu empfinden, andere zu unterstützen oder zu beschenken.

Als Kompass für soziales Handeln kann die sogenannte Goldene Regel gelten: »Behandle andere so, wie du von ihnen behandelt werden willst.« Das kann heißen, die Interessen und Wünsche anderer als gleichwertig mit den eigenen anzuerkennen. Noch weiter auf die Spitze getrieben kann daraus werden: »Behandele die anderen so, wie sie es brauchen.« Wichtig dabei ist selbstverständlich, den eigenen Selbstwert und die eigenen Bedürfnisse zu achten und im Blick zu behalten, ob gesund ist, was der andere braucht. Es geht also darum, nicht davon auszugehen, dass der andere die gleichen Bedürfnisse wie man selbst hat, sondern darum, die spezifischen Bedürfnisse des Kommunikationspartners zu erkennen.

Für Sie als Personalverantwortliche kann das bedeuten:
- bei Personalstrategien die unterschiedlichen Bedürfnisse der jeweiligen Gruppen und Individuen bestmöglich zu berücksichtigen,
- bei der Personalbeschaffung die Mitarbeitenden nach ihren Stärken und Bedürfnissen einzusetzen,
- bei der Personalentwicklung auf die unterschiedlichen Lerntypen einzugehen,
- bei der Trennung von Mitarbeitenden auch ihre Sorgen und Wünsche zu beachten sowie
- in jeder Situation mündlich und schriftlich wertschätzend zu kommunizieren.

1.5 Vertrauen

»Vertrauen ist gut, Kontrolle ist besser!« – Ist dieser Spruch noch aktuell? Karin Lausch (2023) erklärt in ihrem Buch *Trust me. Warum Vertrauen die Zukunft der Arbeit ist*, dass dieses Zitat überholt ist. Sie schreibt, dass wir dringend Vertrauen brauchen, wenn wir die Herausforderungen der zukünftigen Arbeitswelt meistern wollen. Vertrauen sei das Fundament für psychologische Sicherheit, durch die Teams erst möglich und innovativ werden. Das sehen wir genauso.

Spüre ich, dass mir Vertrauen geschenkt wird, entfalte ich mich, blühe auf und wachse. Vertrauen bringt die guten Seiten im Menschen zum Vorschein. Vertrauen hat viel mit Wertschätzung zu tun. Wird mir vertraut, fühle ich mich wertgeschätzt und bin bereit, mein Bestes zu geben. Das gilt auch für Ihre Mitarbeitenden. Schenken Sie ihnen Vertrauen, arbeiten sie engagiert und entwickeln sich positiv.

Zunächst stellt sich die Frage: Habe ich Vertrauen in mich selbst? Wie sieht es mit meinem Selbstvertrauen aus? Was halte ich von mir? Glaube ich an meine Fähigkeiten, Situationen und Probleme zu meistern? Ein gutes Selbstvertrauen lädt das Gegenüber dazu ein, sich zu öffnen. Ein gegenseitiges Vertrauen kann entstehen. Es gibt übrigens eine Fülle von Möglichkeiten, das Selbstvertrauen zu stärken – unter anderem durch Bücher, Seminare oder Coaching.

Der nächste Schritt ist, über die folgenden Fragen nachzudenken:
- Glaube ich grundsätzlich, dass alles gut werden wird?
- Glaube ich an das Potenzial meiner Mitmenschen?
- Kann ich Verantwortung abgeben, Aufgaben delegieren?

Vertrauen ist die Basis für Offenheit und für wertschätzende Kommunikation.

Es geht hier nicht darum, naiv und leichtgläubig zu sein. Es gibt leider Menschen, die Vertrauen missbrauchen, betrügen, täuschen, lügen, stehlen oder Sachen beschädigen. Eine feine Antenne hierfür zu entwickeln, ist sehr wichtig. Innerhalb des Unternehmens sind Sie in gewisser Weise davor geschützt, weil Sie es nicht mit Fremden zu tun haben, die anonym kriminell werden können. Stattdessen sind subtilere Formen problematisch, wie schlecht über einen Kollegen oder ein Team zu reden, Erfolge anderer als die eigenen darzustellen oder sogar Mobbing gegenüber Kollegen.

Vertrauen zu gewinnen, kann länger dauern. Manchmal reicht nur eine negative Erfahrung, um es zu erschüttern. Bei einer guten Vertrauensbasis können Fehler und Verletzungen aber verziehen werden. Es ist sehr wichtig, kontinuierlich am Vertrauensverhältnis zu arbeiten.

Als Personalverantwortliche können Sie dazu beizutragen, eine wertschätzende Unternehmenskultur aufzubauen, vorzuleben und zu pflegen. Diese wird immer stärker dazu führen, dass Spannungen und Konflikte unter Kollegen nachlassen und das Vertrauen wächst.

1.6 Fehlerkultur

Fehler passieren, Irren ist menschlich. Niemand ist gefeit davor, Fehler zu machen. Es ist aber entscheidend, wie damit umgegangen wird.

Hier spielen Personalverantwortliche eine wesentliche Rolle. Die Don'ts:
- persönlich verletzend kritisieren,
- anderen Schuld zuweisen,
- jemanden vor anderen bloßstellen,
- Druck aufbauen,
- einschüchtern und verunsichern,
- drohen und bestrafen.

All das lähmt die Effektivität und Kreativität, verhindert oder zerstört Vertrauen, führt zu Demotivation und innerer wie äußerer Kündigung. Es entsteht ein Klima von Angst, Missgunst, Rachegedanken, Trotz, Widerstand oder Depression, was alles zu einer inneren Anspannung führt. Wer angespannt ist, macht häufig mehr Fehler. Keine Angst vor Fehlern haben zu müssen, entspannt hingegen.

Als Personalverantwortliche können Sie folgende Maßnahmen ergreifen, um eine positive Fehlerkultur zu fördern:
- vermitteln und vorleben, aus Fehlern lernen zu können,
- Fehler als Möglichkeit sehen, sich beziehungsweise die Prozesse im Unternehmen zu verbessern,
- Ursachen von Fehlern verstehen,
- die Folgen verantwortungsvoll beheben,
- Prozesse verbessern, um weiteren Fehlern vorzubeugen,
- Fehler sachlich, konstruktiv und wertschätzend unter vier Augen ansprechen,
- für eigene Fehler um Entschuldigung bitten,
- wenn nötig und möglich durch eine Geste das Vertrauen wiederherstellen,
- das Gegenüber motivieren und stärken.

Selbstverständlich ist das grundsätzliche Ziel, dass jeder im Unternehmen in jeder Situation sein Bestes gibt.

1.7 Offenheit

Wer wertschätzend kommunizieren will, braucht ein Mindestmaß an Offenheit. Sie können in jedem Gespräch, in jeder E-Mail entscheiden: Will ich mich schützen? Gehe ich auf (Gegen-)Angriff? Oder lasse ich Offenheit zu?

Was meinen wir mit Offenheit in diesem Zusammenhang? Auf der einen Seite Empathie, Neugier und Interesse: Sich hineinzuversetzen in den anderen, wirklich wissen zu wollen, wie er die Situation sieht, was er fühlt, denkt und braucht. Dazu gehört auch, andere Meinungen zu respektieren, unvoreingenommen zu sein und wirklich zuzuhören. Das fällt besonders in gesellschaftlich und politisch angespannten Zeiten nicht immer leicht und kann heftige Emotionen auslösen.

Auf der anderen Seite bedeutet Offenheit, auch selbst aufrichtig zu erklären, wie es mir geht und was ich brauche. Hierzu gehören Selbstreflexion und auch der Mut, die eigenen Gefühle und Bedürfnisse offen und ehrlich zu kommunizieren.

Im Bereich der Personalarbeit geht es vor allem um Folgendes:
- zu verstehen, was den Mitarbeiter bewegt und was er braucht – um ihn optimal zu fördern,
- selbst dazu bereit zu sein, an sich zu arbeiten und sich weiterzuentwickeln,
- auch Schwächen zeigen zu können und dürfen,
- proaktiv andere Sichtweisen zu erfragen und Meinungen einzuholen,
- Diversität positiv zu (er-)leben,
- offen für neue Vorgehensweisen zu sein und nach ihnen zu suchen.

Gleichzeitig sind klare Grenzen, Vereinbarungen und Verträge notwendig. Nur so kann Offenheit funktionieren. Denn sie geben Sicherheit, indem sie klären und festlegen: Was sind unsere Werte und Regeln im Unternehmen? Welches Verhalten erwarten wir? Welche Konsequenzen gibt es bei Fehlverhalten?

1.8 Dankbarkeit

Wertschätzung und Dankbarkeit gehören untrennbar zusammen. Wenn ich für etwas dankbar bin, schätze ich es wert.

Dankbarkeit beginnt im Innern. Sie können es jeden Tag üben und trainieren. Fragen Sie sich – zum Beispiel am Abend:
- Was ist heute Gutes passiert?
- Was durfte ich heute dazulernen?
- Wofür bin ich dankbar?

Das können auch kleine Dinge, Erlebnisse und Erfahrungen sein. Es geht darum, wahrzunehmen, was man hat – auch wenn es Ihnen selbstverständlich erscheint. Das fängt an mit den Lebensgrundlagen wie Nahrung, Wasser, Schlaf, Wohnung, Wärme, Gesundheit, Frieden, Kleidung, Bildung, Beruf. Es geht weiter mit Familie, Freunden, Kollegen, Netzwerken, Wertschätzung und Erfolgen. Und kann gipfeln in »Sahnehäubchen« wie Kultur, Reisen, Essengehen, Feiern, Hobbys und persönliche Weiterentwicklung.

Dankbarkeit lädt positiv auf, lässt Fülle statt Mangel fühlen und macht glücklich. Statt zu jammern, zu nörgeln, zu kritisieren, anzugreifen, fokussiere ich mich auf das Positive und auf das Lösen von Problemen.

In der wertschätzenden Kommunikation bedeutet diese innere Haltung einerseits, Dank auszudrücken, und andererseits, Dank annehmen zu können.

Wenn ich mich bei einem Mitarbeiter für sein Engagement, seine Loyalität, seine Leistung, seine Offenheit oder seine Lernbereitschaft bedanke, kann ich damit Großes bewirken. Die Person fühlt sich gesehen und geschätzt. Das motiviert ungemein und bringt ihre besten Seiten zum Vorschein.

Wenn ich den Dank eines Menschen annehme, gebe ich diesem die Möglichkeit, diesen »loszuwerden« und sich damit besser zu fühlen. Und ich gebe mir selbst die Möglichkeit, mich darüber zu freuen und mich zu stärken.

1.9 Innere Stärke

Aus unserer Sicht gibt es einen weiteren Aspekt, der wertschätzende Kommunikation ermöglicht und der durch sie gesteigert wird: innere Stärke.

Das heißt auf der einen Seite Mut zur Selbstreflexion:
- immer wieder in Kontakt gehen mit der eigenen emotionalen und mentalen Verfassung,
- negative Emotionen wahrnehmen, annehmen, verarbeiten,
- vertrautes schädliches Verhalten weglassen und nach gesünderen Alternativen suchen.

Auf der anderen Seite erfordert es Mut zu aufrichtiger Kommunikation:
- eine angespannte Situation ansprechen,
- sich öffnen, Gefühle benennen, Bedürfnisse formulieren,
- konkret um Unterstützung bitten,
- Grenzen ziehen und für Respekt einstehen,

- die eigene Meinung äußern und für die eigenen Werte eintreten,
- Schwächen und Fehler eingestehen.

Praxisbeispiel
Stellen Sie sich vor, dass eine Ihrer Mitarbeitenden jeden Tag sehr genau darauf achtet, pünktlich mit der Arbeit aufzuhören. Sie zeigt keinerlei zeitliche Flexibilität entsprechend dem Arbeitsaufkommen und bei wichtigen Terminen.

Ihre Perspektive:
Entweder muss diese Mitarbeiterin bestimmte Aufgaben am nächsten Tag fortsetzen und der Arbeitsfluss wird unterbrochen. Das bedeutet, dass sie sich wieder neu hineindenken muss. Oder es bedeutet, dass bei dringenden Aufgaben ein Kollege einspringen und sie fertigstellen muss – dies ist nicht teamorientiert. Beides ist nicht effektiv. Manche Aufgaben werden vielleicht sogar nicht rechtzeitig fertig. Das kann unter Umständen einen finanziellen Verlust oder einen Imageschaden für die Abteilung bedeuten.

Die Perspektive der Mitarbeiterin:
Ihr Mann ist Hauptverdiener. Sie ist dafür zuständig, ihr Kind nachmittags von der Kita abzuholen und zu betreuen. Die Kita schließt um 16 Uhr. Kommt diese Mitarbeiterin wiederholt nicht pünktlich zum Abholen, bedeutet dies massiven Ärger mit der Einrichtung und ein unglückliches Kind. Gleichzeitig ist ihr ihre Arbeit sehr wichtig – sie engagiert sich während der Arbeitszeit hochmotiviert für ihre Aufgaben und ihr Team.

In der folgenden Tabelle spielen wir dieses Beispiel durch mit allen gerade diskutierten Aspekten der inneren Haltung. Wir stellen gegenüber:
- Welche innere Haltung ist ungünstig für eine wertschätzende Kommunikation?
- Welche innere Haltung wäre hingegen günstig für eine wertschätzende Kommunikation?

Aspekt der inneren Haltung	ungünstig für wertschätzende Kommunikation	günstig für wertschätzende Kommunikation
1. Grundeinstellung	Sie denken negativ: »Diese Mitarbeiterin legt ihre Prioritäten auf den privaten Bereich. Sie arbeitet nur, um Geld zu verdienen. Sie interessiert sich zu wenig für die Ergebnisse, und es mangelt ihr an Engagement.« Sie ärgern sich und begegnen ihr unterschwellig angespannt und kritisch.	Sie denken positiv: »Diese Mitarbeiterin achtet auf ihre Gesundheit. Vielleicht hat sie auch private Verpflichtungen.« Sie gehen in einen wertschätzenden Dialog mit ihr. Dabei nutzen Sie die vier Schritte der gewaltfreien Kommunikation (siehe Kapitel 2.1).

Aspekt der inneren Haltung	ungünstig für wertschätzende Kommunikation	günstig für wertschätzende Kommunikation
2. Menschenbild	Sie werten ab: »Das ist so eine typische Mutti. Frau am Herd kümmert sich um die Kinder, Mann macht Karriere. Einen verantwortungsvollen Job kann die gar nicht leisten.« Sie respektieren sie nicht als gleichwertige Mitarbeiterin.	Sie überlegen: »Sie gibt bestimmt ihr Bestes. Es ist nicht leicht, Beruf und Familie zu vereinbaren. In ihrer Arbeitszeit macht sie einen sehr guten Job.« Sie gehen interessiert und respektvoll auf sie zu, fokussieren sich auf ihre Stärken und suchen nach einer guten Lösung.
3. Ethische Haltung	Sie handeln nicht gerecht: »Ich gebe lieber Herrn X die anspruchsvollen Aufgaben. Da bin mir sicher, dass sie gut und termingerecht erledigt werden.« Sie berücksichtigen die Mitarbeiterin nicht bei Beförderungen.	Sie reflektieren: »Ich würdige ihre Familienarbeit. Chancengleichheit liegt mir am Herzen. Ich fordere und fördere sie genauso wie die anderen.« Sie bleiben fair und behandeln alle Mitarbeitenden gerecht. Sie setzen sich vorbildlich dafür ein, traditionelle Rollenmuster aufzubrechen.
4. Soziale Einstellung	Sie denken: »Es ist mir egal, wie sie ihr Privatleben organisiert. Die Arbeit steht an erster Stelle!« Sie sehen Ihre Mitarbeiterin nur als eine Personalressource.	Sie interessiert der ganze Mensch: »Was bewegt sie, wie geht es ihr und was befürchtet sie? Welche Bedürfnisse hat sie? Wie können wir die Situation für beide Seiten gut gestalten?« Sie hören aktiv zu und versetzen sich in ihre Perspektive. Durch diese Empathie kann sich eine gemeinsame Lösung entwickeln.
5. Vertrauen	Sie meinen: »Nur wer dazu bereit ist, über die vertraglich vereinbarte Zeit hinaus zu arbeiten, schafft einen guten Job.« Sie trauen Ihrer Mitarbeiterin nicht zu, innerhalb der regulären Zeit engagiert und effektiv zu arbeiten.	Sie glauben: »Ich kann meiner Mitarbeiterin vertrauen, dass sie gute Arbeit leistet. Sie hat die Ziele unseres Teams und des gesamten Unternehmens im Blick.« Dadurch bauen Sie eine vertrauensvolle Beziehung zu ihr auf, stärken ihr Engagement und festigen ihre Loyalität.
6. Fehlerkultur	Sie geben Ihrer Mitarbeiterin innerlich die Schuld: »Hat der Kollege ihre Arbeit unbefriedigend beendet, hat die Mitarbeiterin Schuld, weil sie nicht rechtzeitig fertig geworden ist.« Sie kritisieren sie öffentlich und machen ihr ein schlechtes Gewissen.	Sie analysieren: »Das Ergebnis dieser Arbeit war unbefriedigend. Aber: Aus Fehlern können wir lernen! Was war die Ursache? Wie verändern wir die Prozesse so, dass wir verlässlich rechtzeitig fertig werden?« Sie sprechen das unbefriedigende Ergebnis konstruktiv an. Im Team sammeln Sie Ideen, um den Arbeitsablauf zu verbessern.

Aspekt der inneren Haltung	ungünstig für wertschätzende Kommunikation	günstig für wertschätzende Kommunikation
7. Offenheit	Sie kommunizieren nicht klar Ihre Gedanken und Gefühle: »Ich bin die Vorgesetzte und darf meine Emotionen nicht aussprechen. Es geht nur um die Sache und um die Ergebnisse.« Sie schützen sich und bauen Distanz auf.	Sie erforschen: »Wie geht es mir mit der Situation? Warum stresst mich das so? Was steckt dahinter?« Sie reflektieren sich selbst und verschaffen sich Klarheit über Ihre Gefühle und Bedürfnisse. Indem Sie sich öffnen und aufrichtig sind, zeigen Sie sich menschlich und nahbar.
8. Dankbarkeit	Sie sind nicht dankbar: »Hätte ich doch eine kinderlose, hart arbeitende und flexible Mitarbeiterin!« Das Engagement und die Leistungen Ihrer Mitarbeiterin sehen Sie nicht. Sie sind nur unzufrieden.	Sie machen sich bewusst: »Ich sehe, was die Mitarbeiterin leistet – beruflich und privat. Ich bin dankbar für ihr Engagement. Es ist wichtig und schön, durch sie an andere wichtige Werte erinnert zu werden.« Durch Ihre Dankbarkeit laden Sie sich positiv auf. So können Sie Ihrer Mitarbeiterin wertschätzend begegnen.
9. Innere Stärke	Sie denken: »Ich verhalte mich richtig. Die Mitarbeiterin muss sich ändern! Eine Konfrontation will ich vermeiden.« Sie reflektieren die Situation nicht und vertun die Chance, die Anspannung durch Ansprechen zu lösen.	Sie ergründen: »Was ist mein Anteil an der Situation und was kann ich besser machen? Wie kann ich meinen Konflikt offen ansprechen und gleichzeitig den Respekt meiner Mitarbeiterin bewahren?« Sie fassen den Mut, sich zu öffnen, Ihr Thema proaktiv anzusprechen und für Ihre eigenen Bedürfnisse einzustehen. Dadurch entspannen und stärken Sie sich schließlich und können Ihre Energie wieder auf die inhaltliche Arbeit lenken.

Tab. 1: Beispiele für eine ungünstige und eine günstige innere Haltung

Ziel dieser Tabelle ist es, die unterschiedlichen Aspekte einer wertschätzenden inneren Haltung noch klarer und anschaulicher zu vermitteln. Uns ist bewusst, dass wir in unseren Beispielen einiges überspitzt dargestellt haben, um die Gegensätze zwischen *ungünstig* und *günstig* hervorzuheben. Außerdem haben wir jeweils nur einige der Facetten aufgegriffen.

Übertragen Sie deshalb jeden Punkt auf Ihren eigenen beruflichen und privaten Alltag: Wie kann ich in schwierigen Situationen meine innere Haltung noch positiver weiterentwickeln? Welche Handlungsalternativen werden dadurch möglich? Welche positiven Effekte auf die Zusammenarbeit, das Betriebsklima, die inhaltlichen Ergebnisse, meine Persönlichkeit und meine Führungsrolle nehme ich wahr? Für diese Reflexion finden Sie auf *myBook+* eine Arbeitshilfe.

1.10 Kapitel 1 auf den Punkt gebracht

Als Säulen einer wertschätzenden Kommunikation haben Sie folgende Aspekte einer günstigen inneren Haltung kennengelernt:

- **Positive Grundeinstellung**
  Den Fokus auf das Positive legen; andere Perspektiven einnehmen und zulassen; Schwieriges annehmen oder verändern; lösungsorientiert denken und ein für alle Parteien positives Ergebnis anstreben.
- **Menschenbild**
  Das Gute im Menschen sehen; alle Individuen wertschätzen; andere weder abnoch aufwerten; die positiven Eigenschaften und Stärken des anderen suchen; ihn fördern und unterstützen.
- **Ethische Haltung**
  Wertschätzende Werte und Normen bewusst machen; selbst vorleben und in die Unternehmenskultur einbetten, zum Beispiel friedlich, ehrlich, gerecht und höflich miteinander umgehen sowie klimafreundlich wirtschaften.
- **Soziale Einstellung**
  Sich für den ganzen Menschen interessieren; unterschiedliche Bedürfnisse bestmöglich berücksichtigen; Mitarbeitende nach ihren Stärken und Bedürfnissen einsetzen; auf die unterschiedlichen Lerntypen eingehen; Sorgen und Wünsche bei Trennungen beachten sowie in jeder Situation mündlich und schriftlich wertschätzend kommunizieren.
- **Vertrauen**
  Grundsätzlich an das Potenzial und den guten Willen der Mitarbeitenden glauben; Verantwortung abgeben und Aufgaben delegieren; Selbstvertrauen aufbauen.
- **Fehlerkultur**
  Fehler verstehen und aus ihnen lernen; sich entschuldigen und Vertrauen wiederherstellen; Fehler sachlich, konstruktiv und wertschätzend unter vier Augen ansprechen; das Gegenüber motivieren und stärken; Prozesse verbessern.
- **Offenheit**
  Verstehen wollen; selbst an sich arbeiten; Schwächen zeigen können und dürfen; andere Sichtweisen erfragen und Meinungen einholen; Diversität positiv (er-)leben; offen für neue Vorgehensweisen sein und nach ihnen suchen.
- **Dankbarkeit**
  Den Wert von Personen, Umständen, Ereignissen und Dingen anerkennen; Fülle statt Mangel erleben; sich auf das schon Positive und auf das Lösen von Problemen fokussieren; Dank üben, ausdrücken und annehmen.
- **Innere Stärke**
  Mut zur Selbstreflexion: in Kontakt mit sich selbst gehen, negative Emotionen zulassen und schädliches Verhalten verändern. Mut zur aufrichtigen Kommunikation: sich öffnen, Gefühle benennen, Bedürfnisse formulieren, um Unterstützung bitten, Grenzen ziehen, für die eigenen Werte eintreten sowie Schwächen und Fehler eingestehen.

Wenn Sie sich mit diesen Themen beschäftigen, hat das einen positiven langfristigen Effekt auf Ihre Fähigkeit, wertschätzend zu kommunizieren. Vieles davon entwickelt sich von selbst, indem Sie sich mit den folgenden Modellen und Ihrer Anwendung befassen.

2 Nützliche Werkzeuge für wertschätzende Kommunikation entdecken

Dieses Kapitel legt die Grundlagen für die wertschätzende Kommunikation – sowohl für die mündliche als auch für die schriftliche Kommunikation.

Aus einer großen Anzahl von Modellen haben wir diejenigen ausgewählt, die wir in unserer Praxis als Personalvorstand, Kommunikationstrainerin, systemischer Business Coach, Schreibtrainerin und Schreibcoach lieben gelernt haben, weil sie sich besonders gut eignen, sich schon vielfältig bewährt haben und sehr anwenderfreundlich sind.

Warum brauchen wir überhaupt Modelle für die wertschätzende Kommunikation? Wertschätzende Kommunikation erfordert mehr als nur oberflächliche Instrumente, sie verlangt eine positive innere Haltung und die Bereitschaft, sich persönlich weiterzuentwickeln. Die ausgewählten Modelle helfen dabei, eine förderliche Einstellung zu entwickeln: Wichtige Qualitäten sind, dass ich ehrlich, aufrichtig, einfühlsam, offen, vertrauensvoll, respektvoll, wohlwollend und wirklich interessiert am anderen bin.

Menschen haben sehr unterschiedliche Bedürfnisse und brauchen jeweils ganz andere Bedingungen, um sich wohlzufühlen. Wenn ich verstehe, wie Menschen ticken und auch wie ich selbst ticke, dann bin ich motiviert, mein eigenes Verhalten auf den Kommunikationspartner abzustimmen. Und nicht nur das: Ich kann mich dadurch viel besser in mein Gegenüber hineinversetzen und empathischer reagieren. Dies ist der Schlüssel für eine erfolgreiche Kommunikation.

Die Modelle funktionieren auch als Werkzeuge, mit denen wir verstehen lernen, wie Kommunikation funktioniert, und mit denen wir konkrete Situationen in der Personalarbeit analysieren können. Dadurch kann ich mit ihrer Hilfe sowohl Gespräche als auch Korrespondenz verbessern. Um das zu erreichen, geben die Modelle konkrete Strategien an die Hand, mit denen ich die Kommunikation Schritt für Schritt positiver gestalten kann.

Als Personalverantwortlicher kann ich durch das psychologische Wissen, das diese Modelle transportieren, viel souveräner, unterstützender und wirksamer handeln. Ich kann meine gesamte Personalarbeit auf eine neue, wissenschaftlich fundierte Ebene heben. Dadurch wächst nicht nur mein Selbstvertrauen, sondern auch die Akzeptanz durch mein Team und die Führungskräfte.

Wir stellen Ihnen folgende Modelle vor:
1. Gewaltfreie Kommunikation (GfK)
2. DISG-Persönlichkeitsmodell
3. Johari-Fenster
4. Eisbergmodell
5. Das innere Team
6. Nachrichtenquadrat
7. Vier Verständlichmacher
8. Situatives Führen

Diese Modelle unterstützen Sie:
- Sie bauen eine wertschätzende innere Haltung auf.
- Sie nehmen Ihre eigenen Gefühle, Bedürfnisse und Verhaltensvorlieben noch genauer wahr und reflektieren sie.
- Sie entwickeln Ihre Menschenkenntnis und Empathie weiter.
- Sie bekommen Werkzeuge an die Hand, mit denen Sie Kommunikation analysieren und verbessern können.
- Sie erfahren, wie Sie wertschätzende Kommunikation in einfachen und konkreten Schritten umsetzen.
- Sie können leichter stärkendes Feedback geben.
- Sie stimmen Ihren eigenen Führungsstil noch individueller auf die jeweiligen Mitarbeitenden ab.
- Sie vertiefen Ihr wirtschaftspsychologisches Know-how.

2.1 Mit der *Gewaltfreien Kommunikation (GfK)* wertschätzend kommunizieren

Die gewaltfreie Kommunikation nach Marshall B. Rosenberg (2016) ist für uns ein sehr wertvoller Beitrag zum Thema *Wertschätzung*. Sie hilft grundlegend dabei, einem Gegenüber mit Respekt, Achtung und Empathie zu begegnen. Damit beugt sie Missverständnissen und Spannungen vor. Sie kann Ihnen Klarheit über die eigenen Gefühle geben und Sie befähigen, Kritik und Konflikte erfolgreich zu bewältigen.

Sie lässt sich in der mündlichen und schriftlichen Kommunikation sehr gut anwenden und führt zu wesentlich friedlicheren Gesprächen, Korrespondenzen und Beziehungen. Auf persönlicher Ebene zeigen wir Ihnen, wie Sie durch GfK wertschätzender mit sich selbst umgehen und mit anderen friedlicher kommunizieren können. In Ihrer Rolle als Personalverantwortliche hilft Ihnen diese Methode, selbst konstruktives Feedback zu geben und andere dabei zu unterstützen. Außerdem können Sie mit der GfK Konflikte leichter analysieren, verstehen und moderieren. Dies führt dazu, dass Sie wesentlich wirksamer arbeiten.

Noch eine Notiz: Wir persönlich finden den Begriff *gewaltfrei* nicht so günstig gewählt, da er teilweise negativ besetzt ist. Wenn wir das Modell anwenden, bevorzugen wir die Worte *wertschätzend, respektvoll* oder *friedlich*. Da wir in diesem Unterkapitel jedoch das Modell der GfK nach Rosenberg vorstellen, verwenden wir hier *gewaltfrei*.

Erklärung des Modells
Wie können Sie nun gewaltfrei kommunizieren?

Die GfK ist mehr als eine Methode, sie ist eine achtsame, empathische, wertschätzende, selbstverantwortliche, aufrichtige und authentische innere Haltung. Sie geht davon aus, dass Menschen jederzeit versuchen, ihre grundlegenden Bedürfnisse zu erfüllen. In einem wertschätzenden System gibt jeder grundsätzlich sein Bestmögliches. Niemand ist schuld, sondern höchstens verantwortlich. Mit dieser Haltung blicke ich wohlwollend auf mich selbst und auf andere.

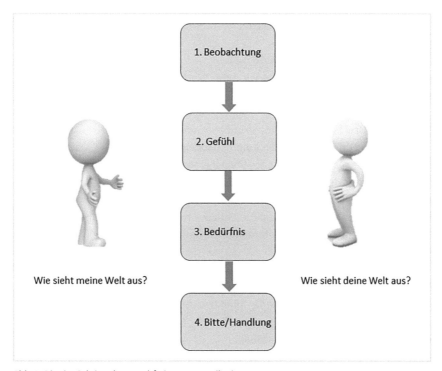

Abb. 2: Die vier Schritte der gewaltfreien Kommunikation

Basierend auf diesem Menschenbild und dieser inneren Haltung leitet das Modell der gewaltfreien Kommunikation zu den vier Schritten *Beobachtung, Gefühl, Bedürfnis* und *Bitte* an:

> Vier Schritte der gewaltfreien Kommunikation:
> 1. Verhalten beobachten, statt zu bewerten und zu interpretieren.
> 2. Eigene Gefühle wahrnehmen und ausdrücken, ohne den anderen zu beschuldigen.
> 3. Eigene Bedürfnisse erkennen und mitteilen.
> 4. Bitten klar formulieren, ohne den anderen zu manipulieren.

Abbildung 2 veranschaulicht die vier Schritte über eine Grafik. Die linke Figur steht für mich selbst, die rechte für meinen Korrespondenzpartner. Ich kann anhand der vier Schritte klären, was ich selbst wahrnehme, fühle, brauche und um was ich bitten will. Darüber hinaus kann ich mich auch in meinen Korrespondenzpartner hineinversetzen. Was nimmt er wahr? Wie fühlt er sich? Was sind seine Bedürfnisse? Worum bittet er mich, was fordert er?

Wichtig hierbei ist eine innere Haltung von Aufrichtigkeit und Empathie. Einerseits teile ich achtsam und ehrlich mit, was mit mir los ist. Andererseits höre ich aufmerksam zu, um zu verstehen, wie es dem anderen wirklich geht und was er braucht. Dadurch verbinde ich mich mit meinem Gegenüber und ein Dialog entsteht, in dem beide eine Win-win-Situation anstreben.

Auf den folgenden Seiten erklären wir diese Schritte und bereiten sie für eine wertschätzende Kommunikation auf.

Schritt 1: Wertfrei beobachten

Im ersten Schritt der gewaltfreien Kommunikation beschreiben Sie, was sich beobachten lässt. Achten Sie darauf, dass Sie bei einem Feedback nicht subjektiv bewerten, denn ein kritisches Bewerten greift den anderen persönlich an und führt zu Ärger, Abwehr und Konflikten. Ein wertendes Lob löst beim Gegenüber vielleicht kurzfristig Freude aus. Es ist aber ebenfalls ein subjektives Urteil, das auch anmaßend sein kann. Dem anderen fehlen wichtige Informationen darüber, welches konkrete Verhalten Ihnen gefallen und geholfen hat.

Formen von zu vermeidenden Bewertungen sind unter anderem:
- abwertende oder aufwertende Adjektive benutzen (zum Beispiel *langsam, schlecht, arrogant* beziehungsweise *toll, super, klasse*),
- verallgemeinern (*immer, nie, selten*),
- vergleichen (*du bist schlechter/besser als …*),
- Schuld zuweisen (*du bist schuld an, wegen dir …*).

Fragen Sie sich stattdessen: Was habe ich konkret gesehen, wann, wo, wie? Was sind die Tatsachen? Was ist die Realität? Was wurde genau getan oder gesagt? Je genauer Sie das Verhalten schildern, desto besser kann der andere Sie verstehen und desto offener wird er Ihrem Feedback gegenüber sein. Das erhöht die Chance, dass er Ihnen weiter zuhört.

Es kann zunächst ungewohnt und schwierig sein, nicht zu bewerten oder zu interpretieren. Die folgenden Beispiele zeigen den Unterschied:

Beobachten mit Bewertung	Beobachten ohne Bewertung
Herr Schulze kommt immer zu spät.	In den letzten drei Terminen kam Herr Schulze 15 Minuten nach dem vereinbarten Zeitpunkt.
Frau Schmidt schiebt die Dinge vor sich her.	Ich habe den Bericht vier Wochen nach dem Termin erhalten.
Sie haben das Angebot falsch verstanden.	Das Angebot beinhaltet folgende Leistungen: … … ist darin nicht enthalten.
Ihr Bericht entspricht nicht der Wahrheit.	Herr … hat ausgesagt, dass …
Sie sind schlecht informiert.	In unserem Schreiben vom … haben wir Sie über … informiert. Diesen Punkt finden Sie auch in Ihrem Vertrag unter § XYZ.
Frau Müller hat eine tolle Präsentation gehalten.	Frau Müller hat die Punkte so erklärt, dass ich sie sofort verstanden habe.
Sie sind ein superstrukturierter Texter.	Ihr Text über X war in drei Abschnitte gegliedert: Aufhänger, Infos und Handlungsimpuls.

Tab. 2: Beobachten mit und ohne Bewertung

Warum ist das ein so deutlicher Unterschied? Wie geht es dem Kommunikationspartner mit den Aussagen der linken Spalte? Und wie mit denen der rechten?

Das Problem an Formulierungen der linken Spalte: Menschen reagieren reflexartig mit Flucht, Totstellen oder Verteidigung, wenn sie sich angegriffen fühlen. Es ist schwer (aber durchaus möglich), auf einen Vorwurf nicht mit Rückzug, Ignorieren oder Rechtfertigung zu reagieren. Bewertendes Lob stillt nicht das Bedürfnis nach authentischer Wertschätzung.

Die Formulierungen der rechten Spalte sind wertfrei, sachlich und respektvoll. Das Gegenüber kann das Gesagte an sich heranlassen und offen, ruhig und positiv reagieren. Dadurch kann ein vertrauensvoller Austausch entstehen. Es wird wahrscheinlicher, dass der andere bereit dazu ist, sein Verhalten zu ändern oder seine Stärken weiterzuentwickeln.

Schritt 2: Gefühle erkennen und benennen
Im zweiten Schritt der GfK geht es darum, kurz zu prüfen, wie ich mich fühle. Darüber hinaus fühle ich mich in mein Gegenüber ein. Dieser Schritt ist äußerst wichtig, da Gefühle in hohem Maße beeinflussen, wie wir etwas wahrnehmen, bewerten und wie wir reagieren.

Was geschieht, wenn wir unsere Gefühle nicht spüren oder wenn wir sie unterdrücken?
- Wir schneiden uns von unserer Lebendigkeit ab.
- Wir denken hauptsächlich mit unserer linken, rationalen Gehirnhälfte.
- Die rechte, emotionale und kreative Gehirnhälfte nutzen wir wenig.
- Aus unterdrückten Gefühlen werden schlummernde Ladungen, die irgendwann unkontrolliert ausbrechen können – oder die krank machen können.
- Beziehungen leiden, es bauen sich Spannungen auf.
- Distanz und Konflikte entstehen.

Was geschieht dagegen, wenn wir unsere Gefühle wahrnehmen und wertschätzend ausdrücken?
- Wir kommen mit uns selbst ins Reine und sehen klar.
- Wir können frei von starken Emotionen handeln.
- Gefühle sind wichtige Signale dafür, ob unsere Bedürfnisse erfüllt werden oder nicht.
- Wie jeder Mensch möchten wir gehört und verstanden werden.
- Wenn wir unsere eigenen Gefühle spüren, können wir uns besser in unsere Korrespondenzpartner hineinversetzen.
- Wir können wertschätzend kommunizieren.
- Wenn wir unsere Emotionen preisgeben, kann unser Gegenüber uns besser verstehen und öffnet sich auch leichter.
- Dadurch erhöht sich die Wahrscheinlichkeit, dass wir aufeinander zugehen und eine Win-win-Lösung finden.
- Wir verbinden uns mit anderen Menschen – Nähe und Vertrauen werden möglich.

Gefühle sind individuell und entstehen durch die eigene Bewertung einer Situation. Aufgrund von Erfahrungen, persönlicher Entwicklung, Kultur und Sozialisation machen wir uns ein ganz eigenes Bild einer Situation. Wir reagieren mit einem bestimmten Gefühl und Verhalten. Jeder ist deshalb für seine eigenen Gefühle verantwortlich und nicht das, was andere Menschen sagen oder tun. Gefühle sind häufig der Auslöser für Konflikte. Sie helfen uns aber auch, andere besser zu verstehen.

Wir haben als Kind von unseren Bezugspersonen den Umgang mit unseren Gefühlen erlernt. Häufig haben wir erfahren, dass es erwünschte und unerwünschte Gefühle gibt: die angenehmen wie Freude, Begeisterung, Glück und die unangenehmen wie Ärger, Wut, Traurigkeit, Eifersucht.

Es wurde vielleicht nicht akzeptiert, unangenehme Gefühle zum Ausdruck zu bringen. Wir wurden dafür abgelehnt, bestraft, ausgelacht, nicht ernst genommen ... Uns wurde gesagt: »Ein Indianer kennt keinen Schmerz!, Da brauchst du doch jetzt nicht traurig sein!, Hahaha, du bist neidisch!, Hör sofort auf zu schreien! Das ist doch nicht so schlimm!« Deshalb haben wir diese Gefühle in den Keller verbannt, das heißt verdrängt.

Vielleicht haben wir aber auch gelernt, gesund mit unseren Gefühlen umzugehen: dass sie völlig normal sind, dass sie sich verändern, dass ich mich entspanne und frei fühle, wenn ich sie zulasse. Zu erfahren, dass ich mit diesen unangenehmen Gefühlen angenommen und geliebt werde, ist der Schlüssel zu einer gesunden persönlichen Entwicklung und zu einer störungsfreien Kommunikation.

Welche Funktion haben Gefühle?

An dieser Stelle geht es darum, mögliche Gefühle genauer wahrnehmen, verstehen und ausdrücken zu können. Fast jeder kennt die Grundgefühle. Meistens werden die folgenden genannt:
- Ärger/Wut
- Angst
- Traurigkeit
- Freude
- Scham

Es gibt jedoch unzählige Gefühlsschattierungen. Wir haben in unserer Sprache sehr viele Worte, mit denen wir diese Zwischentöne benennen können. In unserem Kulturkreis nutzen wir sie jedoch selten.

Im Zusammenhang mit diesem Thema ist es spannend, die folgende Differenzierung der Gefühle im Rahmen der wertschätzenden Kommunikation zu betrachten. Sie unterscheidet zwischen dem, was wir fühlen, wenn unsere Bedürfnisse erfüllt sind, und dem, was wir fühlen, wenn diese nicht erfüllt sind. Die folgenden Listen nach Brüggemeier (2020) veranschaulichen dies, indem Gefühle in Kategorien unterteilt werden, je nachdem ob Bedürfnisse erfüllt (Abbildung 3) oder nicht erfüllt sind (Abbildung 4). Unter jedem dieser Gefühle finden Sie jeweils verschiedene Gefühlsschattierungen.

Gefühle, wenn Bedürfnisse erfüllt sind:

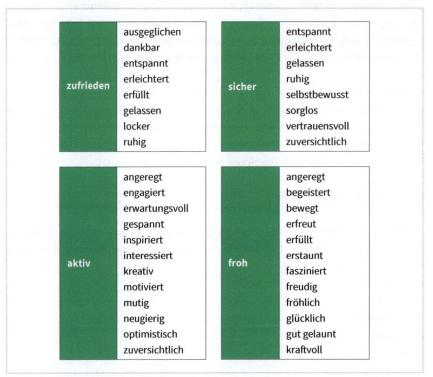

Abb. 3: Vier Gefühlsgruppen bei erfüllten Bedürfnissen

Diese Wortschätze sind als Anregung zu verstehen und bei Bedarf zu verändern oder zu ergänzen. Für die Arbeit damit haben wir für Sie auf *myBook+* eine Arbeitshilfe vorbereitet. Für die wertschätzende Kommunikation sind diese Wortschätze ein wertvolles Werkzeug, das Ihnen dabei hilft,
- Gefühle genauer zu erkennen und benennen,
- dadurch Klarheit darüber zu gewinnen, was Sie selbst brauchen, um sich gut zu fühlen,
- sich noch besser in den Kommunikationspartner hineinversetzen zu können,
- um schließlich herauszufinden, was er braucht, um sich gut zu fühlen.

Noch etwas Wichtiges, bevor es zum Thema *Bedürfnisse erkennen* geht: Achten Sie darauf, dass Sie tatsächlich Ihre Gefühle benennen. *Ich fühle mich verletzt* oder *Ich bin enttäuscht* oder *Ich fühle mich ignoriert* oder *Ich fühle mich verunsichert* oder *Ich fühle mich missverstanden* sind Pseudogefühle. Aussagen wie diese sind mit Bewertungen, Interpretationen, Vorwürfe oder Schuldzuweisungen vermischt. Sie festigen das Täter-Opfer-Denken in den Köpfen der Beteiligten. Hierauf im Detail einzugehen, würde den Rahmen dieses Buches sprengen. Wenn Sie sich hierfür näher interessieren, empfehlen wir Ihnen das Buch von Beate Brüggemeier (2020).

Gefühle, wenn Bedürfnisse nicht erfüllt sind:

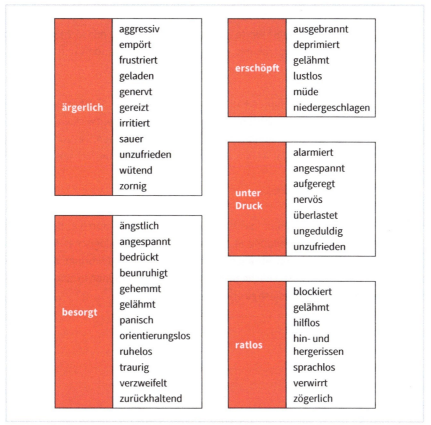

Abb. 4: Fünf Gefühlsgruppen bei nicht erfüllten Bedürfnissen

Schritt 3: Bedürfnisse erkennen

Was genau ist ein Bedürfnis? Es gibt unterschiedliche Definitionen des Begriffs *Bedürfnis*. Nach Rosenberg (2016) ist ein Bedürfnis etwas Grundlegendes. Es ist ein Verlangen, einen empfundenen Mangel oder tatsächlichen Mangel zu beheben.

Bedürfnisse sind universell und unabhängig von Zeiten (Epochen), Orten (Regionen, Kulturen) und Personen. Jeder Mensch strebt danach, die eigenen Bedürfnisse zu erfüllen, da es ihm dann gut geht. Und jeder ist für seine Bedürfnisse verantwortlich – niemand anderes »macht« uns Bedürfnisse.

Da sich die Bedürfnisse von Person zu Person unterscheiden können, kann es zu Konflikten kommen. Ein Bedürfnis einer Person zu erfüllen, kann es erschweren, gleichzeitig ein Bedürfnis einer anderen Person zu erfüllen. Beispielsweise möchte eine Mitarbeiterin eine schnelle Entscheidung, damit sie zügig weiterarbeiten kann. Der andere braucht aber mehr Zeit, um sich zu entscheiden: Er muss noch weitere Informationen einholen, um für sich eine sichere Entscheidung treffen zu können.

Fragen Sie sich: Was sind meine Werte und Bedürfnisse? Was ist mir wichtig? Teile ich nun mein Bedürfnis dem anderen mit, erhöhen sich sein Verständnis und die Bereitschaft, mir mit einem geänderten Verhalten entgegenzukommen.

In der wertschätzenden Kommunikation ist es wichtig, dass Sie Ihre Bedürfnisse wahrnehmen und annehmen. Dadurch können Sie Strategien entwickeln, um sie zu erfüllen. Im Dialog mit Ihrem Kommunikationspartner versuchen Sie, zu verstehen, welche Bedürfnisse er hat. Was ist ihm wichtig? Was braucht er, um sich gut zu fühlen?

Die Bedürfnispyramide nach Maslow

Vielleicht kennen Sie sie schon: die Maslow'sche Bedürfnishierarchie, bekannt als Bedürfnispyramide (vgl. Abbildung 5). Sie ist ein sozialpsychologisches Modell des amerikanischen Psychologen Abraham Maslow (1908–1970). Es bringt auf vereinfachende Art und Weise menschliche Bedürfnisse und Motivationen in eine hierarchische Struktur und versucht, diese zu erklären.

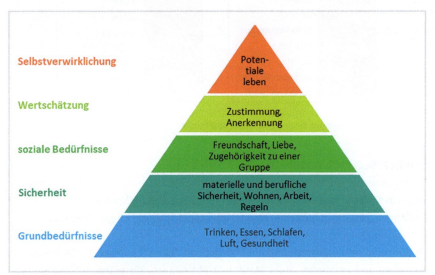

Abb. 5: Maslow'sche Bedürfnispyramide

Wir haben demnach folgende Bedürfnisse:
- *Grundbedürfnisse* (zum Beispiel nach Essen, Trinken und Schlafen),
- *Sicherheitsbedürfnisse* (das erfüllen wir uns zum Beispiel durch Wohnung, Geld und Arbeit),
- *soziale Bedürfnisse* (zum Beispiel nach Freundschaft, Liebe und Zugehörigkeit),

- *Bedürfnisse nach Wertschätzung* (zum Beispiel nach Anerkennung),
- *Bedürfnisse nach Selbstverwirklichung* (zum Beispiel eigene Wünsche und Ziele zu erreichen).

Die Pyramide macht deutlich, dass alle unsere Bedürfnisse aufeinander aufbauen. Erst wenn ein Bedürfnis befriedigt ist, kann das Bedürfnis auf der höheren Stufe wahrgenommen werden. Die Grundbedürfnisse stehen immer an erster Stelle.

Wenn ich also starken Hunger und Durst habe, fällt es mir wahrscheinlich schwer, eine freundliche, wertschätzende und fehlerfreie E-Mail zu schreiben. Sobald ich gegessen und getrunken habe, fühle ich mich besser, kann mich wieder konzentrieren und bin bereit, zu schreiben. Wenn ich todmüde bin, reagiere ich vielleicht gereizt auf eine Kundenbeschwerde. Sobald ich ausgeschlafen bin, fällt es mir leichter, gelassen darauf zu antworten.

Man könnte also sagen, dass es für wertschätzendes Kommunizieren sehr wichtig ist, zunächst die eigenen Grundbedürfnisse zu erfüllen. Und nicht nur die Grundbedürfnisse: Je mehr meiner Bedürfnisse erfüllt sind, desto zufriedener, entspannter und wohlwollender kann ich mich wahrscheinlich meinem Kommunikationspartner gegenüber verhalten.

Der Unterschied zwischen Bedürfnis und Strategie

Bedürfnisse von Menschen stehen einander nie entgegen, sondern nur die unterschiedlichen Strategien, mit denen die Menschen versuchen, ihre Bedürfnisse zu erfüllen. Konflikte entstehen also durch die Strategie zum Erfüllen eines Bedürfnisses und nicht durch das Bedürfnis selbst. Um einen tieferen Einblick in die Ursachen des Problems oder Konflikts zu erhalten, ist es entscheidend, Bedürfnisse klar von Strategien trennen.

Praxisbeispiel
Ihr Kollege und Sie brauchen beide eine entspannende Pause, während Sie gemeinsam an einer Personalstrategie arbeiten. Sie können am besten entspannen und auftanken, indem Sie allein eine Runde um den Block drehen und dabei einen Apfel essen. Ihr Kollege fragt Sie jedoch, ob Sie mit in die Cafeteria kommen, da er sich am besten durch Austausch mit anderen entspannt. In der Cafeteria ist es meistens laut, Sie würden sich nicht bewegen und dort den Apfel nicht essen mögen. Außerdem will Ihr Kollege wahrscheinlich mit Ihnen über berufliche Themen reden.

Gehen Sie trotzdem mit, sind Sie vermutlich angespannt, fühlen sich nicht wohl, vielleicht ärgern Sie sich sogar ein bisschen. Sie fühlen sich nicht erholt und können sich anschließend nicht gut konzentrieren.

Wenn Sie sich diese Dynamik klarmachen, können Sie freundlich sagen: *Ich kann mich besser erholen* (Bedürfnis), *wenn ich spazieren gehe* (Strategie). Wenn genug Zeit ist, können Sie auch erst einen Kaffee mit ihm trinken und danach noch eine Runde drehen. Sie können ihn auch fragen, ob er mitgehen mag. Aber es ist auch möglich zu sagen: *Wir treffen uns dann in einer Viertelstunde im Foyer, okay?*

Es ist also wichtig, zwischen Bedürfnis und Strategie des Erfüllens zu unterscheiden.

Überblick über typische Bedürfnisse
In der folgenden Liste finden Sie – alphabetisch geordnet – zahlreiche typische Bedürfnisse. Nehmen Sie sich ein paar Minuten Zeit, um sie zu lesen und sich für jedes Bedürfnis zu überlegen, ob Sie es kennen.

Abwechslung	**G**leichberechtigung	**P**rivatsphäre
Aktivität	Gleichwertigkeit	**Q**ualität
Anerkennung	**H**armonie	**R**espekt
Akzeptanz	Humor	Ruhe
Aufrichtigkeit	**I**ndividualität	Rücksichtnahme
Austausch	Identität	**S**chutz
Authentizität	Information	Selbstbestimmung
Autonomie – Selbstbestimmung	Inspiration	Selbstverantwortung
Balance *Arbeit und Freizeit*	Integrität	Selbstvertrauen
Balance *Geben und Nehmen*	**K**larheit	Selbstverwirklichung
Balance *Sprechen und Zuhören*	Klima von Offenheit	Sicherheit
Bewegung	Kompetenz	Sinnhaftigkeit
Bildung	Kongruenz	Schutz
Effektivität	Kontakt	Spaß
Ehrlichkeit	Konzentration	soziales Engagement
Empathie	Kooperation	Struktur
Engagement	Kraft	**T**oleranz
Entscheidungsfreiräume	Kreativität	Transparenz
Entwicklung	**L**ebensfreude	**U**nterstützung
Erfolg	Lebenserhalt	**V**erantwortung
ernst genommen werden	Leichtigkeit	Verbundenheit

Fairness	Liebe	Verlässlichkeit
feiern – Erfolge feiern	Menschenwürde	Verständnis
Flexibilität	Menschlichkeit	Vertrauen
Freiheit	Mitgestalten	Vielfalt
Freude	Mut	wahrgenommen werden
Friede	Nähe	Weiterentwicklung
Geborgenheit	Offenheit	Wertschätzung
Gelassenheit	Ordnung/Struktur	wirtschaftliche Sicherheit
Gemeinschaft	Orientierung	Ziele erreichen
gesehen und gehört werden	partnerschaftlicher Umgang	Zufriedenheit
Gesundheit	Planbarkeit	Zugehörigkeit

Tab. 3: Bedürfnisse erkennen

Wenn in einer Situation mehrere Bedürfnisse getriggert werden, überlegen Sie sich:
- Welches dieser Bedürfnisse ist emotional am stärksten aufgeladen und damit das dominanteste Bedürfnis?
- Ist es realistisch, dass dieses Bedürfnis befriedigt werden kann?
- Mit welchem dieser Bedürfnisse überzeuge ich mein Gegenüber?

Wollen Sie sich mit Ihren Bedürfnissen vertraut machen? Dann nutzen Sie auf *myBook+* unsere Arbeitshilfen *Bedürfnis-Check* und *Reflexion*.

Schritt 4: Bitte formulieren, Handlung auslösen
Im ersten Schritt der GfK ging es darum, die Situation sachlich zu schildern. Im zweiten Schritt haben Sie das Bewusstsein dafür gefördert, welches Gefühl ausgelöst wurde. Im dritten Schritt haben Sie für sich geklärt, welches Bedürfnis zugrunde liegt.

Im vierten und letzten Schritt geht es darum, den Kommunikationspartner um etwas zu bitten beziehungsweise eine Handlung auszulösen. Alternativ können Sie eine Frage formulieren, die zu einer gemeinsamen Lösung führt. Eine weitere Option ist, sich beim Gegenüber für eine bereits geleistete Handlung zu bedanken. Dabei gilt die interessante grundlegende Annahme, dass in der GfK davon ausgegangen wird, dass alle Menschen gern etwas zum Wohl der anderen beitragen, solange sie es freiwillig tun können.

Für Ihre Kommunikation als Personalverantwortliche ist es sehr wichtig, dass diese Bitten, Handlungsimpulse, Fragen oder positive Rückmeldungen wertschätzend formuliert sind. Andernfalls könnte der Kommunikationspartner mit Ärger, Irritation, Trotz, Ablehnung oder Verunsicherung reagieren. Oder er reagiert gar nicht.

Die Bitte ist der Anfang eines Dialoges mit dem Ziel, die Bedürfnisse aller Gesprächspartner zu erfüllen. Fragen Sie sich: Was wünsche ich mir stattdessen? Was soll der andere konkret tun? Dann formulieren Sie einen Wunsch, der:
- positiv,
- konkret,
- überprüfbar und
- realistisch ist.

Fragen Sie die andere Person, ob diese Bitte für sie machbar ist. Bieten Sie auch Ihre Unterstützung an. Lassen Sie ihr die Freiheit, selbst zu entscheiden, ob sie der Bitte entsprechen will. Das erhöht die Bereitschaft, dem Wunsch nachzugehen oder flexibel gemeinsam eine andere Lösung zu finden.

Hat sich Ihre Bitte nicht erfüllt? Haben Sie in einem zweiten und dritten Mitarbeitergespräch die Perspektive Ihres Gegenübers anhand der vier Schritte erfragt und Handlungsalternativen besprochen? Hat sich auch danach das Verhalten nicht verändert?

Dann sollten Sie dies als Beobachtung formulieren, Ihr aktuelles Gefühl ausdrücken, Ihr Bedürfnis betonen und im vierten Schritt deutlicher werden: »Ich möchte unbedingt, dass … Beim nächsten Mal muss ich sonst …«. In Kapitel 7 werden Sie erfahren, wie Sie bei wiederholtem Fehlverhalten wertschätzend kommunizieren können.

Um die Chance zu erhöhen, dass Ihre Bitten erfolgreich sind, zeigen wir Ihnen hierfür einige Beispiele:

Bitten sind erfolgversprechend, wenn sie …	Beispiel
… genau mitteilen, was Sie möchten.	Bitte schicken Sie uns Ihr Angebot bis zum TT.MM.JJJJ.
… ein realistisches Handeln und Verhalten konkret benennen.	Bitte stellen Sie für die Teilnehmer des Assessments Wasser und einen gemischten Obstteller bereit.
… in der Gegenwart überprüfbar sind.	Ich hätte gern, dass Sie einmal in der Woche die Leitung der Morgenrunde übernehmen.
… dem anderen eine Wahl lassen.	Welchen Beitrag zum Projekt X könnten Sie leisten?
… vom anderen verstanden werden.	Bitte bringen Sie am ersten Tag in unserem Unternehmen Folgendes mit: • Ihren Sozialversicherungsausweis • Ihren Führerschein • den ausgedruckten, ausgefüllten und unterschriebenen Personalfragebogen (hängt als PDF an) Vielen Dank!

Tab. 4: Erfolgversprechende Bitten

Auf *myBook+* finden Sie dazu die Arbeitshilfen *Erfolgversprechende Bitten erkennen* und *Wenig erfolgversprechende Bitten in erfolgversprechende verwandeln.*

Es kann sehr sinnvoll sein, statt einer Bitte eine Frage oder mehrere Fragen zu formulieren. Damit können Sie Ihren Kommunikationspartner einbeziehen und ihn dadurch wertschätzen und motivieren. Ein Praxisbeispiel kann dies veranschaulichen:

Schritt 1 Im Projekt X war es Ihre Aufgabe, bis Freitag eine Präsentation zum Thema Y zu erstellen. Bis heute habe ich diese noch nicht erhalten.
Schritt 2 Das stresst und ärgert mich.
Schritt 3 Für mich ist Zuverlässigkeit in unserer Zusammenarbeit sehr wichtig. Ich muss mich darauf verlassen können, dass die Zuarbeit pünktlich funktioniert.
Schritt 4 Welche Gründe gibt es dafür, dass ich die Präsentation noch nicht erhalten habe? Wann kann ich definitiv mit der Präsentation rechnen? Wie stellen wir in Zukunft sicher, dass ich Ihre Zuarbeit pünktlich bekomme?

So kann der Mitarbeiter sich selbst eine Strategie überlegen, wie er zuverlässiger arbeitet. Da es sein eigener Vorschlag ist, ist er motivierter, diesen erfolgreich umzusetzen. Hat der Mitarbeiter keine eigenen Ideen, können Sie immer noch selbst einen Vorschlag machen. Auch diesen wird der Mitarbeiter vermutlich bereitwilliger aufnehmen, da er ja die Chance hatte, sich einzubringen.

Sie haben jetzt die vier Schritte im Einzelnen kennengelernt. In den folgenden Beispielen sehen Sie, wie Sie sich zusammenfügen.

Beispiele zu den vier Schritten des Modells

Destruktive Kommunikation	Gewaltfreie Kommunikation
Du kommst immer zu spät zum Teammeeting!	1. Die letzten vier Montage bist du zu unserem Teammeeting um Viertel nach neun erschienen. Start ist genau um neun Uhr.
	2. Das ärgert mich.
	3. Für mich ist Effizienz wichtig. Wenn nicht alle von Anfang an dabei sind, muss ich mich wiederholen.
	4. Deshalb bitte ich dich, ab nächstem Montag um kurz vor neun Uhr im Meetingraum zu sein.
Du rufst nie zurück!	1. Am Montag und Dienstag habe ich dir eine Frage zur Präsentation auf deine Mailbox gesprochen und um Rückruf gebeten. Heute habe ich dich erreicht. Die Präsentation muss bis morgen fertig sein und mir fehlt deine Antwort.

Destruktive Kommunikation	Gewaltfreie Kommunikation
	2. Ich bin sehr angespannt, …
	3. … da ich ein hohes Qualitätsbewusstsein habe. Meine Präsentation soll X überzeugen. Dafür möchte ich auf mögliche Einwände vorbereitet sein. Es gibt mir Sicherheit, wenn ich deine Argumente einbauen kann.
	4. Hast du heute Nachmittag eine halbe Stunde Zeit, um die fehlenden Argumente gemeinsam zu ergänzen? […] Wie kann ich dich in Zukunft in dringenden Fällen erreichen?

Tab. 5: Beispiele für destruktive und für gewaltfreie Kommunikation

Sie müssen sich nicht immer genau an die vier Schritte in der vorgeschlagenen Reihenfolge halten. Nutzen Sie die Elemente so, dass es sich für Sie authentisch und leicht anfühlt. Eine Alternative für das erste Beispiel wäre es, zuerst das Bedürfnis zu nennen:

> »Für mich ist Effizienz sehr wichtig. Deshalb hat es mich geärgert, dass du die letzten vier Montage um Viertel nach neun statt um neun Uhr im Teammeeting erschienen bist. Ich bitte dich, ab nächstem Montag um kurz vor neun Uhr im Meetingraum zu sein.«

Ideen zur Anwendung der GfK

Als Personalverantwortliche können Sie die gewaltfreie Kommunikation in zahlreichen Situationen nutzen. In Teil B greifen wir das Modell in den unterschiedlichen Aufgabenbereichen auf. Die GfK prägt unser Verständnis von wertschätzender Kommunikation maßgeblich. Hier sind bereits einige Ideen dazu, in welchem Kontext Sie die vier Schritte direkt anwenden können:

- bei Feedback,
- in Personalgesprächen,
- für schwierige Gespräche,
- um Streitigkeiten und Konflikte zu bewältigen,
- um schlechte Nachrichten wertschätzend zu übermitteln,
- bei Veränderungen im Unternehmen,
- in Change-Management-Projekten.

Vorteile

Fassen wir zum Abschluss die Vorteile der Nutzung der gewaltfreien Kommunikation zusammen: Das Modell der GfK anzuwenden, hilft Ihnen dabei, achtsamer zu werden, aufrichtiger zu kommunizieren und Ihr Gegenüber empathischer zu verstehen. Sie lernen, sich Ihrer eigenen Gefühle und Bedürfnisse bewusst zu werden, Verhalten konkret zu beobachten und wertschätzend zu kommunizieren. Zum einen fördern Sie dadurch Vertrauen und gegenseitigen Respekt. Zum anderen finden Sie leichter Win-win-Lösungen.

Was bewirkt die gewaltfreie Kommunikation? Was gewinne ich, wenn ich sie übe und anwende? Ich kann zunehmend ...
- mich mit mir selbst und den anderen verbinden,
- empathisch und selbstempathisch sein,
- mich und andere wohlwollend betrachten und behandeln,
- mich und andere wertschätzen,
- Kritik, Vorwürfe und Forderungen nicht persönlich nehmen,
- verstehen wollen, was dahintersteht,
- achtsam und bewusst im Hier und Jetzt sein,
- mehr Wahl haben beim Reagieren,
- konstruktiver handeln,
- Verantwortung dafür übernehmen, wie sich meine Kommunikation mit jemandem entwickelt,
- Konflikten vorbeugen und
- Konflikte lösen.

Für uns war es eine Offenbarung, sich mit der gewaltfreien Kommunikation zu beschäftigen – sowohl für den beruflichen als auch für den privaten Bereich.

2.2 Mit dem *DISG-Persönlichkeitsmodell* die Menschenkenntnis vertiefen

Das DISG-Persönlichkeitsmodell unterscheidet vier Grundtypen der Persönlichkeit. Es stellt die vier Farben *Rot*, *Gelb*, *Grün* und *Blau*, die für bestimmte Eigenschaften stehen, auf einer x- und einer y-Achse dar.

Jeder Mensch ist einzigartig und hat unterschiedliche Bedürfnisse und Verhaltensvorlieben – und das ist auch gut so. Diese lassen sich mithilfe des DISG-Persönlichkeitsmodells besser verstehen und einschätzen. Mit diesem psychologischen Wissen können Sie Ihre intuitive Menschenkenntnis hervorragend ergänzen.

Die schon erwähnte *Goldene Regel* »Behandle andere so, wie *du* behandelt werden möchtest!« ist ein guter Ansatz. Manchmal funktioniert dieses Prinzip jedoch einfach nicht, weil der andere etwas anderes braucht als Sie selbst. Deshalb ist die Königsdisziplin die *Platin-Regel*:

> »Behandle andere so, wie *sie* behandelt werden möchten!«

Und genau hier setzen wir mit dem DISG-Persönlichkeitsmodell an: Mit seiner Hilfe können Sie lernen, andere so zu behandeln, wie sie behandelt werden möchten. Denn wenn Sie wissen, wie Ihre Mitmenschen ticken und was sie brauchen, verstehen Sie deren Verhalten besser. Sie können positiver reagieren, weil Sie es nicht persönlich nehmen. Handeln Sie dann so, dass Sie auf die Bedürfnisse Ihres Gegenübers eingehen, schaffen Sie eine produktive Gesprächsatmosphäre und verhindern Missverständnisse. Dadurch kann sich Vertrauen und gegenseitige Wertschätzung entwickeln. Das ist eine gute Basis dafür, effektiv zusammenzuarbeiten.

So entstand das Modell
Das DISG-Modell basiert auf den Erkenntnissen des Schweizer Psychologen Carl Gustav Jung. Dieser war davon überzeugt, dass erfolgreiche Kommunikation darauf beruht, sich auf sein Gegenüber einzustellen.

Er entwickelte ein Persönlichkeitsmodell mit vier unterschiedlichen Persönlichkeitstypen. Nach C. G. Jung sind manche Personen eher extrovertiert, also nach außen gerichtet, und andere Personen eher introvertiert, also nach innen gerichtet (x-Achse). Zusätzlich würden die einen Individuen eher rational, also über das Denken entscheiden und die anderen eher emotional, also über das Fühlen entscheiden (y-Achse).

Diese unterschiedlichen Polaritäten veranschaulichte er über vier Felder, denen er die Farben Rot, Gelb, Grün und Blau zuordnete. Die Farben wählte er nach farbpsychologischen Kriterien aus, also danach, wie Menschen auf Farben reagieren. Denken drückt sich in *Blau* aus, Fühlen in *Rot*, Empfinden in *Grün* und Intuition in *Gelb*.

Auf dieser Grundlage entwarf der amerikanische Psychologe William Moulton Marston die Grundzüge des DISG-Persönlichkeitsmodells. Dazu erstellte er psychologische Tests, die den Charakter eines Menschen noch schneller erfassen sollten. Hierbei schätzt die befragte Person sich selbst ein, indem sie aus vorgegebenen Adjektiven diejenigen auswählt, die sie aus ihrer Sicht am besten beschreiben.

Das heute genutzte DISG-Persönlichkeitsmodell – *Dominanz, Initiative, Stetigkeit* und *Gewissenhaftigkeit* – wurde stark durch den amerikanischen Professor Dr. John G. Geier von der Universität Minnesota geprägt. Er konkretisierte und vereinfachte das Modell von Marston.

Inzwischen gibt es mehrere Modelle, mit denen sich durch digitale Analyse die Farben detaillierter bestimmen und die Eigenschaften der Persönlichkeit differenzierter beschreiben lassen. Die besten Erfahrungen haben wir mit der INSIGHTS MDI®-Analyse gemacht. Im Rahmen dieses Buches wollen wir jedoch pragmatisch und kostenbewusst bleiben. Deshalb legen wir unseren Schwerpunkt auf das *DISG-Persönlichkeitsmodell* und beziehen uns nur dort, wo es hilfreich ist, punktuell auf die INSIGHTS MDI®-Analyse.

Erklärung des Modells

Die folgende Grafik zeigt, wie das DISG-Persönlichkeitsmodell aufgebaut ist. Auf der x-Achse sind die zwei Pole *introvertiert* und *extrovertiert* veranschaulicht. Auf der y-Achse sehen Sie die zwei Pole *aufgabenorientiert* und *beziehungsorientiert*. Im Uhrzeigersinn sind die vier Farben zugeordnet – *Rot*, *Gelb*, *Grün* und *Blau*:

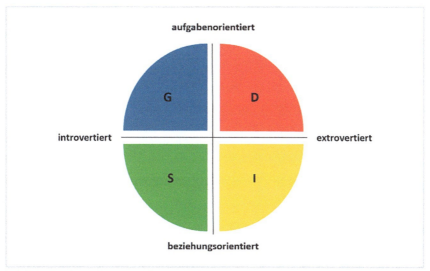

Abb. 6: Aufbau des DISG-Persönlichkeitsmodells

	D	dominant
	I	initiativ
	S	stetig
	G	gewissenhaft

Als nächsten Schritt gibt Ihnen die folgende Abbildung einen ersten Überblick darüber, was die vier verschiedenen Farben bedeuten. Zu wichtigen Aspekten finden Sie zu jeder Farbe die Charakteristika:

INSIGHTS MDI® FARBMODELL

TYP	DOMINANT	INTUITIV	STETIG	GEWISSENHAFT
Stil	direkt	emotional	persönlich	sachlich
Wert	Initiator	Vermittler	guter Zuhörer	gründlicher Arbeiter
Aufgabe	Herausforderung	Motivation anderer	bewährte Methode	Details, Genauigkeit
Fokus	Ergebnisse	Interaktion	Vertrauen aufbauen	Prozedur, Details
Motivation	Verantwortung	Anerkennung	Sicherheit	Qualität
Umfeld	freiheitlich	demokratisch	stabil	vertraut
Verhalten	eigenständig	optimistisch	zurückhaltend	kritisch
Energie	risikofreudig	aufmunternd	mitfühlend	scharfsinnig
Stimme	stark, klar	begeistert, schnell	ruhig, zögernd	langsam, nachdenklich
Körpersprache	forsch	offen	freundlich	distanziert
Emotion	Zorn	Übertreibung	Kränkung	Besorgnis

Abb. 7: Farbeigenschaften im DISG-Persönlichkeitsmodell

Diesen Überblick finden Sie zum Ausdrucken in unseren Arbeitshilfen auf *myBook+*.

Sind Ihnen beim Betrachten der Abbildung bestimmte Personen eingefallen, bei denen bestimmte Farbeigenschaften ausgeprägt sind? Möglicherweise haben Sie dadurch eine Vorstellung davon bekommen, warum sich Ihr Gegenüber auf bestimmte Weise verhält. Und wo sehen Sie sich selbst? Welche Farben herrschen bei Ihnen vor?

Aus unserer Sicht zentral:

> Jeder Mensch hat alle vier Farben unterschiedlich ausgeprägt in sich. Jede dieser Farben ist wertvoll und wichtig! Diese Vielfalt macht unsere Gesellschaft aus. Denn wir brauchen alle Facetten der Farben, um alle Aufgaben erfolgreich zu erfüllen.

Die Unterschiede in den Farben lassen sich durch Veranlagung erklären – aber auch durch einschneidende oder wiederholte Erfahrungen in der Kindheit. Die meisten Persönlichkeiten zeigen Eigenschaften von zwei starken Farben. Es gibt aber auch Menschen, bei denen drei bis vier Farben ausgeprägt sind. Die jeweils vorherrschenden Farben sehen unsere Mitmenschen in unserem Verhalten.

Für die Statistiker unter Ihnen: In der INSIGHTS MDI®-Analyse wird unter »vorherrschend« oder »dominant« verstanden, dass die jeweilige Farbe mindestens 50 Prozent von maximal 100 Prozent ausgeprägt ist. Jede Farbe kann die 100 Prozent erreichen. Die folgende Grafik zeigt ein Beispiel:

Abb. 8: Beispiel für eine Farbauswertung nach der INSIGHTS MDI®-Analyse, Scheelen-Institut

Zu Stärken und Schwächen der vier Farbtypen

Damit Sie die vier Farben genauer kennenlernen können, bieten die folgenden zwei Grafiken Ihnen detaillierte Informationen über die Stärken und Schwächen von *Rot*, *Gelb*, *Grün* und *Blau*. Dieses Wissen hilft Ihnen dabei, Mitarbeitende ihrer Persönlichkeit und ihren Bedürfnissen entsprechend einzusetzen. So entfalten diese ihr ganzes Potenzial, sind motiviert und arbeiten effektiv.

Abbildung 9 fokussiert die Stärken jedes Farbtyps.

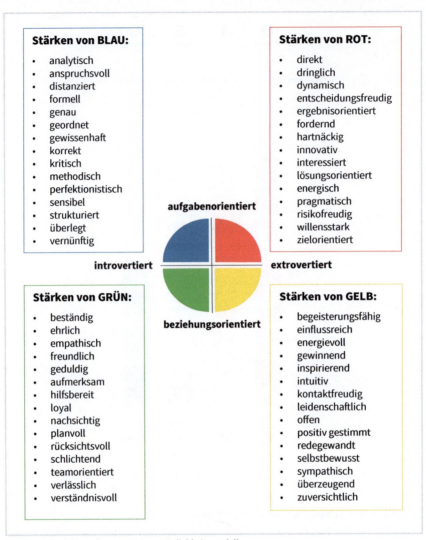

Abb. 9: Stärken der Farben im DISG-Persönlichkeitsmodell

An dieser Stelle geben wir Ihnen schon jeweils kurze typische Beispiele – im Teil B finden Sie ergänzend vielfältige und ausführliche Praxisbeispiele:

Die Stärken von *Rot* brauchen Führungskräfte, um das Unternehmen entscheidungskräftig und zielorientiert voranzubringen. Die Stärken von *Gelb* sind günstig für Außendienstler, um Kontakte herzustellen und Produkte oder Dienstleistungen erfolgreich zu verkaufen. Die Stärken von *Grün* passen gut zu Mitarbeitenden im Kundenservice, um Kunden geduldig, freundlich und verständnisvoll zu betreuen. Die Stärken von *Blau* ermöglichen es Buchhaltern, genaue, gewissenhafte und strukturierte Arbeit zu leisten.

Zusätzlich sind selbstverständlich für jede Position auch ergänzende Stärken der anderen Farben hilfreich. Je nach Unternehmen und Stellenbeschreibung müssen die Farben dieser Mitarbeitenden unterschiedlich gewichtet sein: Ein Buchhalter in einem kleinen Unternehmen braucht eventuell auch einen großen Anteil *Rot*, da er selbstständig Entscheidungen treffen muss. Ein Buchhalter, der in einem Team von mehreren anderen Buchhaltern arbeitet, braucht dies wahrscheinlich nicht im gleichen Maße. Seine Vorgesetzte ist für Entscheidungen verantwortlich.

Abbildung 10 behandelt die möglichen Schwächen der einzelnen Farben:

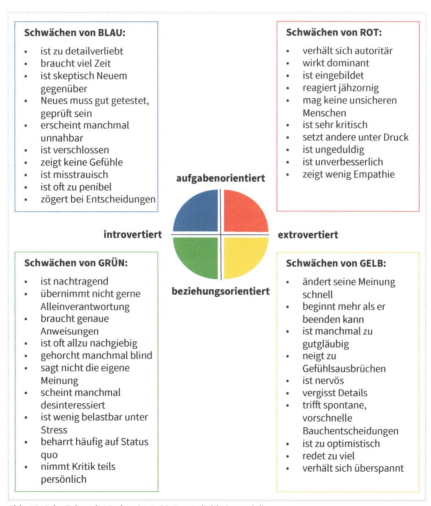

Abb. 10: Schwächen der Farben im DISG-Persönlichkeitsmodell

Diese Schwächen zeigen sich besonders in Stresssituationen. Und selbstverständlich treffen nicht alle Schwächen einer Farbe auf eine Person zu. Sind dem Vorgesetzten die Schwächen seines Mitarbeiters bewusst, kann er diesem ein wertschätzendes Feedback geben und persönliche Entwicklungsmaßnahmen mit ihm besprechen.

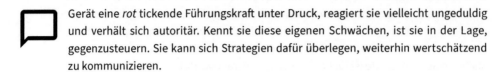

Gerät eine *rot* tickende Führungskraft unter Druck, reagiert sie vielleicht ungeduldig und verhält sich autoritär. Kennt sie diese eigenen Schwächen, ist sie in der Lage, gegenzusteuern. Sie kann sich Strategien dafür überlegen, weiterhin wertschätzend zu kommunizieren.

Ein *gelb* tickender Außendienstler vergisst womöglich Details, die der Innendienst für den Auftrag dringend braucht. Weiß er selbst von dieser Schwäche, geht er zum Beispiel mit einer genauen Checkliste in die Kundengespräche.

Für den *grün* tickenden Mitarbeiter im Kundendienst mag es schwierig sein, fordernden Kunden Grenzen zu setzen und ihre Kritik nicht persönlich zu nehmen. Sind ihm diese Schwächen bewusst, unterstützen ihn erlernte Gesprächsstrategien der gewaltfreien Kommunikation. Zusätzlich könnte er über ein persönliches Coaching reflektieren, dass er selbst keine Schuld am Ärger des Kunden trägt.

Mit seiner detailverliebten und perfektionistischen Art braucht der *blau* tickende Buchhalter sehr viel Zeit für seine Arbeit. So wird er vielleicht nicht fertig mit seinen Aufgaben. Andere warten immer wieder auf Ergebnisse, sodass nachfolgende Prozesse ins Stocken geraten. Ist ihm das klar, kann er bei neuen Aufgaben fragen, wie detailliert sie ausgeführt werden müssen. Bei wiederkehrenden Aufgaben lassen sich eventuell bestimmte Tätigkeiten automatisieren.

So erkennen Sie die vier Farben
Welche Farben sind nun bei Ihnen selbst und bei Ihren Mitmenschen stark ausgeprägt und welche weniger stark? Es gibt hierzu folgende Wege:
a) Eine detaillierte kostenpflichtige Online-Analyse durchführen oder durchführen lassen. Informationen über die detaillierte INSIGHTS MDI®-Analyse gibt es auf der Internetseite des Scheelen-Instituts unter https://www.scheelen-institut.com. Myrna Stuckert ist zertifizierte INSIGHTS MDI®-Beraterin und kann Sie zu den Online-Analysen beraten (siehe https://www.stuckert-consulting.de/businesscoaching).
b) Einen schriftlichen DISG-Test selbst ausfüllen oder ausfüllen lassen. Dies ist im Internet kostenfrei möglich.
c) Einen schriftlichen Einschätzungsbogen selbst ausfüllen oder ausfüllen lassen. Den Einschätzungsbogen finden Sie in unseren Arbeitshilfen auf *myBook+*.
d) Den Kommunikationspartner in einer Situation spontan einschätzen. Dies ist die einzige Vorgehensweise, die Sie direkt für einen subjektiven ersten Eindruck anwenden können. Sie ist relativ einfach, alltagstauglich und kostenfrei. Aus diesen Gründen haben wir uns dafür entschieden, Ihnen diese Methode an die Hand zu geben.

Auf den folgenden Seiten erfahren Sie also, wie Sie konkret vorgehen, wenn Sie jemanden kennenlernen und aus dem Augenblick heraus einschätzen möchten.

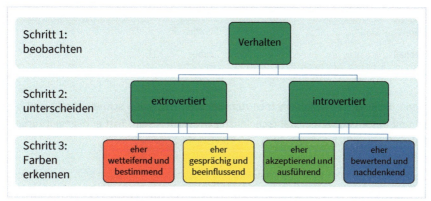

Abb. 11: Vorgehensweise, um Kommunikationspartner spontan einzuschätzen

Im folgenden Abschnitt erläutern wir die drei Schritte im Einzelnen. Die jeweiligen Grafiken sind in den Arbeitshilfen auf *myBook+* zu einem übersichtlichen Leitfaden zusammengefügt. Diesen können Sie ausdrucken und als Gedankenstütze vor wichtigen Gesprächen mit neuen Kommunikationspartnern wie Bewerbern oder neuen Dienstleistern nutzen.

Schritt 1: Das Verhalten beobachten
Sie beobachten aufmerksam und wertfrei das *Verhalten* Ihres Kommunikationspartners. Wie verhält er sich? Was fällt Ihnen auf? Hierbei helfen Ihnen die folgenden Beispiele für Fragen:
- Wie betritt die Person den Raum?
- Wie ist die Körperhaltung, der Augenkontakt, der Händedruck?
- Wie ist die Stimme, die Sprache?
- Setzt sie sich hin oder fragt sie, wo sie sich hinsetzen darf?
- Nimmt sie sich das bereitgestellte Getränk ohne Aufforderung?
- Wie ist sie vorbereitet?

Schritt 2: Zwischen extrovertiert und introvertiert unterscheiden
Wie tritt Ihr Gegenüber auf? Ist die Person eher *extrovertiert* oder *introvertiert*? Folgende Tabelle kann Ihnen dabei helfen, Ihr Gegenüber auf der Achse zwischen diesen zwei Polen anzuordnen.

extrovertiert	introvertiert
bestimmt	zurückhaltend
kommt schnell zur Sache	braucht Zeit

extrovertiert	introvertiert
eher gesprächig	mehr abwartend und fragend
laut/ausdrucksstark sprechend	leise/weich sprechend
direkt	höflich
lebhaft	ruhig

Tab. 6: Unterscheiden zwischen extrovertiert und introvertiert

Wenn Ihr Kommunikationspartner zum Beispiel ein Thema schnell, direkt und bestimmt anspricht, wird er wahrscheinlich extrovertiert sein. Tritt er dagegen zurückhaltend und höflich auf, verhält er sich introvertiert.

Schritt 3: Die dominante Farbe erkennen
In dieser Tabelle sehen Sie, woran Sie erkennen können, welche Farbe vorherrscht:

extrovertiert		introvertiert	
rot	**gelb**	**grün**	**blau**
wirkt verschlossen und rational	wirkt offen und emotional	wirkt offen und freundlich	wirkt verschlossen und distanziert
resolut	unkonventionell	zuhörend	förmlich
selbstbewusst und entscheidungsfreudig	locker und humorvoll	vorsichtig und empathisch	ernst und sachlich
konzentriert auf das »Was«	konzentriert auf das »Wer«	konzentriert auf das »Wie«	konzentriert auf das »Warum«
orientiert sich an Lösungen und Ergebnissen	orientiert sich an anderen und an Wertschätzung	orientiert sich an Sicherheit und Unterstützung	orientiert sich an Richtlinien und Standards
eher wetteifernd und bestimmend	eher gesprächig und beeinflussend	eher akzeptierend und ausführend	eher bewertend und nachdenkend

Tab. 7: Dominante Farbe erkennen

Abhängig von dem Ergebnis in Schritt 2 können Sie sich auf die zutreffenden Farben konzentrieren: Ist mein Gegenüber eher *extrovertiert*, dann tendiert es zu *Rot* oder *Gelb*. Ist die Person eher *introvertiert*, neigt sie wahrscheinlich zu *Grün* oder *Blau*. Gehen Sie dazu in Gedanken die beiden zutreffenden Spalten durch und entscheiden Sie spontan, zu welcher der zwei Farben sein Verhalten passt. Haben Sie in Schritt 2 das Verhalten als *introvertiert* empfunden, gehen Sie gedanklich die Spalten *Grün* und *Blau* durch. Welche der Aspekte treffen zu? Welche Farbe dominiert?

Während des Gesprächs können Sie Ihren ersten Eindruck vertiefen oder nachjustieren. Dabei hilft Ihnen die folgende Tabelle, mit der Sie eine Person anhand ihrer Körpersprache, ihrer Stimme und ihren Worten einschätzen lernen. So können Sie beispielsweise prüfen, ob Sie bei der Einschätzung *Grün* beziehungsweise *Blau* bleiben, oder doch eine andere Farbe dominiert.

	rot	gelb	grün	blau
Körpersprache	forsch	offen	zurückhaltend	distanziert
	direkt	lebendig	warm	kühl
	kontrollierend	ausdrucksstark	herzlich	formal
Stimme	stark	laut	sanft	monoton
	zackig	schnell	ruhig, Pausen	langsam
	zielstrebig	begeistert	zögernd	nachdenklich
Worte	Ergebnis	Spaß	Sicherheit	Zahlen
	Nutzen	Faszination	Beziehung	Fakten
	Ziel	Möglichkeiten	Versprechen	Qualität

Tab. 8: Anhand von Körpersprache, Stimme und Worten einschätzen

Wichtig: Der erste Eindruck kann natürlich auch täuschen. Je mehr Sie sich aber mit der Thematik beschäftigen, desto besser gelingt die Einschätzung. Experimentieren Sie einfach damit und vertrauen Sie Ihrer Intuition. Selbst wenn Ihre Einschätzung nicht korrekt ist, ist das vollkommen in Ordnung, sofern Sie bereit dazu sind, Ihren Eindruck zu revidieren oder anzupassen.

Dafür kann Ihnen im weiteren Kontakt mit der Person auch der schriftliche Einschätzungsbogen (siehe Vorgehensweise b) helfen. Wollen Sie Ihre eigene Einschätzung absichern und sind bereit, in die Person zu investieren, können Sie die INSIGHTS MDI®-Analyse (siehe Vorgehensweise a) durchführen lassen.

Haben Sie das Persönlichkeitsmodell der vier Farben verinnerlicht, können Sie dieses Know-how sofort in jeder Kommunikationssituation anwenden. Seien Sie neugierig: In Teil B sehen Sie vielfältige Praxisbeispiele, in welchen Bereichen der Personalarbeit Sie dies nutzen können.

In Tabelle 9 möchten wir Ihnen einige grundlegende Tipps dazu geben, wie Sie mit den vier verschiedenen Persönlichkeiten wertschätzend kommunizieren können:

Rot	• Sprechen Sie klar, konkret, kurz – kommen Sie auf den Punkt. • Bleiben Sie bei der Sache. • Präsentieren Sie effizient und logisch. • Stellen Sie konkrete *Was*-Fragen. • Bieten Sie Wahlmöglichkeiten an, damit Ihr Gegenüber selbst entscheiden kann. • Überzeugen Sie durch Ergebnisse.
Gelb	• Geben Sie auch Zeit für Kontakt und Geselligkeit. • Reden Sie über Leute und ihre Ziele. • Halten Sie sich nicht mit Details auf. • Fragen Sie nach der Meinung Ihres Gegenübers. • Bieten Sie Ideen für gezieltes Handeln an. • Erzählen Sie Geschichten. • Bieten Sie Anreize.
Grün	• Brechen Sie das Eis durch Small Talk. • Hören Sie zu. • Zeigen Sie aufrichtiges Interesse an Ihrem Gegenüber als Person. • Sprechen Sie geduldig über persönliche Ziele und arbeiten Sie mit Ihrem Gegenüber daran, diese zu erreichen. • Erklären Sie Entscheidungen. • Definieren Sie schriftlich klare individuelle Beiträge. • Bieten Sie Ihre Unterstützung an – geben Sie Ihrem Gegenüber Sicherheit.
Blau	• Bereiten Sie Ihre »Sache« gründlich vor. • Gehen Sie gradlinig und direkt auf Ihr Gegenüber zu. • Bleiben Sie beim Geschäftlichen. • Nennen Sie Vor- und Nachteile. • Tun Sie, was Sie zugesagt haben. • Lassen Sie sich Zeit, aber seien Sie beharrlich. • Entwerfen Sie einen detaillierten Aktionsplan mit schrittweisem Ablauf. • Geben Sie Ihrem Gegenüber Zeit, gründlich zu sein.

Tab. 9: Tipps zum wertschätzenden Kommunizieren mit den vier Farben

Abschließend stellen wir Ihnen eine hilfreiche Karte zur Verfügung, die Sie auch zum Ausdrucken in unseren Arbeitshilfen auf *myBook+* finden. Sie fasst die wesentlichen Aspekte des DISG-Persönlichkeitsmodells zusammen, um Ihnen im Alltag auf einen Blick eine Erinnerungshilfe und Orientierung zu bieten.

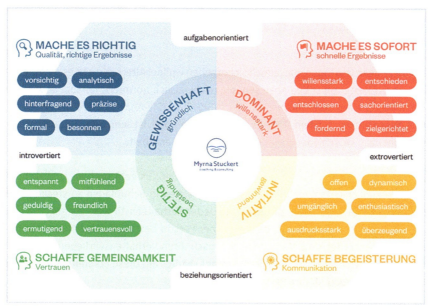

Abb. 12: Karte DISG-Persönlichkeitsmodell

Zu Kritik und Nutzen

In unseren Trainings und Coachings äußern Teilnehmer zum Thema DISG-Persönlichkeitsmodell gelegentlich Kritik: Erstens sei die Einschätzung ja sehr subjektiv, und zweitens solle man doch keine Menschen in Schubladen stecken.

Auch Fachautoren kritisieren den schriftlichen DISG-Test und erklären, die statistischen Gütekriterien seien nicht erfüllt. Eichung (Normierung), Zuverlässigkeit (Reliabilität) und Gültigkeit (Validität) des DISG-Tests hätten sich nach Cornelius König und Bernd Marcus als nicht stichhaltig erwiesen. Die Autoren kommen zu dem Schluss: »Validierungen hinsichtlich berufsrelevanter Kriterien werden für keine der Versionen berichtet – empirische Belege für die Praxistauglichkeit fehlen also.« (König/Marcus 2013)

Der DISG-Test und die Einschätzung anderer sind unbestritten subjektiv. In der Praxis haben wir jedoch erfahren, dass sie – neben der intuitiven Menschenkenntnis – hilfreich für die wertschätzende Kommunikation sind. Unser Standpunkt: Wenn Sie sich mit den Farben beschäftigen, trainieren Sie Ihre Empathie und Ihre Fähigkeit, die Welt aus der Perspektive des anderen zu sehen. Sie können ihn mit größerem Verständnis und einem wertschätzenden Blick begegnen. Es fällt Ihnen leichter, unterschiedliche Wesenszüge und Verhaltensweisen zu respektieren und Vielfalt wertzuschätzen.

Da Sie sich mit Ihren eigenen Bedürfnissen und denen des anderen beschäftigen, können Sie Ihr Handeln darauf abstimmen. So kommen Sie leichter zu Lösungen, die alle Beteiligten zufriedenstellen. Bestehende Konflikte lassen sich deeskalieren und potenzielle vermeiden. All dies sehen wir als wesentlich für eine wertschätzende Kommunikation an.

Für diejenigen von Ihnen, die jedoch sichergehen wollen: Alternativ gibt es umfangreiche, meist kostenpflichtige Analysen, die nachweislich normiert, reliabel und valide sind. Wir arbeiten zum Beispiel mit der INSIGHTS MDI®-Analyse des Scheelen-Instituts. Diese basiert auf dem DISG-Persönlichkeitsmodell, ist sehr detailliert und unterscheidet nach verschiedenen Facetten der Zusammenarbeit.

Zu dem zweiten Kritikpunkt möchten wir klarstellen: Es geht im hier vorgestellten DISG-Persönlichkeitsmodell nicht darum, Menschen in Schubladen zu stecken und schon gar nicht darum, sie zu bewerten. Jeder Verhaltensstil wird als gleichwertig eingestuft. Das Ergebnis zeigt, dass bei einer Person bestimmte Verhaltensstile besonders ausgeprägt sind. Verhält sie sich nach ihren Verhaltensvorlieben, ist sie im Fluss. Muss sie sich anders verhalten, strengt sie dies an. Diese Erkenntnisse können Sie gewinnbringend für Ihre Personalarbeit nutzen.

So unterstützt das DISG-Modell Sie in Ihrer Personalarbeit
Die vier Farben basieren auf tiefgründigem psychologischem Wissen und ergänzen als konkretes Instrument die intuitive Menschenkenntnis. Unserer Erfahrung nach unterstützt es bei der Personalstrategie, Personalauswahl, Personalentwicklung, Personalführung und Personaltrennung sowie bei der Kommunikation mit Menschen in unterschiedlichsten Funktionen und Hierarchien. Auch im privaten Bereich hilft es uns, mit sehr unterschiedlichen Persönlichkeiten wertschätzend zu kommunizieren.

Darüber hinaus hat es großen Nutzen, zu wissen, wie Sie selbst ticken: Ihnen wird bewusst, welche Stärken und Schwächen Sie haben. Durch diese Selbstreflektion können Sie Ihre Stärken gezielt einsetzen und an Ihren Schwächen arbeiten. Wertvolle Erkenntnisse erhalten Sie außerdem, wenn Sie sich fragen: Was brauche ich, damit es mir gut geht und ich gute Arbeit leisten kann? Welche Rahmenbedingungen, welche Aufgaben, welche Art der Zusammenarbeit und welche Ansprache wären gut für mich?

Bessere Menschenkenntnis erhöht die Empathie und unterstützt Sie bei den verschiedenen Aufgaben der Personalarbeit. Sich mit dem DISG-Persönlichkeitsmodell zu beschäftigen hat folgende Vorteile:

1. Personalstrategien entwickeln
- Sie können leichter die Perspektive wechseln.
- Sie stellen dadurch sicher, dass Sie alle Sichtweisen berücksichtigen.
- Sie sehen, wo mögliche Konflikte entstehen können.

- Auf dieser Basis gestalten Sie die passende Personalstrategie.
- Damit tragen Sie zu einer stimmigen Unternehmenskultur bei.

⇨ Sie entwickeln Personalstrategien, die im Idealfall für alle Mitarbeitenden verständlich und motivierend sind.

2. Personal beschaffen
- Sie erhalten Klarheit über die individuellen Stärken und Schwächen der Bewerber.
- Sie können die Verhaltensvorlieben der Bewerber mit dem Anforderungsprofil abgleichen.
- Dadurch finden Sie genauer heraus, ob sich der Bewerber für die Position eignet.
- Sie können einschätzen, ob die Person ins Unternehmen passt.
- Dadurch reduzieren Sie Fehlbesetzungen.

⇨ Sie setzen Mitarbeitende in Positionen ein, in denen sie ihr ganzes Potenzial heben können.

3. Personal entwickeln und führen
- Sie erkennen das Potenzial des Einzelnen.
- Sie erhalten Hinweise auf die persönliche Motivation.
- Sie sehen den Wert des jeweiligen Mitarbeiters fürs Unternehmen klarer.
- Sie bieten dem Mitarbeiter passende Entwicklungsmaßnahmen.
- Sie schneiden Karrierewege auf die Stärken und Verhaltensvorlieben zu.
- Sie tragen dazu bei, unterschiedliche Verhaltensvorlieben leichter zu akzeptieren und zu respektieren.
- Dies erhöht Verständnis, Vertrauen und Wertschätzung auf allen Hierarchieebenen.
- So verbessern Sie die Kommunikation im eigenen Team und im ganzen Unternehmen
- Sie fördern eine positive Energie und Produktivität.
- Sie können optimal dabei unterstützen, Teams zusammenzustellen, zu führen und zu motivieren.

⇨ Sie fördern die effektive und nachhaltige Entwicklung von Mitarbeitenden.
⇨ Sie beraten die Vorgesetzten, wie sie ihre Mitarbeitenden passgenau führen können.
⇨ Sie führen Ihr eigenes Team nach den Verhaltensvorlieben Ihrer Mitarbeitenden.

4. Sich von Personal trennen
- Sie sensibilisieren sich für die Emotionen, Sorgen und Bedürfnisse des Mitarbeiters in dieser schwierigen Situation.
- Sie finden in den Verhandlungen den richtigen Ton.
- Sie können besser verstehen und begründen, warum die Trennung notwendig ist.
- Sie schaffen einen respektvollen Umgang miteinander.
- Sie erhöhen die Akzeptanz der Trennung.

⇨ Sie gestalten einen fairen und wertschätzenden Trennungsprozess.

In Teil B erfahren Sie, wie Sie detailliert in den einzelnen Bereichen vorgehen können. Praxisbeispiele veranschaulichen, wie Sie das DISG-Persönlichkeitsmodell in Ihrer Arbeit umsetzen können.

2.3 Mit dem *Johari-Fenster* die Wichtigkeit von Feedback verstehen

Das Johari-Fenster ist ein Modell, das die Selbstwahrnehmung der Fremdwahrnehmung gegenüberstellt. Das Modell wurde 1955 durch die amerikanischen Sozialpsychologen **Jo**seph Luft und **Har**ry Ingham entwickelt. Das Kurzwort *Johari* setzt sich aus den Namen der beiden zusammen.

Die Vier-Felder-Matrix stellt das Selbstbild dem Fremdbild gegenüber. Das Selbstbild beschreibt, wie ich mich selbst wahrnehme: die Verhaltensweisen, die Kommunikation, das Auftreten, die Interaktion mit anderen. Häufig misst das Selbstbild sich auch daran, wie ich gern sein will – also ein Wunschbild. Das Fremdbild beschreibt, wie andere Personen *mich* wahrnehmen. Das können objektive, also nachprüfbare Aspekte sein. Das können aber auch subjektive Einschätzungen sein, die von der Persönlichkeit des anderen, seinen Erfahrungen und seinen Werten abhängen.

> Je besser eine Person sich mit all ihren Stärken und Schwächen kennt, desto besser kann sie ihr Potenzial entfalten und einsetzen.

Für Sie als Personalverantwortliche ist dieses Modell nützlich, wenn Sie mit Führungskräften darüber sprechen, wie wichtig es ist, den Mitarbeitenden Feedback zu geben. Es zeigt, dass ein konstruktives Feedback entscheidend dazu beitragen kann, den blinden Fleck einer Persönlichkeit zu verkleinern. Wenn Mitarbeitende von ihren unbewussten Verhaltensweisen erfahren, haben sie die Chance, sich weiterzuentwickeln und ungünstiges Verhalten durch günstiges zu ersetzen.

Erklärung des Modells
Das Johari-Fenster ist eine Matrix, die aus vier Feldern besteht. Diese stehen für alle bekannten und unbekannten Informationen über einen Menschen. Sie hilft Ihnen dabei, zu erkennen, was die Person über sich selbst weiß und nicht weiß (Selbstbild), sowie was anderen über die Person bekannt ist und nicht bekannt ist (Fremdbild).

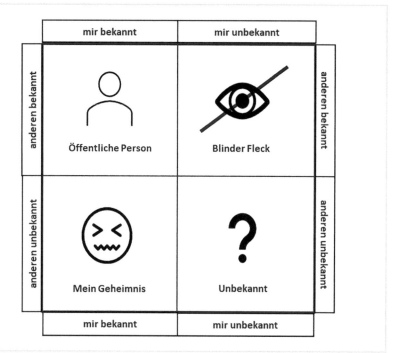

Abb. 13: Matrix des Johari-Fensters

Sie sehen in der Matrix vier Quadranten:
- *Ich als öffentliche Person*
  In diesem Fenster zeige ich offen, frei und unbefangen meine Verhaltensweisen, da ich und die anderen diese Charaktereigenschaften kennen.
- *Mein blinder Fleck*
  Der blinde Fleck beschreibt eigentlich einen kleinen Bereich im Auge, an dem sich kein Sehnerv befindet. Im übertragenen Sinne ist dieses Feld für mich unsichtbar – es liegt im unbewussten Teil meiner Psyche und Persönlichkeit. Mein Handeln nehme ich selbst nicht bewusst wahr, jedoch sehen es die anderen.
- *Mein Geheimnis*
  Im Bereich meines Geheimnisses behalte ich bewusst Informationen über mich zurück. Ich gebe diese Dinge nicht preis, da sie zu privat sind oder ich mich damit unsicher, unwohl oder inkompetent fühle.
- *Für mich und andere unbekannt*
  Im unbekannten Quadranten schlummern eventuell Talente, die weder ich noch die anderen wahrgenommen haben. Oder es sind unbewusste Erinnerungen, die tief in meiner Persönlichkeit ruhen, die aber mein Handeln beeinflussen.

Anwendung/Transfer in die Praxis

Diese Grafik zeigt den Status quo, also den aktuellen Zustand. Ziel der Personalentwicklung ist es, den Bereich der öffentlichen Person zu vergrößern. Wenn ich mich selbst gut kenne und den anderen offen zeigen kann, wer ich bin, dann kann ich meine ganze Kraft in die Arbeit legen. Denn ich muss mich nicht verstellen und nichts verstecken. Ich zeige mich in meiner Gänze mit meinen Stärken und Schwächen und wirke so für andere menschlich. Dadurch sind echter Kontakt und gegenseitiges Verständnis möglich. All dies führt dazu, dass ich selbst eine gute Leistung erbringen und im Team zu einer guten Zusammenarbeit beitragen kann. Auch verbessert es das Verständnis und die Zusammenarbeit mit anderen, wenn man sich gegenseitig besser kennt.

Die Matrix in Abbildung 14 zeigt, wie sich das Ziel erreichen lässt, den öffentlichen Bereich zu vergrößern:
Um den öffentlichen Bereich zu vergrößern, gibt es zwei Strategien:

a) Feedback erfragen
Wenn Sie proaktiv andere um Feedback bitten, lernen Sie sich selbst besser kennen. Bei positivem Feedback steigt Ihr Selbstwertgefühl und bei konstruktiv-kritischem Feedback haben Sie die Möglichkeit, an sich zu arbeiten.

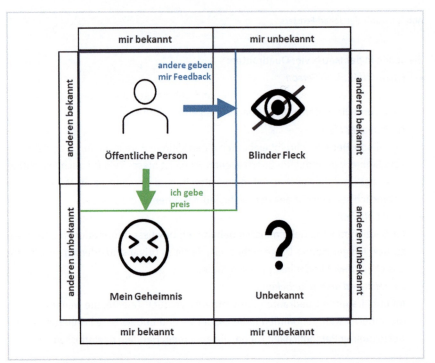

Abb. 14: Den öffentlichen Bereich vergrößern

b) Informationen preisgeben
Indem Sie sich öffnen und weitere Details über sich kommunizieren, werden die anderen mehr Verständnis für Sie aufbringen, Rücksicht nehmen, Sie unterstützen und ihr Handeln respektvoll anpassen. Außerdem erleichtert es Sie, da sich der Druck verringert, diese Information vor anderen geheim halten zu müssen.

Praxisbeispiel
Ich präsentiere vor dem Vorstand eine neue Personalstrategie.

- Als *öffentliche Person* zeige ich, dass ich kommunikativ bin, meinen Themenbereich beherrsche und gut präsentieren kann.
- *Blinder Fleck* könnte sein, dass ich mir während der Präsentation die Haare immer nervös hinter das Ohr streiche. Ich merke das nicht, aber den anderen fällt es auf und verrät meine Nervosität. Würde mich jemand auf diesen Tick hinweisen, dann könnte ich dieses Verhalten unterlassen und könnte so souveräner auftreten.
- *Mein Geheimnis* könnte sein, dass ich Angst vor der Technik habe. Ich schlafe deshalb nicht gut und fühle mich gestresst, da ich befürchte, dass die Technik nicht funktioniert. Stattdessen könnte ich mich jemandem Geeigneten anvertrauen. Ich könnte ihn bitten, dass er sich für mich um die Technik kümmert.
- *Unbekannter Bereich* könnte sein, dass ich ein Talent im Gestalten von Flipcharts habe. Da ich immer nur PowerPoint-Präsentationen mache, ist mir das nicht bewusst.

Vorteile
Warum ist dieses Wissen über sich selbst und andere wichtig? Joseph Luft und Harry Ingham gingen davon aus, dass der Handlungsspielraum einer Person umso größer wird, je mehr Erkenntnisse sie über sich selbst durch Feedback erhält und je mehr sie von sich preisgibt.

Persönliche Weiterentwicklung
Für uns beinhaltet wertschätzende Kommunikation, offen und authentisch miteinander umzugehen. Dazu gehört auch, kritische Punkte anzusprechen. Vielen fällt es jedoch schwer, kritisches Feedback zu geben: Sie wissen zu wenig, wie sie es konstruktiv formulieren können. Sie haben negative Erfahrungen damit gemacht und befürchten deshalb, dass die Beziehung zum Gegenüber darunter leiden könnte. Diese Bedenken sind berechtigt! Denn eine nicht wertschätzend formulierte Kritik an der Person kann sehr verletzend sein und das Vertrauen des Kommunikationspartners zerstören.

Unausgesprochenes kann eine Beziehung jedoch ebenfalls stark belasten: Wenn mich etwas stört und ich es nicht anspreche, baut sich Spannung auf. Dies stört den Kontakt zu meinem Gegenüber. Die Situation kann eskalieren, da zu einem bestimmten Zeitpunkt die Spannungen so groß werden, dass meine Emotionen unkontrolliert ausbrechen. Oder ich vermeide den Kontakt bis hin zum Beziehungsabbruch.

Deshalb ist es so wichtig, sich darin zu üben, wertschätzendes Feedback zu geben. Geben mir Menschen Feedback, dann erweitert sich der *öffentliche Bereich*, und mein *blinder Fleck* verkleinert sich. Werden mir bestimmte Dinge bewusst, kann ich an diesen gezielt arbeiten und mich weiterentwickeln. Je mehr ich von mir selbst weiß, desto besser kann ich mein Handeln darauf ausrichten.

Hat in Ihrem Unternehmen ein Mitarbeiter oder eine Vorgesetzte kein Interesse daran, ein Feedbackgespräch zu führen? Dann können Sie als Personalverantwortliche anhand des Johari-Fensters den Nutzen von Feedback veranschaulichen. Wissen Mitarbeitende und Vorgesetzte um den Nutzen von konstruktivem Feedback, sind sie motivierter, dies anzunehmen oder zu geben. Dabei ist es selbstverständlich wesentlich, dass Feedback auf eine respektvolle und stärkende Art und Weise gegeben wird.

Verbesserte Teamarbeit
Darüber hinaus zeigt das Modell den Vorteil von Transparenz: Wenn Teammitglieder etwas über sich selbst preisgeben und offen miteinander sprechen, lernen sie sich schneller kennen. Das gegenseitige Verständnis erhöht sich und das Handeln einzelner wird transparenter. Dies führt zu wertschätzenderen Beziehungen, verbesserter Kommunikation und wirksamerer Zusammenarbeit.

In der Personalarbeit können Sie dieses Modell nutzen, wenn ein Team nicht offen miteinander umgeht und es verdeckte Konflikte gibt. In einem Team-Workshop könnten Sie es am Flipchart präsentieren und erklären, wie wichtig der *öffentliche Bereich* für eine verständnisvolle und vertrauensvolle Zusammenarbeit ist. Wenn es viele Geheimnisse im Team gibt, kann das zu Spannungen führen.

Praxisbeispiel
Ein Mitarbeiter hat eine chronische Krankheit und geht regelmäßig zu einer wichtigen Behandlung. Er geht deshalb sehr pünktlich und kann das Team bei spontanen zusätzlichen Aufgaben nicht unterstützen. Behält er den Hintergrund geheim, schürt sein Verhalten Ärger im Team. Vertraut er sich dem Team dagegen an, könnten seine Kollegen und die Führungskraft ihn verstehen. Es ließe sich gemeinsam eine Lösung finden, wie er seinen Teamgeist an anderer Stelle beweisen kann. Dieser Schritt des Sich-Öffnens schafft Vertrauen und Verbindung im Team.

Selbstverständlich ist es wichtig, bestimmte Geheimnisse zu respektieren. Jeder Mitarbeiter hat das Recht, etwas für sich zu behalten. Sie können ihn zwar ermutigen, sich damit zu zeigen – aber ihn unter Druck zu setzen, wäre kontraproduktiv.

Jeder Einzelne muss für sich abwägen: Öffne ich mich? Schaffe ich damit Verständnis und Vertrauen? Damit riskiere ich gleichzeitig, dass ich angreifbar werde, weil andere dieses Wissen ausnutzen und mich bloßstellen können. Oder bewahre ich mein Geheimnis lieber? Herrscht in einem Team eine Kultur der Wertschätzung und des Vertrauens, dann öffnen sich die Mitglieder leichter. Herrscht dagegen eine Kultur der Konkurrenz und Angst, behalten die Mitglieder sensible persönliche Themen eher für sich. Deshalb ist es so wichtig, innerhalb des Unternehmens für eine wertschätzende Kultur zu sorgen.

2.4 Mit dem *Eisbergmodell* für Gefühle und Bedürfnisse sensibilisieren

Das Eisbergmodell kann veranschaulichen, welch bedeutende Rolle die nicht bewusst wahrgenommenen und ausgedrückten Gefühle in der Kommunikation spielen. Es hilft dabei, zu untersuchen, wie ein Konflikt entsteht und was man berücksichtigen muss, um ihn zu lösen. Dadurch ist es eines der grundlegenden Modelle, wenn es um wertschätzende Kommunikation geht.

Erklärung des Modells
Den Begriff *Eisbergmodell* verwendeten als erste deutschsprachige Autoren Ruch und Zimbardo (1974). Die folgende eigene Grafik lehnt sich an ihr Modell an:

Abb. 15: Das Eisbergmodell in der Kommunikation

In Abbildung 15 sind zwei Eisberge zu sehen: Der eine steht für das Ich, der andere für das Du, den Kommunikationspartner. Oberhalb der Wasserfläche befinden sich die bewussten Anteile der Persönlichkeiten. Das sind beispielsweise Zahlen, Daten, Fakten, wahrgenommene und ausgesprochene/geschriebene Gefühle oder Wünsche – also all das, was offen auf dem Tisch liegt und greifbar ist, wenn zwei Menschen miteinander reden oder korrespondieren. Diese Anteile machen nur etwa 20 Prozent der zwischenmenschlichen Kommunikation und des bewussten inneren Dialogs aus.

Der weitaus größere Anteil der Handlungsmotive, etwa 80 Prozent, liegt unter der Wasseroberfläche. Diese vorbewussten oder unbewussten Bereiche können ohne Reflexion und Analyse weder durch die Person selbst noch seinen Kommunikationspartner wahrgenommen werden. Vorbewusst sind zum Beispiel Ängste, verdrängte Gefühle und Konflikte oder Persönlichkeitsmerkmale wie Vorsicht, Unsicherheit, Abenteuerlust, Optimismus, Herzlichkeit, Verschlossenheit, Verlässlichkeit. Über Nachdenken, Besprechen, Hineinspüren lassen sich diese vorbewussten Bereiche über die Wasseroberfläche bringen. Unbewusst sind tiefe Bereiche der Persönlichkeit, zu denen wir im Alltag keinen Zugang haben und die wir nicht oder nur sehr schwer beeinflussen können: zum Beispiel Hochsensibilität, frühkindliche traumatische Erfahrungen, reflexartige Reaktionen, psychosexuelle Entwicklung, unbewusste Motive der Partnerwahl, Triebabfuhr oder Hemmungen.

> Alle Menschen haben für alle sichtbar bewusste, aber auch verborgene vorbewusste und unbewusste Anteile der Persönlichkeit.

Oberhalb des Wasserspiegels sieht es nun so aus, als hätten die beiden Eisberge (= Persönlichkeiten) einen angemessenen Abstand, aus dem heraus sie sich begegnen. Doch unterhalb des Wasserspiegels rumpeln sie zusammen – und zwar durch all die verborgenen Anteile, die ihr Verhalten, ihre Gefühle, ihre Bedürfnisse und ihre Wünsche stark beeinflussen.

Ihr Kommunikationspartner empfindet zum Beispiel aufgrund von Gewalterfahrungen das Gefühl von Ohnmacht und Schmerz sehr stark. Er reagiert deshalb heftig auf Alltagssituationen, die dieses Gefühl auslösen. Sie haben es dann eventuell mit einem emotional sehr aufgeladenen Gegenüber zu tun, das aufgebracht, beleidigend, aggressiv und drohend kommuniziert. Sie hingegen sind vielleicht eine hochsensible Person, die empfindlich reagiert, der alles schnell unter die Haut geht, die sehr verletzlich und harmoniebedürftig ist. Hier liegt viel Konfliktpotenzial.

Anwendung/Transfer in die Praxis
Das Eisbergmodell kann in der Praxis besonders dann für mehr Klarheit sorgen, wenn es um schwierige Kommunikation und Konflikte geht. Sich selbst damit auseinanderzusetzen, kann dazu beitragen, die eigene emotionale Verfassung zu klären und zu verbessern.

Der Zugang zur vorbewussten Ebene ist zwar schwierig und mithilfe eines Buchs allein kaum möglich. Doch die folgenden Checklisten können Ihnen dabei helfen, über die bewusste hinaus auch über die vorbewusste Ebene nachzudenken. Entweder, um ein heikles Gespräch vorzubereiten, oder um ein konflikthaftes Gespräch im Nachhinein zu reflektieren. Sie finden beide auch in unseren Arbeitshilfen auf *myBook+*.

In Bezug auf mich selbst kann ich mich fragen	Meine Notizen
Bewusste Ebene: Was sind die Fakten, Daten, Ziele auf meiner Seite? Was denke ich, welche Gefühle nehme ich wahr, was wünsche ich mir?	
Vorbewusste Ebene: Habe ich eine Idee, welche Ängste sich dahinter verbergen? Was für eine Persönlichkeit bin ich? Was brauche ich, um zufrieden zu sein? Welche Bedürfnisse habe ich? Was könnte der ursprüngliche Konflikt sein, der dahintersteckt, zum Beispiel eine tiefe Erfahrung oder ein Konflikt in der Kindheit?	

Tab. 10: Checkliste: Zugang zur vorbewussten Ebene finden

In Bezug auf eine schwierige Kommunikation können Sie wie folgt vorgehen, um Ihren eigenen Eisberg zu beleuchten und den Konflikt zu entschärfen:
- Stellen Sie sich die Fragen der Checkliste.
- Spüren Sie bewusst nach, wie Sie sich gerade wirklich fühlen, was in Ihnen vorgeht.
- Entspannen Sie sich: Nehmen Sie besonders Ihre Schulter, Ihren Nacken und Ihren Kiefer wahr und lassen Sie die Muskeln locker.
- Lassen Sie Ihren Emotionen in einem geschützten Rahmen freien Lauf, zum Beispiel über *Freies Schreiben*. Dies ist eine Methode aus dem Bereich des kreativen beruflichen Schreibens. Eine Anleitung dazu finden Sie in unseren Arbeitshilfen auf *myBook+*.
- Notieren Sie Ihre Erkenntnisse in der Checkliste.

Bei diesen Schritten nutzen wir beide Gehirnhälften – die rationale und die emotionale. Letztere ist mit dem Unterbewusstsein verbunden, das unterhalb der Wasseroberfläche liegt. Haben Sie sich auf diesem Weg mehr Klarheit verschafft, können Sie empathisch den Eisberg Ihres Gegenübers erforschen:

In Bezug auf meinen Kommunikationspartner kann ich mich fragen:	Meine Notizen:
Bewusste Ebene: Was sind die Fakten, Daten, Ziele auf seiner Seite? Was könnte der andere für Gefühle, Bedürfnisse und Wünsche haben?	

In Bezug auf meinen Kommunikationspartner kann ich mich fragen:	Meine Notizen:
Vorbewusste Ebene: Habe ich eine Vermutung, welche Motive sich dahinter verbergen könnten? Was für eine Persönlichkeit ist er? Was braucht er, um zufrieden zu sein? Was könnte der eigentliche, ursprüngliche Konflikt sein, der dahintersteckt?	

Tab. 11: Checkliste: Vorbewusste Ebene – den Kommunikationspartner besser verstehen

Haben Sie sich Gedanken über Ihr Gegenüber gemacht, können Sie sich vor dem Gespräch passende Argumente und Lösungsvorschläge überlegen. Damit sind Sie zum Beispiel für die Reaktionen Ihrer Zuhörer gewappnet, wenn Sie eine schlechte Nachricht überbringen müssen. Auf diese Weise vorbereitet, können Sie klarer, sicherer und selbstbewusster in das Gespräch gehen.

Sie können das Eisbergmodell auch dafür nutzen, nach einem Streit die zugrunde liegenden Ursachen zu analysieren. Dadurch gehen Sie einfühlsamer in den nächsten Dialog und bewahren gleichzeitig Ihre Sachlichkeit. Indem Sie Ihre eigenen Triggerpunkte sowie die des anderen kennen, können Sie den Konflikt mit größerem Verständnis für sich und Ihr Gegenüber deeskalieren. Es öffnet sich durch diesen Perspektivwechsel auch ein neues Fenster für kreative Lösungen. Damit tragen Sie zu Win-win-Situationen bei.

Praxisbeispiel
Gemeinsam mit der Geschäftsführung müssen Sie den Mitarbeitenden mitteilen, dass ein Standort geschlossen wird. Sie wissen, dass der Standort nicht produktiv ist, und dass deshalb alle Mitarbeitende entlassen werden müssen, die dort arbeiten. Diese Rahmenbedingungen liegen oberhalb der Wasseroberfläche, das heißt im bewussten Bereich. Verkünden Sie diese Entscheidung einfach nur, müssen Sie mit heftigen Reaktionen rechnen. Sie bereiten sich deshalb auf die Betriebsversammlung mithilfe des Eisbergmodells vor:

Vorbewusste Ebene:
- Angst vor Arbeitslosigkeit
- finanzielle Not
- Verlust von sozialen Kontakten
- Wut auf das Management
- unsichere Zukunft
- Angst, für den Arbeitsmarkt nicht gut genug oder zu alt zu sein
- Befürchtung, dass der Arbeitsweg länger wird

- Angst vor dem Bewerbungsprozess
- Konkurrenzgefühl im Hinblick auf die Jobsuche

Unbewusste Ebene:
- existenzielle Ängste
- Angriff auf das Selbstwertgefühl
- Ohnmachtsgefühl
- Hilflosigkeit
- eventuelles Triggern von traumatischen Erfahrungen

Haben Sie sich auf diese Weise in die Belegschaft hineinversetzt, können Sie sich konkrete Maßnahmen überlegen. Wie können Sie Ihre Mitarbeitenden in dieser Situation unterstützen? Was können Sie ihnen auf der Betriebsversammlung anbieten? Wie können Sie auf die vorbewussten Gefühle eingehen? Sie könnten zum Beispiel sagen:

Geschäftsführung
Vielen Dank, dass Sie so zahlreich gekommen sind. Ich habe Sie heute zu dieser außerordentlichen Betriebsversammlung zusammengerufen, weil wir den Standort X zum TT.MM.JJJJ leider schließen müssen. Seit fünf Jahren sind wir in den roten Zahlen und alle unsere Anstrengungen haben nicht ausgereicht, dies zu ändern. Wir haben umstrukturiert, Kosten eingespart und die Produktion stärker automatisiert. Trotzdem konnten wir damit den Standort nicht in den Gewinn führen. Die anderen Standorte können diese Verluste nicht länger ausgleichen.

Personalverantwortliche
Ich möchte auch einige Worte an Sie richten. Mir ist bewusst, dass diese Nachricht für viele von Ihnen ein Schock ist. Gemeinsam mit der Geschäftsführung haben wir uns unterschiedliche Maßnahmen überlegt, wie wir Sie in dieser schwierigen Situation unterstützen können.
Wir bieten jeder Mitarbeiterin und jedem Mitarbeiter ein persönliches Gespräch an, in dem wir ihm zuhören und versuchen, individuelle Lösungen zu finden. Wir haben zu unterschiedlichen Institutionen und anderen Unternehmen Kontakt aufgenommen, um gut darauf vorbereitet zu sein. Passend zur persönlichen Lage gibt es unterschiedliche Angebote: zum Beispiel ein Bewerbungstraining, passende Weiterbildungen, ein Schwarzes Brett für offene Stellen und eine Sozialberatung. Wir als Personalabteilung werden auf Sie zukommen und einen zeitnahen Gesprächstermin mit Ihnen vereinbaren.
Die Geschäftsführung und wir haben alles versucht, um diesen Standort zu retten. Dass uns dies nicht gelungen ist, macht mich sehr traurig. Gleichzeitig habe ich Verständnis für diese Entscheidung, da wir mit diesem Schritt eine Insolvenz des ganzen Unternehmens abwenden können.

Mir persönlich ist es wichtig, dass wir in diesem Prozess aufrichtig und respektvoll miteinander umgehen. Meine Tür steht jedem von Ihnen offen. Ich stelle jedem frei, nach dieser Ankündigung heute nach Hause zu gehen. Heute bin ich bis um 18 Uhr in meinem Büro ansprechbar. Weitere Informationen erhalten Sie übermorgen über Ihren Vorgesetzten.

Vorteile des Eisbergmodells
Das Modell hilft mir, zu verstehen, wie leicht ich tief unter der Oberfläche mit jemandem zusammenstoßen kann. Es sensibilisiert mich für diesen großen nicht bewussten Bereich bei mir selbst und meinem Kommunikationspartner.

Den Kommunikationspartner zu analysieren, wäre vermessen, aber ich kann damit ein grundsätzliches Verständnis für seine verborgenen Bereiche entwickeln und seine Äußerungen, Formulierungen nicht persönlich nehmen. Das lässt mich gelassener, friedlicher und sachlicher antworten.

Auf mich selbst kann ich das Modell bis zu einem gewissen Grad aktiv anwenden. Je tiefer ich mein Fühlen und meine Handlungsimpulse begreifen will, desto mehr bin ich auf die Hilfe von außen angewiesen – zum Beispiel aus Büchern, Seminaren, Coaching und vor allem Psychotherapie. Aber auch vertrauensvolle Gespräche mit Familie und Freunden können mich dabei schon ein Stück weit unterstützen. Sie können zum Beispiel durch Zurückspiegeln und forschende Fragen Impulse geben, Verdecktes bewusst zu machen und zu integrieren.

Darüber hinaus hilft das Eisbergmodell dabei, sich in die von Change-Prozessen betroffenen Mitarbeitenden hineinzufühlen. Dadurch können Sie Reaktionen besser verstehen und sogar im Voraus Personalmaßnahmen entwickeln, mit denen Sie Mitarbeitende auffangen und unterstützen können.

2.5 Mit dem Modell *Das innere Team* souveräner auftreten

Das Modell des inneren Teams von Schulz von Thun ist ein Reflexionstool, das Ihnen dabei hilft:
- sich klarer über Ihre inneren Widersprüche und Konflikte zu werden,
- sicherer entscheiden zu können und
- wirkungsvoller zu kommunizieren.

Eine sehr verbreitete Vorstellung ist, dass in jedem Menschen zwei verschiedenen Stimmen sprechen: Kopf und Bauch – oder Verstand und Intuition. Goethe lässt seinen *Faust* sagen: »Zwei Seelen wohnen, ach, in meiner Brust.« Differenzierter ist jedoch beispielsweise das Modell des *inneren Teams* von Friedemann Schulz von Thun.

Erklärung des Modells
Das Modell des inneren Teams basiert auf der Analogie einer realen Besprechung, bei der verschiedene Standpunkte und Aussagen zu einem Thema durch einen kompetenten Moderator geleitet diskutiert werden. Das Ziel ist ein Ergebnis, dem idealerweise alle Teilnehmer zustimmen können.

Dieses Bild hat Schulz von Thun auf eine innere Ebene übertragen: Er sieht das *innere Team* als Metapher für unterschiedliche Persönlichkeitsanteile, Perspektiven oder innere Stimmen, die ein Mensch in sich trägt. Diese Anteile stehen stellvertretend für unsere unterschiedliche Bedürfnisse. Bekommt in dieser inneren Gruppendynamik eine Stimme die Oberhand, kommt es nicht selten vor, dass die anderen verstummen und trotzdem im Untergrund weiterwirken. Solche inneren Missverhältnisse können eine maßgebliche Ursache für inneren Druck, Blockaden und Konflikte sein. Dies kann besonders in schwierigen Situationen zu langen Denkschleifen führen.

Schulz von Thun macht durch das Modell des inneren Teams das seelische Geschehen greifbar. Wie auf einer inneren Bühne lässt er alle Stimmen eines inneren Teammeetings ihren Standpunkt sagen und miteinander diskutieren. Diese *innere Pluralität* ist wünschenswert. Wenn Sie alle Ihre inneren Stimmen zu Wort kommen und zusammenarbeiten lassen, finden Sie zu innerem Frieden.

Diese Art inneren Konfliktmanagements kann Ihnen also dabei helfen, im Einklang mit sich selbst zu sein. Durch *innere Teamführung* kommen Sie zu authentischen Lösungen. Damit Sie diese auch nach außen deutlich, kraftvoll und souverän kommunizieren können, brauchen Sie die richtige *innere Mannschaftsaufstellung*.

> Arbeit mit dem inneren Team
> - Schritt 1: Die eigenen inneren Stimmen identifizieren
> - Schritt 2: Das Thema aus den unterschiedlichen Perspektiven diskutieren
> - Schritt 3: Zusammenfassen und entscheiden
> - Schritt 4: Passende Mannschaft aufstellen

Schritt 1: Die eigenen inneren Stimmen identifizieren
Zuerst stellen Sie Ihr inneres Team zusammen. Dafür erkennen und benennen Sie Ihre grundsätzlichen unterschiedlichen inneren Stimmen. Am einfachsten ist es, wenn Sie sich eine kritische Situation vorstellen und überlegen: Welche Stimmen melden sich, und was sagen sie genau? Haben Sie das notiert, geben Sie jeder Stimme einen griffigen Namen. Schreiben Sie jetzt diese Namen Ihrer inneren Teammitglieder auf Karten. Diese können Sie immer wieder benutzen und flexibel zu unterschiedlichen Konstellationen zusammenstellen. Auf *myBook+* finden Sie hierzu eine Arbeitshilfe. Auf diesem Blatt können Sie Ihre Teammitglieder übersichtlich eintragen.

Schritt 2: Das Thema aus den unterschiedlichen Perspektiven diskutieren
Lassen Sie jede Stimme sprechen, indem Sie sich gedanklich in jedes Teammitglied hineinversetzen. Hören Sie aufmerksam hin, was es zu der aktuellen Herausforderung sagt. Lassen Sie die einzelnen Teammitglieder das Thema wie in einer realen Besprechung diskutieren. Wenn es Ihnen hilft, schreiben Sie jede Position auf eine Karte. Wir nutzen das Modell in schwierigen Situationen mit physischen Karten, doch bereits das gedankliche Zulassen der unterschiedlichen Stimmen ist hilfreich.

Unterdrücken Sie keine Stimme, denn jede hat ein Recht, gehört zu werden. Lassen Sie auch negative Stimmen zu. Häufig schiebt man unerwünschte innere Stimmen beiseite, weil sie einem unangenehm, peinlich oder gesellschaftlich unangebracht sind. Dadurch entsteht jedoch ein innerer Druck, da Sie die unerwünschten Gedanken unter dem Deckel halten müssen. Indem Sie allen Stimmen Gehör schenken, lässt die innere Anspannung nach.

Schritt 3: Zusammenfassen und entscheiden
Wenn alle Teammitglieder zu Wort gekommen sind, übernehmen Sie die Rolle des Teamleiters – Schulz von Thun nennt diese leitende Funktion das *Oberhaupt*. Fassen Sie die Diskussion zusammen, wägen ab und formulieren einen Vorschlag an das Team. Fragen Sie das Team, ob alle mit dieser Entscheidung einverstanden wären. Vielleicht gibt es noch Hinweise, die dazu führen, dass Sie die Entscheidung noch anpassen. Wichtig ist, dass alle das Ergebnis schließlich mittragen. Sie als Person können jetzt diese Entscheidung annehmen – als die für Sie und die Situation beste.

Schritt 4: Passende Mannschaft aufstellen
Jetzt geht es darum, diese Entscheidung oder innere Haltung in der entsprechenden Situation überzeugend umzusetzen beziehungsweise mitzuteilen. Dafür überlegen Sie sich, welche Mannschaftsaufstellung ideal wäre: Welche Teammitglieder müssen in den Vordergrund und welche in den Hintergrund? Die vordere Riege ist präsent – ihre Argumente und Meinungen fließen direkt in Ihre Kommunikation ein. Die hintere Riege ist nach außen hin still. Sie wurden von Ihnen gehört und damit wertgeschätzt. In dieser realen Situation wären sie aber kontraproduktiv.

Berücksichtigen Sie auch, welche Rolle Sie erfüllen müssen und wer die Zielgruppe ist: Welche Teammitglieder brauche ich vorn, um meinen Aufgaben gerecht zu werden und um meine Zielgruppe zu überzeugen?

Anwendung/Transfer in die Praxis
Das Modell des inneren Teams ist ein hilfreiches Werkzeug für Sie persönlich, besonders wenn Sie mehr Klarheit und Sicherheit benötigen. Mögliche Anlässe hierfür sind zum Beispiel:
- Sie müssen eine wichtige Präsentation halten.
- Sie haben ein Konfliktgespräch vor sich.

- Sie müssen einem Mitarbeiter kündigen.
- Sie müssen eine Entscheidung treffen, bei der Sie sich innerlich zerrissen fühlen.
- Sie merken, dass Sie sich selbst im Weg stehen und sich ungünstig verhalten.

Praxisbeispiel
Durch das folgende Beispiel wollen wir es Ihnen ermöglichen, die Umsetzung dieser Methode besser zu verstehen. Stellen Sie sich vor, Sie überlegen, ob Sie ein kostenloses Webinar zur wertschätzenden Kommunikation am frühen Abend besuchen sollen.

Ihre Teammitglieder hatten Sie in **Schritt 1** als die folgenden identifiziert: Zeitmanager, Wissbegierige, Finanzchef, Pessimist, Kritiker, Spontane und Harmonieliebende.

Abb. 16: Innere Teammitglieder identifizieren

Jetzt lassen Sie in **Schritt 2** diese Teammitglieder Ihre aktuelle Frage aus unterschiedlichen Perspektiven diskutieren. Dies sind die unterschiedlichen Stimmen:

- Zeit-
  manager »Du hast keine Zeit für so etwas.« (contra)

- Wiss-
  begierige »Du kannst viele Informationen komprimiert erhalten.« (pro)

- Finanzchef — »Das Webinar ist doch kostenlos.« (pro)

- Pessimist — »Was nichts kostet, ist nichts wert.« (contra)

- Kritiker — »Wahrscheinlich ist die Trainerin gar nicht kompetent.« (contra)

- Spontane — »Probiere es doch einfach aus!« (pro)

- Harmonieliebende — »Das könnte zu Stress mit deinem Mann und deinen Kindern führen.« (contra)

In der Teamdiskussion entgegnen die Mitglieder jetzt den Bedenken. Dabei ist es nicht wichtig, wer aus dem Team auf die Zweifel antwortet.

Teammitglied	Aus den Argumenten folgende Fragen	Die Antworten aus dem inneren Team
⏱	Wie lange dauert denn das Webinar?	Vier Stunden.
⏱	Könnte man es nebenbei hören?	Ja, die Bilder dienen nur zum Veranschaulichen.
♥	Gibt es das Webinar nur abends? Dann müsste mein Mann früher nach Hause kommen oder die Kinder müssten allein essen.	Ja, das Webinar ist von 18 bis 22 Uhr.
☹	Ist das nicht immer nur Blablabla? Meistens bedeuten kostenlose Webinare wenig Inhalte und viel Verkauf.	Ich habe gehört, dass die Struktur des Webinars die folgende ist: Es werden die Ziele genannt, das Modell erklärt, ein Beispiel vorgetragen und die Vorteile erläutert. In der letzten halben Stunde wird das ein weiterführendes kostenpflichtiges Webinar vermarktet. Du könntest also nur den Input mitnehmen und dich danach ausklinken.

2 Nützliche Werkzeuge für wertschätzende Kommunikation entdecken | 77

Teammitglied	Aus den Argumenten folgende Fragen	Die Antworten aus dem inneren Team
(Skeptiker)	Ist das auch wirklich ein Thema, das mich interessiert, das ich einfach anwenden kann und das mich weiterbringt?	Sonja hat das Webinar mitgemacht und sie fand es sehr hilfreich. Sie hat auch schon eine schwierige Situation damit gemeistert. Sprich sie doch mal an.
(Fragender)	Und wer ist die Trainerin?	Die Trainerin ist absolute Expertin für wertschätzende Kommunikation. Sie hat ein Buch über das Thema geschrieben und leitet seit mehr als zehn Jahren dazu Seminare.
(Skeptiker)	Was bringt es mir persönlich?	Du könntest dich persönlich weiterentwickeln! Es bringt doch Spaß, sich mal mit Gleichgesinnten auszutauschen. Du kannst es gleich für dein schwieriges Gespräch mit deiner Vorgesetzten nächste Woche anwenden.
(Optimist)	Was kannst du verlieren?	…
	…	

Tab. 12: Beispiel für eine innere Teamdiskussion

Zusammenfassen und entscheiden in **Schritt 3**:
- Oberhaupt fasst zusammen: das Webinar ist kostenlos, es dauert maximal zwei Stunden, findet abends von 18 bis 20 Uhr statt, du verpflichtest dich zu nichts, die Inhalte sind in der Praxis getestet, Sonja hat gute Erfahrung damit gemacht, die Trainerin ist professionell, du entwickelst dich weiter
- Oberhaupt entscheidet: Du könntest es ausprobieren. Wenn dir die ersten 15 Minuten nicht gefallen, kannst du ganz einfach das Webinar verlassen. Wären alle damit einverstanden?
- Pessimist: Okay, aber lass uns bitte vorher noch einmal die Webinar-Bewertungen im Internet anschauen.
- Oberhaupt: Das ist eine gute Idee – dann sehen wir uns die Bewertungen an. Wenn diese positiv sind, können wir uns mit einem guten Gefühl anmelden.
- Harmonieliebende: Wie soll ich denn das mit der Familie machen?
- Oberhaupt: Es gibt dafür ein paar Optionen – zum Beispiel schon um 17 Uhr essen, Opa bitten, mit deinem Mann den freien Abend tauschen … Ich stelle dir die Mannschaft zusammen, damit du eine gemeinsame Lösung mit deiner Familie findest.

Passende Mannschaft aufstellen in **Schritt 4**:
Nachdem die Bewertungen im Internet sehr positiv sind, haben Sie die Entscheidung getroffen, am Webinar teilzunehmen. Nun müssen Sie Ihre Familie überzeugen. Dafür stellen Sie die passende Mannschaft zusammen. Die Wissbegierige, der Finanzchef und die Spontane sollten vorn stehen. Ihre vorherigen Zweifel des Zeitmanagers, des Pessimisten, des Kritikers und der Harmonieliebenden haben Sie verarbeitet, deshalb dürfen sie nun in den Hintergrund treten. Mit dieser Mannschaftsaufstellung sind Sie für die Überzeugungsarbeit gewappnet.

Sie argumentieren:

> »Ich habe nächste Woche ein schwieriges Gespräch mit meiner Vorgesetzten. Das verunsichert und stresst mich sehr und ich bräuchte dafür Unterstützung. Von Sonja habe ich gehört, dass es am Donnerstag von 18 bis 22 Uhr ein kostenloses Webinar zur wertschätzenden Kommunikation gibt. Daran möchte ich gern teilnehmen. Die Trainerin ist sehr professionell. Sonja konnte in der kurzen Zeit viel Wissen mitnehmen und sofort danach anwenden. Lass uns doch kurz gemeinsam überlegen, wie wir das mit dem Abendprogramm managen. Sollen wir Opa Bescheid sagen, oder tauschen wir unsere freien Abende?«

Durch Ihre Klarheit und Sicherheit konnten Sie Ihre Familie überzeugen. Ihr Mann ist gern bereit, die freien Abende zu tauschen. So haben Sie den Rücken frei und können das Webinar in Ruhe besuchen.

Nutzen/Vorteile
Für Sie als Personalverantwortliche ist dieses Modell hilfreich, um mit sich im Einklang zu sein und souverän aufzutreten. Haben Sie diese authentische Haltung, werden Sie als vertrauenswürdig wahrgenommen und können überzeugend kommunizieren. Vorteile und Nutzen des *Inneren Teams* auf einen Blick:
- Sie lösen innere Konflikte.
- Sie erhalten Klarheit und Integration von widersprüchlichen Bedürfnissen.
- Sie treffen die für Sie beste Entscheidung.
- Sie sind mit sich selbst im Einklang.
- Sie treten souverän auf und fühlen sich wohl.
- Sie kommunizieren klar und situationsgemäß.
- Sie werden von anderen als authentisch und vertrauenswürdig wahrgenommen.

Wenn wir lernen, unsere innere Vielstimmigkeit zu verstehen, und zur inneren Teamentwicklung fähig werden, können wir kraftvoll handeln und stimmig kommunizieren – übereinstimmend sowohl mit uns selbst als auch mit der Situation.

2.6 Mit dem *Nachrichtenquadrat* richtig verstanden werden

Was passiert genau, wenn zwei Menschen miteinander kommunizieren? Welche Faktoren und Ebenen spielen mit hinein? Hier hat Friedemann Schulz von Thun in *Miteinander reden* ein unserer Meinung nach nützliches Modell entwickelt.

Erklärung des Modells
Er definiert vier Seiten einer Nachricht aus der Sicht des Senders:

> Die vier Seiten des Nachrichtenquadrats
> 1. Sachinhalt (Worüber informiere ich?)
> 2. Selbstkundgabe (Was gebe ich von mir selbst preis?)
> 3. Beziehung (Was halte ich vom Empfänger oder wie stehen wir zueinander?)
> 4. Appell (Wozu möchte ich den Empfänger veranlassen?)

Diese vier Seiten gelten nach Schulz von Thun auch beim Empfangen einer Nachricht. Dabei stellt sich der Empfänger folgende Fragen:
1. Wie ist der Sachverhalt zu verstehen?
2. Was erfahre ich über den, der mir da etwas sagt/schreibt? Was bewegt ihn?
3. Wie redet er mit mir? Wen glaubt, er vor sich zu haben?
4. Was soll ich tun, denken, fühlen aufgrund seiner Mitteilung?

Auf der Basis dieses Modells lässt sich dann auch genauer fragen: Was ist stimmige Kommunikation, und wie lässt sie sich herstellen? Wodurch kommt es zu Störungen? Und schließlich: Wie können Missverständnisse und Konflikte gelöst werden?

Die folgende, von Schulz von Thun inspirierte Grafik veranschaulicht die vier Seiten des Nachrichtenquadrats:

Abb. 17: Das Nachrichtenquadrat

Anwendung/Transfer in die Praxis

Kommunikation wird von den Kommunikationspartnern unterschiedlich erlebt, da in jeder Mitteilung mehrere Botschaften mitschwingen. Vielleicht haben Sie es auch schon erlebt, dass jemand ganz anders reagiert hat, als Sie vermutet hätten. Dann hat er wahrscheinlich mit einem anderen als dem Sachohr gehört.

Im Personalbereich gibt es häufig sensible Themen. Hier ist es sehr wichtig, dass die Mitteilung richtig verstanden wird. Die folgenden Checklisten helfen Ihnen dabei, alle vier Aspekte zu berücksichtigen. Sie finden sie in den Arbeitshilfen auf *myBook+*:

Seite	Fragen	Meine Notizen
Sachinhalt	Worüber will ich informieren? / Worum geht es inhaltlich?	
Selbstkundgabe	Was gebe ich von mir selbst preis? Was verrate ich in dieser Kommunikationssituation über mich selbst?	
Beziehung	Was halte ich vom Empfänger? Wie stehen wir zueinander?	
Appell	Wozu möchte ich den Empfänger veranlassen?	

Tab. 13: Checkliste: Die eigenen vier Seiten der Kommunikation als Sender klären

Seite	Fragen	Meine Notizen
Sachinhalt	Wie ist der Sachverhalt zu verstehen? Worum geht es inhaltlich?	
Selbstkundgabe	Was erfahre ich über den, der mir da etwas sagt/schreibt? Was bewegt ihn?	
Beziehung	Wie redet er mit mir? Wen glaubt er, vor sich zu haben?	
Appell	Wozu möchte mich der Empfänger veranlassen? Was soll ich tun, denken, fühlen aufgrund seiner Mitteilung?	

Tab. 14: Checkliste: Die vier Seiten der Kommunikation als Empfänger klären

Tipps zum Ausfüllen der Checklisten:
- Formulieren Sie den Sachinhalt so verständlich und unmissverständlich wie möglich.
- Machen Sie sich dabei bewusst: Was für ein Vorwissen hat Ihr Kommunikationspartner? Welche Begriffe könnten für ihn nicht geläufig sein? Welches Bildungsniveau hat Ihr Gegenüber?

- Überlegen Sie sich, was Sie über sich selbst zum Ausdruck bringen (wollen) und was nicht.
- Versuchen Sie, so respektvoll und wertschätzend wie möglich zu kommunizieren, damit der Beziehungsaspekt nicht zum Störfaktor wird.
- Verdeutlichen Sie sich, was Ihr Appell ist, was Sie wahrhaftig, eigentlich und ehrlich von Ihrem Gegenüber wollen. Denn häufig wollen wir in Wirklichkeit etwas anderes, als wir sagen.

Praxisbeispiel
Es ist der letzte Tag vor dem Gehaltsabrechnungslauf. Es ist viel zu tun. Einer Ihrer Mitarbeiter der Personalabrechnung geht um 15 Uhr. Sie sehen ihn auf dem Flur und sagen: »Sie machen aber früh Feierabend!« In Bezug auf die vier Seiten der Nachricht kommen unterschiedliche Botschaften beim Mitarbeiter an:

Sachinhalt	Ich mache Feierabend.
Selbstkundgabe	Meine Chefin würde auch gern Feierabend machen – es ist so schönes Wetter.
Beziehung	Ich genieße den Nachmittag, während die anderen noch den Rest der Arbeit fertigmachen müssen. Ich bin kein Teamplayer!
Appell	Ich soll noch dableiben und das Team bei den noch zu erledigenden Aufgaben unterstützen.

Sind diese Botschaften günstig für die Kommunikation? Wie geht es dem Mitarbeiter damit und wie wird er vermutlich reagieren?

Es kann sein, dass er ein schlechtes Gewissen bekommt. Es kann aber auch sein, dass er in den letzten Tagen sehr viel gearbeitet und Überstunden gemacht hat. Dann ist er wahrscheinlich ärgerlich, weil er vom Vorgesetzten nicht gesehen und seine Arbeit nicht wertgeschätzt wurde. Beides führt dazu, dass Ihr Verhältnis belastet wird und das Vertrauen abnimmt. Häufen sich ähnliche Anmerkungen, kann dies den Mitarbeiter auch demotivieren.

Deshalb ist es sehr wichtig, sich darüber im Klaren zu sein, was Sie mit Ihrer Aussage bewirken möchten, und diese Botschaft offen, ehrlich und wertschätzend auszudrücken.

Gönnen Sie ihm den Feierabend, da er die letzten Tage so hart gearbeitet hat? Dann könnten Sie sagen:

>»Ich wünsche dir einen schönen Feierabend. Den hast du dir richtig verdient.«

Oder wollen Sie, dass der Mitarbeiter später geht und das Team unterstützt? Dann könnten Sie sagen:

»Ich sehe, du möchtest gerade Feierabend machen. Wir haben noch etliche Aufgaben zu erledigen. Könntest du uns vielleicht noch für zwei Stunden unterstützen?«

Dann würde der Mitarbeiter Folgendes hören:

Sachinhalt	Meine Chefin sieht, dass ich Feierabend machen will.
Selbstkundgabe	Sie ist unter Druck, weil viele Aufgaben für die Gehaltsabrechnung noch nicht fertig sind.
Beziehung	Sie schätzt meine Arbeit und respektiert meine Work-Life-Balance.
Appell	Ich soll überlegen, ob ich noch zwei Stunden bleiben kann.

Wie geht es dem Mitarbeiter jetzt? Wahrscheinlich fühlt er sich wertgeschätzt. Durch die respektvolle Ansprache und die Möglichkeit, Nein zu sagen, ist er viel offener und bereitwilliger, doch noch länger zu bleiben. Er kann auch eine Alternative vorschlagen, zum Beispiel noch eine Stunde mitzuarbeiten. Falls er einen dringenden Termin hat, kann er anbieten, sich danach von zu Hause aus noch für zwei Stunden einzuwählen.

Vorteile

Mithilfe des Kommunikationsquadrates von Schulz von Thun können Sie als Personalverantwortliche

- verstehen, welche verschiedenen Aspekte in dem Gesagten oder Geschriebenen zum Ausdruck kommen,
- darüber nachdenken, wie es zu Kommunikationsstörungen kommen kann,
- konkret analysieren, was in einem Gespräch oder einer Korrespondenz schiefgelaufen ist: in der Kommunikation mit Mitarbeitenden, Kolleginnen, Vorgesetzten, Bewerberinnen, Betriebsräten, Trainern/Beratern oder anderen Personen,
- Missverständnissen und Konflikten vorbeugen, indem Sie sich die vier Seiten Ihrer jeweiligen Nachricht vorher oder zumindest währenddessen bewusst machen,
- Ihrem Team ein Werkzeug an die Hand geben, mit dessen Hilfe sich die Kommunikation innerhalb des Teams verbessern lässt sowie
- zu einer wertschätzenderen Art des Sprechens und Schreibens kommen.

2.7 Mit den *Vier Verständlichmachern* klar kommunizieren

Die Verständlichmacher helfen Ihnen besonders dabei, alle möglichen Textsorten verständlicher zu strukturieren, zu formulieren und zu gestalten. Verinnerlichen Sie die vier Kriterien, werden Sie auch einen positiven Effekt auf die mündliche Kommunikation erleben. Nützlich sind sie auf jeden Fall im Bindeglied zwischen schriftlicher und mündlicher Kommunikation: dem Vorbereiten von Reden und Präsentationen.

Entwickler der vier Verständlichmacher sind drei Psychologen der Universität Hamburg. Reinhard Tausch, Inghard Langer und Friedemann Schulz von Thun haben in einem intensiven Projekt erforscht, was Texte unverständlich und was sie verständlich macht. Daraus entstand ein empirisch belegtes Modell, das auch als *Hamburger Verständlichkeitskonzept* bekannt ist. Bei Sprachberatern und Kommunikationstrainern ist es zu einer Art Standard geworden.

Zwar gibt es auch Kritik an diesem Modell, die sich vor allem auf die erste Auflage der Veröffentlichung bezieht. Wir finden: Es trägt dazu bei, verständlich und wertschätzend zu kommunizieren. Wer sich mit dem Modell auseinandersetzt und das Konzept in der Praxis übt und anwendet, wird wahrscheinlich gut verständlich kommunizieren. Das zeigen empirisch belegte Forschungsergebnisse ebenso wie Erfahrungsberichte.

Erklärung des Modells
Ein Text oder ein Wortbeitrag sollte die folgenden vier Merkmale erfüllen, um gut verständlich zu sein:

> Die vier Verständlichmacher
> 1. Einfachheit
> 2. Gliederung/Ordnung
> 3. Kürze/Prägnanz
> 4. Anregende Zusätze

Im Folgenden erklären wir die vier Verständlichmacher im Detail:

1. Einfachheit:

- je einfacher, desto besser zu verstehen,
- kurze, klar gebaute Sätze,
- nur Worte, die den Lesern bekannt sind (ohne ungeläufige Fremdwörter, Fachbegriffe und Abkürzungen).

2. Gliederung/Ordnung:

- der rote Faden ist für Zuhörer/Leser erkennbar: sinnvolle Reihenfolge der Gedanken,
- diese innere Ordnung wird durch Visualisierung/optische Gestaltung unterstützt: Absätze, Überschriften, Grafiken, Tabellen, Aufzählungen, Formatierung.

3. Kürze/Prägnanz:

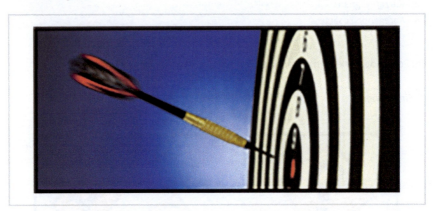

- die Länge des Textes passt zum Ziel der Rede/des Textes,
- so kurz wie möglich und nötig, so viel wie für die Zielperson oder -gruppe sinnvoll,
- treffende Wortwahl.

4. Anregende Zusätze:

- greifbar und anschaulich formulieren,
- die Leser wach und interessiert halten,
- Emotionen wecken und zum Handeln anregen.

Sie finden auf *myBook+* eine Arbeitshilfe zu den Verständlichmachern, mit der Sie Ihre Texte auf die einzelnen Kriterien hin prüfen können.

Anwendung/Transfer in die Praxis
Was können Sie tun, um die einzelnen Merkmale in Ihrer mündlichen und schriftlichen Kommunikation umzusetzen? Die folgende Übersicht gibt Ihnen dafür konkrete Ideen:

Merkmale	Was können Sie tun?
1. Einfachheit	• Schreiben und sprechen Sie kurze Sätze. • Achten Sie auf einfachen Satzbau. • Verwenden Sie verständliche, geläufige Worte. • Vermeiden beziehungsweise erklären Sie je nach Zielgruppe Fachausdrücke und Abkürzungen. • Benutzen Sie wenig und nur eindeutige Synonyme (sinnverwandte Wörter). • Sprechen Sie deutlich und nicht zu schnell. • Lassen Sie kurze Sprechpausen zu. • Holen Sie aktiv Verständnisfragen ein.

Merkmale	Was können Sie tun?
2. Gliederung/Ordnung	• Gliedern Sie Texte, Gespräche, Reden und Präsentationen logisch. • Gestalten Sie Texte und Folien übersichtlich, z. B. durch Absätze, Aufzählungen, Hervorhebungen, Überschriften. • Behandeln Sie möglichst nur ein Thema pro Absatz. • Schreiben und reden Sie folgerichtig – sodass jede Information auf die vorhergehende aufbaut. • Nutzen Sie gliedernde Einführungen und Worte (z. B. *Ich stelle Ihnen jetzt drei Argumente vor: Erstens* […]. *Zweitens* […]. *Drittens* […]). • Kündigen Sie Wichtiges ausdrücklich an (z. B. *Jetzt komme ich zum zentralen Punkt: …*).
3. Kürze/Prägnanz	• Konzentrieren Sie sich auf das Notwendige und Wichtige: so knapp wie möglich und so ausführlich wie nötig. • Überlegen Sie: Was braucht mein Gegenüber, um mich zu verstehen? Und was braucht es nicht? • Vermeiden Sie unnötige Einzelheiten, überflüssige Informationen und umständliche Ausdrucksweise. • Verwenden Sie keine Füllwörter und Doppelmoppel. • Stimmen Sie die Inhalte auf Interesse und Bedürfnis Ihrer Zielgruppe ab.
4. Anregende Zusätze	• Sprechen Sie den Kommunikationspartner direkt an (*du, Sie*). • Nutzen Sie die ganze Palette der Satzzeichen (auch *: – ? !*). • Wählen Sie bildhafte Verben (z. B. *vorschlagen* statt *unterbreiten*). • Benennen Sie Dinge möglichst konkret (z. B. *Auto* statt *Kfz*). • Setzen Sie Beispiele, Vergleiche, Humor, Anekdoten und persönliche Erfahrungen ein. • Bevorzugen Sie eine lebendige und frische Sprache. • Variieren Sie Ihre Stimme. • Wechseln Sie ab – mit Methoden, Medien, Grafiken, Perspektiven … • Nutzen Sie Ihre Gestik und Mimik. • Nehmen Sie über Blicke und Lächeln Kontakt mit Ihrem Gegenüber oder einzelnen aus dem Publikum auf. • Fördern Sie die Interaktion: mit direkten oder rhetorischen Fragen, Abstimmungen, Brainstorming, Übungen …

Tab. 15: Die vier Verständlichmacher umsetzen

Praxisbeispiel
Hier ist die ursprüngliche Version der Pausenregelung:

> **Pausenregelung**
> Dauer, Zeitpunkt und Häufigkeit von Pausen können von den Beschäftigten unter Beachtung der Dienstbereitschaft und nach interner Abstimmung unter Berücksichtigung der vereinbarten Termine frei gestaltet werden. Beim Verlassen des Gebäudes zur Pause sind in jedem Fall die entsprechenden Buchungen mit dem Hausausweis am Kartenleser vorzunehmen. Sofern die Pause am Arbeitsplatz verbracht wird, kann auf die Pausenbuchung verzichtet werden, nicht jedoch, wenn die Kantine aufgesucht wird. Aus dem Begriff Pause ergibt sich ganz selbstverständlich, dass die Arbeit für eine bestimmte Zeit unterbrochen wird mit dem Ziel, anschließend weiterzuarbeiten. Eine Pausenbuchung zum Ende der Arbeitszeit, durch die ein automatischer Abzug verhindert werden könnte, ist deshalb auch im Hinblick auf die Einhaltung der Vorschriften des Arbeitszeitgesetzes nicht zulässig.

Hier kommt die anhand der Verständlichmacher überarbeitete Version der Pausenregelung:

> **Unsere Regeln für die Mittagspause**
> *Das Wichtigste:*
> Sie können die Mittagspause frei gestalten. Seien Sie dabei verantwortungsbewusst: Legen Sie die Pause so, dass Ihre Arbeit möglichst wenig darunter leidet. Stimmen Sie sich so mit Ihren Kolleginnen und Kollegen ab, dass immer mindestens zwei Personen Ihres Teams anwesend sind.
> *Wann muss ich eine Mittagspause am Kartenleser buchen?*
> Wenn Sie das Gebäude verlassen (PE drücken) oder in die Kantine gehen (PK drücken).
> *Kann ich meine Mittagspause am Arbeitsplatz verbringen?*
> Ja. Hierbei gilt: Mittagspausen am Arbeitsplatz sind 30 Minuten lang und werden Ihnen automatisch von Ihrem Arbeitszeitkonto abgebucht.
> *Kann ich meine Mittagspause am Ende des Arbeitstages nehmen?*
> Nein. Das verbietet das Arbeitszeitgesetz. Sie müssen Ihre Mittagspause während der Arbeitszeit nehmen – spätestens nach sechs Stunden.

Vorteile der vier Verständlichmacher

Wenn Sie sich mit den vier Verständlichmachern beschäftigen und sie in Ihrer Kommunikation berücksichtigen, können Sie feststellen:
- Ihr Blick schärft sich dafür, was gesprochene und geschriebene Sprache unverständlich und was sie verständlich macht.

- Sie können Texte, Entscheidungsvorlagen und Präsentationen gezielt überarbeiten und verbessern.
- Ihre Rede-/Gesprächsbeiträge und Ihre Texte werden verständlicher und lebendiger.
- Dadurch schätzen Sie Ihre Gesprächspartner, Ihr Publikum und Ihre Leser wert.
- Sie erreichen Ihre Kommunikationspartner besser.
- Sie sorgen für positivere Reaktionen.
- Sie können Ihre Kommunikationsziele erfolgreicher umsetzen.

Es lohnt sich also, die vier Verständlichmacher zu kennen und anzuwenden.

2.8 Mit dem Modell *Situatives Führen* den Führungsstil flexibel anpassen

Paul Hersey und Ken Blanchard waren Unternehmer, die erkannt haben: Es gibt nicht den einen besten Führungsstil. Mitarbeitende müssen je nach Arbeitssituation, Motivation und Fähigkeiten unterschiedlich geführt werden. Manche Mitarbeitenden brauchen beispielsweise grundsätzlich Freiräume, andere Regeln, andere Herausforderungen, andere Routine. Und manchmal brauchen Mitarbeitende in einer bestimmten Situation mehr Unterstützung – vielleicht, weil sie eine neue Aufgabe bekommen haben. So wünschen sich auch Mitarbeitende unterschiedliche Führungsstile von ihren Vorgesetzten: Manche möchten nur ein Ziel erhalten und den Weg selbst bestimmen, manche möchten enger geführt werden und Entscheidungen mit der Vorgesetzten besprechen.

Das Modell *Situatives Führen* soll Ihnen Orientierung geben, wie Sie Ihre Mitarbeitenden optimal unterstützen können, damit diese Bestleistungen erbringen.

> Die Führungskraft sollte ihren Führungsstil anpassen ...
> - an die Bedürfnisse der Person und
> - an die Erfordernisse der Situation.

Ziel ist es, durch einen individuellen Führungsstil kooperativ, tolerant und wertschätzend zusammenzuarbeiten.

Erklärung des Modells

Das Modell zeigt, welcher Führungsstil für den jeweiligen Reifegrad am effektivsten ist. Dazu gehen Sie in zwei Schritten vor:

Schritt 1:
Sie schätzen zuerst den Reifegrad für die führungsrelevante Aufgabe des Mitarbeiters ein. Er setzt sich aus der Kompetenz und der Motivation zusammen: Ist der Mitarbeiter gerade neu im Job und muss noch vieles lernen? Übernimmt der sonst schon erfahrene Mitarbeiter die führungsrelevante Aufgabe neu? Oder besitzt der Mitarbeiter in dieser Aufgabe ein hohes fachliches Wissen? Ist der Mitarbeiter unsicher und dadurch unmotiviert in der Arbeit? Oder arbeitet er selbstständig und verantwortungsbewusst?

So schätzen Sie den Reifegrad Ihres Mitarbeiters ein:
- Reifegrad 1 (R1)
  - nicht das nötige Wissen für die Aufgabe (Qualifikation = gering)
  - ist begeistert von der neuen Aufgabe (Motivation = hoch)
- Reifegrad 2 (R2)
  - einige Kompetenz für die Aufgabe, aber nicht ausreichend (Qualifikation = gering)
  - wenig Motivation, da erste Schwierigkeiten auftreten (Motivation = gering)
- Reifegrad 3 (R3)
  - mittlere bis hohe Kompetenz für die Aufgabe (Qualifikation = hoch)
  - schwankende Motivation; traut sich eventuell nicht zu, selbstständig zu arbeiten (Motivation = gering)
- Reifegrad 4 (R4)
  - hohe Kompetenz für die Aufgabe (Qualifikation = hoch)
  - hohe Motivation, die Aufgabe selbstständig zu lösen (Motivation = hoch)

Bitte beherzigen Sie, dass der Reifegrad nicht immer der gleiche ist, sondern je nach Aufgabe oder Situation variiert. Außerdem ist es ihre persönliche Einschätzung, und gerade die Motivation ist vielleicht nicht immer so einfach zu beurteilen. Deshalb ist hier ein wertschätzender Dialog zwischen Vorgesetzten und Mitarbeiter sehr wichtig. Die Führungskraft könnte zum Beispiel seinen Mitarbeiter fragen, um ins Gespräch mit ihm zu kommen: »Was brauchst du jetzt, wie möchtest du geführt werden?«

Schritt 2:
Haben Sie den Reifegrad des Mitarbeiters eingeschätzt, wählen Sie im nächsten Schritt den passenden Führungsstil aus. Je nach Reifegrad des Mitarbeiters können Sie mehr aufgabenorientiert oder mehr beziehungsorientiert führen:
- Führen Sie *aufgabenorientiert*, haben Sie die Aufgaben im Fokus: Sie geben klare Ansagen zu den Aufgaben, der Durchführung und den Zielen, damit der Mitarbeiter sich das erwünschte Ergebnis genau vorstellen kann. So verteilen Sie konkrete Aufgaben, damit ein Projekt rechtzeitig und erfolgreich durchgeführt wird.
- Führen Sie *beziehungsorientiert*, konzentrieren Sie sich dagegen auf das Zwischenmenschliche: Sie hören gut zu, gehen auf den Mitarbeiter ein, bieten ihm Ihre

Unterstützung an und geben ihm regelmäßig wertschätzendes Feedback. So tragen Sie dazu bei, dass der Mitarbeiter motiviert gute Arbeit leistet.

Im folgenden Modell sehen Sie, wie die beiden Aspekte in den vier Feldern zusammenwirken. Der Reifegrad wird in der kleinen Tabelle unter der Grafik dargestellt – mit den beiden Dimensionen *Qualifikation* und *Motivation*. Die Aufgabenorientierung liegt auf der x-Achse und die Beziehungsorientierung auf der y-Achse. Bei einem Reifegrad 1 (R1) nutzen Sie den Führungsstil 1 (S1), beim Reifegrad 2 (R2) den Führungsstil 2 (S2) und so weiter. Sie finden Grafik und Tabelle als Überblick zum Ausdrucken in unseren Arbeitshilfen auf *myBook+*.

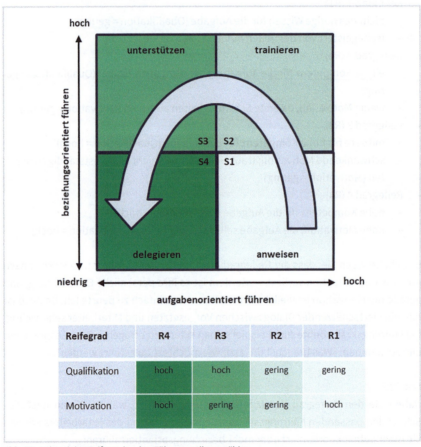

Abb. 18: Anhand des Reifegrades den Führungsstil auswählen

Auf diese Weise entstehen vier Führungsstile:

Stil 1: Dirigierender Führungsstil (»anweisen«)
Bei geringer Kompetenz und hohem Engagement des Mitarbeiters führen Sie aufgabenorientiert. Hier sind klare Vorgaben, Erwartungen und Kontrolle wichtig. Sie *weisen an*, zeigen und lenken. Klare Anweisungen und feste Strukturen helfen dem Mitarbeiter dabei, Wissen aufzubauen und Fähigkeiten zu erlernen.

Beispiel
Ein neuer Mitarbeiter, der noch nicht das unternehmensspezifische Fachwissen hat, ist neugierig, hoffnungsvoll, optimistisch und aufgeregt. Sie erstellen einen Plan für das Einarbeiten und holen ihn mit klaren Unterweisungen und genauen Zielen ab.

Stil 2: Trainierender Führungsstil (»trainieren«)
Bei einiger Kompetenz und geringem Engagement des Mitarbeiters geben Sie immer noch klare Anweisungen, aber auch gezieltes Feedback. Außerdem darf der Mitarbeiter schon kleine Entscheidungen selbst fällen. Sie *trainieren*, erklären und überzeugen.

Beispiel

Ein Mitarbeiter ist schon länger auf einer Position, kann schon einige Aufgaben, aber andere Aufgaben muss er noch lernen. Er möchte schon Verantwortung übernehmen, aber es fehlt ihm noch an Erfahrung. Sie ermutigen und begleiten den Mitarbeiter, geben aber auch noch klare Anweisungen.

Stil 3: Unterstützender Führungsstil (»unterstützen«)
Bei mittlerer/hoher Kompetenz und schwankendem Engagement des Mitarbeiters stehen Sie ihm beratend zur Seite und animieren ihn zu mehr Eigenverantwortung. Der Mitarbeiter kann eigentlich die Aufgabe gut machen, aber er traut sich das noch nicht ganz zu. Sie *unterstützen*, ermutigen und lösen gemeinsam Probleme.

Beispiel
Eine Mitarbeiterin ist schon vier Jahre auf der Position, ist fachlich sehr gut, scheut sich aber, Verantwortung für ein Projekt zu übernehmen. Sie weisen weniger an, sondern zeigen ihr, dass Sie an sie glauben und sie im Bedarfsfall natürlich auch unterstützen. Sie konzentrieren sich auf wertschätzendes Feedback und motivieren Ihre Mitarbeiterin, um das mangelnde Selbstbewusstsein aufzubauen.

Stil 4: Delegierender Führungsstil (»delegieren«)
Bei hoher Kompetenz und hohem Engagement des Mitarbeiters delegieren Sie die Aufgabe und Verantwortung. Sie vertrauen dem Mitarbeiter und geben ihm Frei-

räume, seinen eigenen Weg zum Ergebnis zu finden. Sie *delegieren*, beobachten und verfolgen den Prozess.

Beispiel
Ein Mitarbeiter ist in seiner Position äußerst kompetent – er hat das nötige Wissen und die Motivation, selbstständig zu arbeiten. Sie halten sich im Hintergrund und lassen den Mitarbeiter selbstständig handeln. Einmal wöchentlich treffen Sie sich zu einem Jour fixe, in dem der Mitarbeiter den Fortschritt präsentiert und Sie ihm wertschätzendes Feedback geben.

Vorteile
Können Sie Ihren Führungsstil je nach Mitarbeitenden und Aufgabe flexibel anpassen, werden Sie viele Vorteile spüren:
- Sie stellen Ihre Mitarbeitenden in den Mittelpunkt.
- Sie erreichen, dass individuelle Stärken sich entfalten.
- Sie sehen Schwächen als Möglichkeiten, sich weiterzuentwickeln.
- Sie fordern und fördern Ihre Teammitglieder.
- Sie stärken Selbstbewusstsein und die Motivation der Mitarbeitenden.
- Sie unterstützen Ihre Mitarbeitenden dabei, die bestmögliche Leistung zu erbringen.
- Sie helfen dabei, die Produktivität zu steigern.

Berücksichtigen Sie die jeweilige Qualifikation und Motivation Ihrer Mitarbeitenden gezielt. Stimmen Sie Ihren Führungsstil darauf ab. Kommunizieren Sie auch offen mit Ihren Mitarbeitenden, um herauszufinden, welche Unterstützung sie brauchen. Sie werden es Ihnen danken.

2.9 Kapitel 2 auf den Punkt gebracht

Beschäftigen Sie sich intensiv mit den vorgestellten Modellen, werden sich Ihre Kenntnisse verbinden:
- Die vier Schritte der gewaltfreien Kommunikation mit
- den Farben des Persönlichkeitsmodells,
- dem Nutzen von Feedback – verdeutlicht durch das Johari-Fenster,
- der Gefühlswelt des Eisbergs,
- der richtigen Aufstellung Ihres inneren Teams,
- den vier Seiten einer Nachricht,
- den vier Verständlichmachern und
- dem individuellen situativen Führen.

Wie könnte all dies Wissen ineinandergreifen? An zwei verschiedenen Beispielen zeigen wir, wie Sie die Modelle in einer schwierigen Kommunikation anwenden können.

Damit Sie es sich besser vorstellen können, gehen wir hierbei auf jedes Modell ein. In Ihrem beruflichen Alltag werden Sie nach einer gewissen Zeit merken, dass Sie Ihr Wissen intuitiv und unkompliziert umsetzen können. Dabei tritt je nach Situation und Gegenüber mal mehr das eine, mal mehr das andere Modell in den Vordergrund. Haben Sie sich einmal mit den Persönlichkeiten Ihrer Mitarbeitenden vertraut gemacht, können Sie diese Menschenkenntnis immer wieder als Basis nutzen. Bleiben Sie dabei aufmerksam und offen.

Praxisbeispiel 1
Stellen Sie sich vor, Sie wollen eine neue Strategie für das Personalmarketing beim Vorstand durchsetzen. In der ersten Präsentation ist die Strategie nicht angenommen worden. Sie sind auf die Kritikpunkte des Vorstands eingegangen und haben einige Dinge geändert und angepasst. Jetzt ist es für Sie sehr wichtig, dass der Vorstand diese überarbeitete Strategie akzeptiert.

Als Erstes können Sie sich mithilfe des **Nachrichtenquadrats** (siehe Kapitel 2.6) die unterschiedlichen Kommunikationsebenen klarmachen:

Vier Seiten der Nachricht	Praxisbeispiel
Was möchte ich sachlich aussagen?	Die geänderte Strategie für das Personalmarketing ist die bestmögliche Lösung, um wirksam qualifiziertes Personal zu beschaffen.
Was ist meine Selbstkundgabe? Was möchte ich dem anderen über mich sagen?	Sie möchten, dass der Vorstand Ihre Kompetenz im Bereich Personalwesen anerkennt, denn Sie sind die Expertin.
Wie stehe ich zu den Personen? Fühle ich mich wohl? Ist es eine andere Hierarchieebene? Was für eine Beziehung habe ich zu den Personen? Wie ist die gegenseitige Wertschätzung?	Der Vorstand ist eine Hierarchiestufe über Ihnen und somit sind Sie abhängig von seiner Entscheidung. Das Personalwesen wird im Unternehmen nicht richtig wertgeschätzt, sondern als Supportfunktion betrachtet, die Kosten verursacht.
Was ist mein Appell, also mein Minimal- und mein Maximalziel?	Ihr Maximalziel ist es, die komplette Strategie für Personalmarketing durchzusetzen. Ihr Minimalziel ist es, mit mindestens einer Technischen Universität zu kooperieren.

Tab. 16: Beispiel 1 für das Anwenden des Nachrichtenquadrates

Durch das Nachrichtenquadrat haben Sie erkannt, wie wichtig es ist, Argumente zu entwickeln, die die Bedürfnisse des Vorstands bestmöglich berücksichtigen. Darüber hinaus ist es entscheidend, selbstbewusst und professionell aufzutreten. Dazu gehört auch, dass Sie sich in Ihrer Kleidung wohlfühlen und zugleich seriös wirken.

Über das *DISG-Persönlichkeitsmodell* (siehe Kapitel 2.2) schätzen Sie empathisch ein, dass der Vorstand als vorherrschende Farbe *Rot* hat. Er tritt dominant auf, ist fordernd, aber auch sehr entscheidungsfreudig und pragmatisch. In der Kommunikation möchte er kurz und knapp informiert werden. Ihre Präsentation sollte logisch und effizient aufgebaut sein. Damit der Vorstand das Gefühl hat, mitgewirkt zu haben, bieten Sie ihm eine Auswahl zwischen zwei verschiedenen Varianten an. Wichtig ist: Sie haben wenig Zeit! Konzentrieren Sie sich auf das Wesentliche und sprechen Sie von Ergebnissen und Lösungen und nicht von Problemen.

Sind diese Fragen geklärt, überlegen Sie sich, wie Sie persönlich zu der Person und dem Thema stehen. Mit welcher inneren Haltung sollten Sie dem Gesprächspartner begegnen? Mit welchem *inneren Team* (siehe Kapitel 2.5) gehen Sie in das Gespräch? Welche Teammitglieder sollten den Vorrang bekommen und welche Teammitglieder sollten in den Hintergrund treten, damit Sie Ihr Ziel erreichen?

Passend zu unserem Beispiel brauchen Sie in der vordersten Reihe einen Überzeuger, einen Selbstbewussten, einen Zielorientierten, einen Strukturierten, einen Vorbereiteten. Der Skeptiker, der Detailredner, der Freundliche und der Unterstützer sollten sich zurückhalten. So präsentieren Sie kurz, geordnet und ergebnisorientiert Ihr Thema. Der Skeptiker, der vielleicht sagen möchte, dass man die Maßnahmen des Personalmarketings schwer messen kann, bleibt still – er wurde in der Vorbereitung gut genutzt. Auch der ausführliche Redner, der noch viele Hintergrundinformationen erzählen möchte, wird in diesem Fall nicht gebraucht – der Vorstand konzentriert sich auf das große Ganze. Hat der Vorstand etwas gegen den Vorschlag zu sagen, sollte sich nicht der Freundliche melden, sondern der Zielorientierte sollte sich für die neue Strategie starkmachen. Der Unterstützer wird eher gebraucht, um die später Strategie umzusetzen.

Um sich Ihren Gefühlen bewusst zu werden, spüren Sie in sich. Was für Ängste, Sorgen, Irritationen sind unter der Wasseroberfläche des Eisberges (siehe *Eisbergmodell*, Kapitel 2.4)? Haben Sie Angst, dass Sie bei der Präsentation versagen, dass Sie Dinge vergessen, dass Sie den roten Faden verlieren, dass Sie nicht überzeugen könnten? Oder davor, dass die Technik nicht funktionieren könnte? Das könnten Sie tun, um sich sicherer zu fühlen:

- Arbeiten Sie den roten Faden anhand einer Mind Map heraus und bauen Sie Ihre Präsentation danach auf.
- Diskutieren Sie Ihr Konzept vorher mit einem Mitglied des Vorstandes, dem Sie vertrauen. So kann diese Person Sie nach der Präsentation in der Diskussion unterstützen.
- Bitten Sie die Assistenz, sich um die Technik zu kümmern.

Vielleicht stellen Sie aber auch fest: Sie fühlen sich in Ihrem Thema wohl und freuen sich schon auf die Präsentation, sind stolz über Ihr Wissen und Erfahrung und gehen recht entspannt und selbstbewusst in die Vorstandssitzung. Mit diesem Bewusstsein gehen Sie gestärkter in die Situation hinein.

Wissen Sie nun, welche vier Seiten Ihre Nachricht hat, wie die Vorstandsmitglieder ticken, welches innere Team Sie für die Situation brauchen und was Sie fühlen, geht es nun konkret darum, die Inhalte zu formulieren. Dafür nutzen Sie die *Vier Verständlichmacher* und die *gewaltfreie Kommunikation*.

Mit den **vier Verständlichmachern** (siehe Kapitel 2.7) geben Sie Ihrer Präsentation eine klare Struktur, sorgen für einen roten Faden, bringen Ihr Konzept auf den Punkt und formulieren Ihre Argumente verständlich. Achten Sie auf kurze Sätze und verwenden Sie viele aktive Verben. Mit anregenden Zusätzen gestalten Sie Ihren Auftritt lebendig und interessant. Wecken Sie zum Beispiel beim Einstieg die Neugier: »Wäre es nicht toll, wenn wir nie aktiv nach Mitarbeitenden suchen müssten? Wenn wir ein Magnet für motivierte und qualifizierte Bewerber wären?«

Für die **gewaltfreie Kommunikation** (siehe Kapitel 2.1) überlegen Sie sich genau: Welche Fakten wollen Sie kommunizieren, welche Gefühle haben Sie zu dem Thema, welche Bedürfnisse werden nicht befriedigt, und welchen konkreten Wunsch haben Sie?

Sie können die vier Schritte der *GfK* für Ihre Präsentation nutzen, indem Sie Folgendes sagen:

Schritt der GfK	Praxisbeispiel
Beobachtung	Fünf Positionen im Bereich Entwicklung sind unbesetzt und in zwei Jahren gehen mehrere Ingenieure in Rente. Die Zahlen der TU-Absolventen sinken und die Konkurrenz um die besten Ingenieure ist hoch. Die Statistik zeigt, dass 70 Prozent der Absolventen sich bei ihnen bekannten Unternehmen bewerben. Diese Altersgruppe kennt unsere Produkte nicht und damit auch uns als Arbeitgeber nicht.
Gefühl	Diese Daten beunruhigen mich. Ich fürchte, dass wir durch fehlendes Personal Aufträge nicht ausführen können werden. Ich habe Angst davor, dass die Konkurrenz uns abhängt, wenn wir so weitermachen.
Bedürfnis	Wir dürfen deshalb nicht einfach abwarten, sondern wir sollten unseren Bekanntheitsgrad aktiv erhöhen. Dafür brauchen wir dringend eine sichere Strategie, mit deren Hilfe wir qualifizierte Mitarbeitende gewinnen können. Was Ihre Bedenken betrifft, die Kosten für eine Kooperation mit der TU könnten zu hoch sein: Die TU ist bereit, uns Vorträge zu Ingenieurthemen zu ermöglichen, gemeinsam an Fallstudien zu arbeiten sowie Praktika und Masterarbeiten in unserem Betrieb zu vermitteln.

Schritt der GfK	Praxisbeispiel
Wunsch	Bitte lassen Sie mich zeigen, wie wir genau vorgehen können. Ich habe die Maßnahmen mit den Kosten übersichtlich dargestellt und bräuchte Ihre Zustimmung.

Tab. 17: Beispiel für das Anwenden der GfK

Das *Johari-Fenster* und das *situative Führen* sind für dieses Beispiel nicht relevant, da es hier weder um Feedback noch um Führen geht.

Praxisbeispiel 2
Stellen Sie sich vor, Sie haben ein neues siebenteiliges Buchungssystem eingeführt. Einer der Buchhalter nutzt jedoch nur die Teile 1, 2, 4, 5 und 7, für die Teile 3 und 6 arbeitet er weiterhin mit Excel. Dieses Verhalten mindert die positiven Effekte des gesamten Systems – diese können sich nur entfalten, wenn alle Buchhalter das gesamte Spektrum des Systems nutzen. Ihre Aufgabe ist jetzt, den Mitarbeiter in einem Feedbackgespräch dazu zu motivieren, das System vollständig zu nutzen.

Also machen Sie sich zuerst mithilfe des *Nachrichtenquadrats* (siehe Kapitel 2.6) die unterschiedlichen Kommunikationsebenen klar:

Vier Seiten der Nachricht	Praxisbeispiel
Was möchte ich sachlich aussagen?	Der Buchhalter nutzt die Teile 3 und 6 des neuen Buchungssystems nicht.
Was ist meine Selbstkundgabe? Was möchte ich dem anderen über mich sagen?	Sie möchten eine wertschätzende Führungskraft sein, die ihre Ziele erfolgreich umsetzt.
Wie stehe ich zu den Personen? Fühle ich mich wohl? Ist es eine andere Hierarchieebene? Was für eine Beziehung habe ich zu den Personen? Wie ist die gegenseitige Wertschätzung?	Der Buchhalter ist schon 20 Jahre im Unternehmen und geht in 8 Jahren in Rente. Sie schätzen seine langjährige Erfahrung, sein Wissen, seine Zuverlässigkeit und seine Detailarbeit. Manchmal wünschen Sie sich mehr Flexibilität von ihm. Er respektiert Sie und weiß es zu schätzen, dass Sie ihn nicht stark kontrollieren.
Was ist mein Appell, also mein Minimal- und mein Maximalziel?	Ihr Maximalziel ist es, dass der Buchhalter ab sofort alle Teile des neuen Buchungssystems nutzt. Ihr Minimalziel ist es, dass der Buchhalter erst Teil 3 und im nächsten Monat Teil 6 hinzunimmt.

Tab. 18: Beispiel 2 für das Anwenden des Nachrichtenquadrates

Über das Nachrichtenquadrat wurde Ihnen bewusst, dass Sie dem Mitarbeiter wertschätzend begegnen wollen. Gleichzeitig müssen Sie ihm aber auch unmissverständlich zu verstehen geben, dass er alle Funktionen des neuen Buchungssystems erlernen und nutzen muss. Sie wissen jetzt, dass Sie herausfinden möchten, warum er nicht alle Funktionen nutzt: Ist es das fehlende Wissen, ist es die fehlende Zeit oder ist es die Motivation und Haltung?

Damit Sie noch individueller auf die Persönlichkeit des Buchhalters einzugehen, schätzen Sie ihn nach dem *DISG-Persönlichkeitsmodell* ein (siehe Kapitel 2.2). Das Ergebnis: Er tickt primär *grün* und *blau*. Also tendiert er dazu, sehr strukturiert, gewissenhaft, genau und verlässlich zu arbeiten. Gleichzeitig will er alles perfekt machen und ist kritisch gegenüber dem neuen System, das er nicht kennt. Er könnte Angst haben, dass sich seine gute Leistung verschlechtert. Deshalb ist es wichtig, gut vorbereitet in das Gespräch zu gehen. Sie könnten zuerst noch einmal kurz die Entscheidung für das neue Buchungssystem mit den Vorteilen erklären – um klarzumachen, wie nützlich es ist. Fragen Sie, wie es dem Buchhalter mit dem neuen Buchungssystem geht. Hören Sie zu. Zeigen Sie wirkliches Interesse. Geben Sie dem Buchhalter Zeit, seine Sorgen auszusprechen. Bieten Sie Unterstützung an. Seien Sie geduldig und vereinbaren persönliche Ziele mit detaillierten Schritten. Fragen Sie ihn, in welcher Zeit was möglich ist. Zu starker Druck wird hier nicht helfen, sondern persönliches Vertrauen.

Vor dem Feedbackgespräch sollten Sie mithilfe des *Eisbergmodells* (siehe Kapitel 2.4) auch darüber reflektieren, welche Gefühle, Ängste, Bedenken Sie haben und welche eventuell der Buchhalter hat. Vielleicht haben Sie Angst davor, dass der Buchhalter nach der Kritik noch verunsicherter ist, mehr Fehler macht und dadurch demotiviert wird. Oder Sie fürchten, dass Sie nicht den richtigen Ton finden, den Buchhalter zu überzeugen und damit Ihr Ziel nicht erreichen könnten. Sie schätzen den Buchhalter als blau-grünen Typen ein – also braucht er Sicherheit und hat einen hohen Leistungsanspruch. Könnte das Motiv sein, dass der Buchhalter nicht von der Qualität der Teile 3 und 6 überzeugt ist und sie deshalb nicht nutzt? Oder kommt er mit der neuen Oberfläche nicht zurecht? Braucht er vielleicht noch eine Schulung? Wie können Sie ihm mehr Sicherheit geben? Diese Fragen sollten Sie in dem Gespräch klären.

Vielleicht haben Sie Bedenken, den langjährigen Buchhalter auf sein Verhalten anzusprechen. Machen Sie sich dann die Essenz des *Johari-Fenster*s (siehe Kapitel 2.3) bewusst: Über Ihr wertschätzendes und ehrliches Feedback verringert sich der blinde Fleck und der Mitarbeiter kann wachsen.

Damit Sie im Gespräch Ihrer Rolle als wertschätzende Führungskraft erfüllen, schauen Sie sich als Nächstes die Grafik des *situativen Führens* (siehe Kapitel 2.8) an. Ihnen wird dadurch klar, dass Sie Ihren Führungsstil anpassen müssen: Ihr erfahrener Buchhalter, an den Sie Aufgaben und Projekte bisher sicher und zuverlässig delegiert haben, braucht jetzt mehr Unterstützung. Er beherrscht das neue Buchungssystem noch nicht vollständig, also ist seine Qualifikation hier noch gering. Vielleicht ist die Motivation nicht so hoch, da er frustriert ist, dass er für die nächsten acht Jahre bis zur Rente noch ein neues Buchungssystem erlernen muss. Dann sollten Sie Ihren Fokus auf die Aufgabe setzen und den Buchhalter *trainieren*. Ist jedoch die Motivation hoch und er hat das System einfach noch nicht richtig verstanden, sollten Sie den Fokus auf *Anweisen* setzen.

In diesem Beispiel wird Ihr **inneres Team** (siehe Kapitel 2.5) anders aufgestellt sein: Sie brauchen den Freundlichen, den Strukturierten, den Detailredner, den Unterstützer und den Überzeuger. Der Freundliche sorgt für eine gute Stimmung. Der Strukturierte und der Detailredner erklären ganz in Ruhe ausführlich, welche Funktionen wie genau angewendet werden, und was sich genau für den Mitarbeiter verändert. Der Unterstützer bietet seine Hilfe an, und der Überzeuger liefert die richtigen Argumente dafür, das neue Buchungssystem vollständig zu nutzen.

Es ist sinnvoll, sich auf dieses schwierige Gespräch mit der **gewaltfreien Kommunikation** (siehe Kapitel 2.1) vorzubereiten. Diese muss nicht immer alle Schritte beinhalten und in der gleichen Reihenfolge bleiben – seien Sie authentisch! Am Anfang hört sich das Gesagte noch ungewohnt an, aber mit ein bisschen Übung, gelingt es Ihnen bestimmt sehr gut. Sie werden merken, wie positiv die Reaktion ist. In Kapitel 7 geben wir viele Beispiele.

So könnte ein Gespräch ablaufen, das von der *GfK* inspiriert ist:

> »Das neue Buchungssystem läuft seit dem ersten Januar. Ich bin dafür verantwortlich, sicherzustellen, dass alle Mitarbeitenden es vollständig einsetzen *(Beobachtung)*.
> Wie kommen Sie mit dem neuen Buchungssystem zurecht *(Frage nach seinem Gefühl)*?
> [Antwort des Buchhalters]
> Das ist gut, dass Sie sich schon mit einigen Teilen wohlfühlen. Ich habe gesehen, dass Sie Teile 1, 2, 4, 5 und 7 nutzen *(Beobachtung)*. Ich war überrascht, dass Sie Teile 3 und 6 noch nicht angewendet haben *(Gefühl)*. Mir ist es wichtig, dass alle Komponenten angewendet werden, da nur dann das System effizient läuft *(Bedürfnis)*. Gibt es aus Ihrer Sicht etwas, das dagegenspricht, die Teile 3 und 6 zu nutzen *(Nachfrage)*?
> [Antwort des Buchhalters]
> Danke für Ihre Offenheit und Ihr Vertrauen. Ich erwarte von niemandem, dass er alle Teile sofort beherrscht. Aber mir ist wichtig, dass wir uns alle mit der neuen Technik vertraut machen. So können wir, wenn nötig, noch etwas am System ändern, um gut damit zu arbeiten *(Bedürfnis)*.
> Bitte zeigen Sie mir doch, bei welchen Funktionen Sie noch Unterstützung benötigen. Was brauchen Sie genau, um die Teile 3 und 6 auch anzuwenden? Wollen wir einen Schritt-für-Schritt-Plan aufschreiben, damit Sie bis zum 30. April alle Funktionen des Buchungssystems nutzen *(Wunsch)*?«

Die *vier Verständlichmacher* (siehe Kapitel 2.7) kommen dann ins Spiel, wenn Sie den Mitarbeiter konkret mit Teil 3 und 6 vertraut machen. Sie erklären die Funktionen systematisch, Sie zeigen die notwendigen Details und geben zusätzliche Tipps. Sie drücken sich sehr verständlich aus. Sie stellen Fragen und lockern die Situation mit passendem Humor auf.

In Kapitel 1 konnten Sie erfahren, welche innere Haltung für wertschätzende Kommunikation günstig ist. In Kapitel 2 konnten Sie Ihr Wissen über verschiedene nützliche Modelle erweitern und vertiefen. In Kapitel 3 geben wir Ihnen ein paar Grundlagen für eine wertschätzende Schreibkultur an die Hand.

3 Schreibkultur wertschätzend gestalten

Die schriftliche Kommunikation spielt in der Personalarbeit täglich eine wichtige Rolle: allen voran mit E-Mails und Briefen. Eine Vielzahl weiterer Textsorten müssen Personalverantwortliche in ihrem Alltag schreiben – zum Beispiel Informationen im Intranet, Entscheidungsvorlagen, Präsentationen, Berichte, Stellenanzeigen, Verträge, Aktennotizen und Zeugnisse.

Wir wollen Sie dabei unterstützen, Schreibaufgaben wertschätzend und professionell zu erledigen. Da die Textsorten *E-Mails*, *Protokolle*, *Entscheidungsvorlagen* und *Präsentationen* in jedem der Personalbereiche vorkommen, sollen Sie in diesem vorgeschalteten Basisteil einige wichtige Grundlagen dafür erfahren. Für alle diejenigen, die das Thema *E-Mails schreiben* vertiefen möchten, empfehlen wir das Buch *Wertschätzend korrespondieren* (Fröchling 2021) oder ein persönliches Schreibcoaching mit Anke (www.schreibcoaching.de).

3.1 Respektvolle E-Mails formulieren

Wertschätzend in persönlichen, telefonischen und videotelefonischen Gesprächen zu sein, ist wesentlich für eine erfolgreiche Personalarbeit. Wir wollen hier die Lanze dafür brechen, auch in E-Mails respektvoll und empathisch zu kommunizieren. Wertschätzende Kommunikation sollte angewendet werden:

- im Umgang mit Mitarbeitenden, Kollegen, Bewerberinnen, Kunden und Geschäftspartnerinnen,
- in allen für Personalverantwortliche wichtigen Textsorten.

Was unterscheidet die mündliche Kommunikation von der schriftlichen? Bei E-Mails, Briefen und anderen Textsorten fallen wichtige Signale weg, die steuern können, wie der Empfänger die Nachricht aufnehmen soll: Keine Stimme, keine Gestik, keine Mimik hilft dem Leser dabei, den Text so aufzunehmen, wie vom Verfasser beabsichtigt.

Die Optik des Textes – der erste Eindruck vor dem Lesen – spielt zweifellos eine Rolle. Aber abgesehen davon ist etwas Geschriebenes deutlich mehr auf den Inhalt reduziert, der dort schwarz auf weiß steht und wirkt. Keine warme und weiche Stimme, kein freundlicher Blick, kein Lächeln, kein Zwinkern kann eine Aussage abfedern. Und Emoticons sind im beruflichen Bereich grundsätzlich nicht zu empfehlen. Wenn der Verfasser den Empfänger nicht kennt, ist die Gefahr besonders groß, dass es zu Missverständnissen und Konflikten kommt.

Eigenschaften und Vorteile von E-Mails

E-Mails sind die wohl häufigsten Texte im Alltag von Personalverantwortlichen. Sie haben viele charakteristische Eigenschaften und Vorteile. Im Vergleich zu Briefen sind E-Mails unkompliziert, unbürokratisch und zeitsparend. Sie erreichen den Posteingang des Empfängers innerhalb von Sekunden. Im Vergleich zum persönlichen Gespräch kann der Empfänger sie dann lesen und reagieren, wenn er Zeit dafür hat. Und sie können – da schwarz auf weiß – als Beleg und Beweis dienen. Die Historie kann nachvollziehbar machen, wie ein Schriftwechsel verlaufen ist, und welche Informationen wann mit welcher Reaktion verschickt wurden.

Der Verfasser kann darüber hinaus Texte, Bilder und sonstige Dateien als Anhang an den oder die Leser versenden. Das hilft sehr dabei, Zeit und Kosten zu sparen. Arbeitsabläufe lassen sich durch diese Charakteristika zügig und wirkungsvoll abwickeln. Auf die Nachteile und Gefahren dieses Mediums kommen wir ein paar Absätze weiter unten zurück.

Zunächst betrachten wir die verschiedenen Arten von E-Mails mit ihren jeweiligen Zielen und gewünschten Reaktionen:

Funktion der E-Mail	Ziele und gewünschte Reaktionen
informieren	• Inhalte berücksichtigen/befolgen • Inhalte verständlich vermitteln • schriftliche Absicherung gewährleisten
um etwas bitten und Arbeitsaufträge geben	• Antworten auf Fragen erhalten • notwendige Handlungen begründen • zum Handeln motivieren • notwendige Handlungen zum richtigen Zeitpunkt verbindlich auslösen • Prozesse und Veranstaltungen organisieren
angehängte Dokumente begleiten und erklären	• Beziehung zum Leser pflegen • wichtige Informationen zu den Dokumenten liefern • notwendige Handlungen dazu auslösen
einladen	• den Wunsch zur Teilnahme auslösen • Zusage bewirken
absagen	• diplomatisch ein Nein vermitteln • den Leser so wenig wie möglich kränken • sachlich, klar und wertschätzend schreiben
Sachverhalte oder Konflikte klären	• etwas sachlich klarstellen • Missverständnisse aufklären • sich öffnen • Leser soll sich verstanden und respektiert fühlen • die Beziehung entspannen • eventuell Grenzen ziehen und Beziehung abschließen

Funktion der E-Mail	Ziele und gewünschte Reaktionen
danken	• Handlungen, Leistungen, Persönlichkeit wertschätzen
Mitarbeitende begrüßen oder verabschieden	• willkommen heißen • eventuell den Kollegen vorstellen • zu einem positiven Start beitragen • Handlungen, Leistungen, Persönlichkeit wertschätzen • Beziehung/Arbeitsverhältnis positiv abschließen
argumentieren	• eigene Position verständlich machen • den Leser überzeugen • die gewünschte Entscheidung/Handlung auslösen

Tab. 19: Arten und Ziele von E-Mails

Negative Aspekte und ihre Auswirkungen

E-Mails bergen als Kommunikationsmittel verschiedene Probleme und Gefahren. Eine Lawine von E-Mails wälzt sich täglich durch die Unternehmen. Viele E-Mails gehen über große Verteiler an alle möglichen Empfänger, nur um sich abzusichern – nach dem Motto »Ich hatte euch am TT.MM.JJJJ darüber informiert«! Der Blick in den Posteingang kann erdrücken, die Informationsflut belasten. Das Lesen und Beantworten von unzähligen Nachrichten ist der Zeiträuber Nummer eins in vielen Bereichen und Abteilungen. Auch für Personalverantwortliche kann allein die Summe der zu schreibenden und zu bearbeitenden E-Mails ständigen Stress bedeuten.

Hinzu kommen typische Ärgernisse. E-Mails sind häufig:
- zu lang,
- zu kompliziert,
- unstrukturiert,
- unübersichtlich und unprofessionell optisch gestaltet,
- unklar (Soll ich etwas tun? Wenn ja: was, warum, wie, für wen, wann …?),
- nachlässig (Rechtschreib- und Grammatikfehler, unvollständige Sätze, Umgangssprache, Namen des Adressaten falsch geschrieben),
- unverständlich (lange Schachtelsätze, Fremdwörter, Fachbegriffe, Abkürzungen, fehlende Informationen und Erklärungen),
- feige (persönliches Gespräch wird vermieden, Anonymität),
- überflüssig,
- unpersönlich, voll von Floskeln und Textbausteinen,
- emotional,
- unhöflich (Tonfall, fehlende Anrede und Grüße, negativ formuliert, nicht empathisch),
- unpassend oder unangemessen (zu vertraulich oder zu distanziert geschrieben, Emoticons, nicht zur Funktion und zur Persönlichkeit des Empfängers passender Stil, Inhalt und Tonfall).

Das kann sich teilweise drastisch auswirken:

Erstens hinterlassen solche E-Mails einen schlechten Eindruck, nicht nur vom Verfasser, sondern auch von seiner Abteilung, seinem Bereich und seinem Unternehmen, denn jede E-Mail ist zugleich eine Visitenkarte. Damit können solche negativ wirkenden E-Mails dem Image des Unternehmens schaden. Typische Beispiele hierfür sind Absagen an Bewerber, die aus 08/15-Textbausteinen bestehen und steif, bürokratisch oder wenig wertschätzend formuliert sind. Viel zu häufig erhalten Bewerber sogar überhaupt keine Antwort.

Zweitens kann der Verfasser beim Leser – unbewusst oder auch bewusst – negative Gefühle auslösen. Dies geschieht, wenn sich der Leser mit der Art und Weise, wie Sie ihm schreiben, unwohl fühlt. Vielleicht ist der Leser frustriert, genervt, verunsichert, verärgert oder demotiviert durch die E-Mail. Seine Bedürfnisse werden nicht erfüllt: Je nach Persönlichkeitstyp bräuchte er eigentlich Kürze/Sachlichkeit, Frische/Spaß, Freundlichkeit/Sicherheit oder Struktur/Details, um sich wohlzufühlen. In Kapitel 2.2 haben Sie hierzu die Details erfahren.

Drittens nimmt das Betriebsklima in einem Unternehmen mit einer mangelnden E-Mail-Kultur Schaden. Missverständnisse und Unklarheiten entstehen, Konflikte verschärfen sich, Vertrauen wird verhindert oder zerstört. Schlimmstenfalls entsteht ein Klima der Angst, der offenen oder verdeckten Auflehnung, Demotivation, Wut, Depression und Unzufriedenheit bis hin zur inneren oder tatsächlichen Kündigung.

Die negativen Erfahrungen mit dem Unternehmen werden weitererzählt oder in Form von schlechten Bewertungen im Internet geteilt. Das kann in Zeiten des Fachkräftemangels dramatische Folgen haben: Ein Unternehmen verliert wertvolle Mitarbeitende und kann offene Stellen nicht besetzen, weil potenzielle Bewerber abgeschreckt werden.

Deshalb lohnt es sich überaus, der Textsorte *E-Mails* die größte Aufmerksamkeit zu schenken und sie auf neue Füße zu stellen: Sorgen Sie für eine wertschätzende, frische, freundliche und verständliche schriftliche Kommunikation!

Tipps für E-Mails

Worauf können Sie achten? Wie können Sie wertschätzend korrespondieren? Was hilft Ihnen dabei? Den Anfang stellen Grundlagen wie eine verständliche Sprache, eine formale Sorgfalt und ein respektvoller Tonfall dar. Darüber hinaus können Sie all das Wissen aus den Modellen in Kapitel 2 auch auf die schriftliche Kommunikation anwenden.

Einige konkrete Tipps für die Grundlagen:

Texteigenschaften	Die Tipps im Detail
verständlich	• kurze, klare Sätze bauen • Wörter benutzen, die der Leser kennt • Abkürzungen vermeiden oder beim ersten Gebrauch erklären • anschauliche, konkrete Wörter benutzen (zum Beispiel *Briefmarke* statt *Postwertzeichen*) • Beispiele und Vergleiche verwenden
strukturiert	• aussagekräftige Betreffzeile: kurz, inhaltlich, Handlungsbedarf deutlich machen • Einstieg: einleitender Satz (z. B. Dankeschön, Bezug) • Hauptteil: Informationen zum Thema nach dem Motto »das Wichtigste zuerst« • Schluss: Handlungsimpuls, Angebot, Grüße, Vor- und Nachnamen, Signatur
auf den Punkt gebracht	• leere Phrasen und Füllwörter vermeiden • Doppelmoppel und Wiederholungen streichen • so kurz wie möglich und so ausführlich wie nötig schreiben
frisch	• substantivierte Wörter vermeiden (statt -ung, -heit, -keit, -nis, -tät, -tion, -ment in die Verben oder Adjektive zurückverwandeln) • statt abgegriffene Floskeln zu benutzen, individuell und aktuell formulieren • veraltete Begriffe und Formulierungen in aktuelle Sprache übersetzen
sorgfältig	• immer aufmerksam Korrektur lesen (lassen) • für ein ansprechendes und professionelles Layout sorgen • Signatur immer einfügen • Namen richtig schreiben • Inhalt prüfen • angekündigte Dokumente anhängen
wertschätzend	• empathisch denken und schreiben • höflich, respektvoll, freundlich • zumindest sachlich • auf den jeweiligen Leser und seine Bedürfnisse abgestimmt • auf passende Anreden und Grüße Wert legen

Tab. 20: Grundlegende Tipps für E-Mails

Sie finden auf *myBook+* eine Arbeitshilfe, mit der Sie Ihren Korrespondenzpartner und dessen Bedürfnisse anhand des *DISG-Persönlichkeitsmodells* einschätzen und reflektieren können.

Im Rahmen dieses Buches gehen wir sehr kompakt auf das Thema *E-Mails* ein – mit dem Fokus auf den Alltag von Personalverantwortlichen. Haben Sie sich mit allen Modellen dieses Buchs vertraut gemacht, können Sie dieses Wissen auch auf das Schreiben von E-Mails übertragen.

3.2 Nutzerfreundliche Protokolle anfertigen

Von allen Textsorten, die Personalverantwortliche verfassen (müssen), ist das Protokoll vielleicht die unbeliebteste. Das geduckte Schweigen nach der Frage »Wer schreibt heute das Protokoll?« ist ein Klassiker. Über ein gutes Protokoll freuen sich dann aber alle.

Das Charakteristische am Protokoll – von der Kurznotiz bis zum Ergebnisprotokoll: Es hält die wesentlichen Punkte eines Gespräches fest. Meist werden während des Gesprächs oder Meetings Notizen angelegt, die anschließend strukturiert und ausformuliert werden. Vor allem für das Ergebnisprotokoll gibt es notwendige Elemente und einen typischen Aufbau.

Anlässe für Protokolle
Protokolliert werden Gespräche oder Sitzungen, die live, telefonisch oder online per Videokonferenz stattfinden.

In Gesprächen, die Personalverantwortliche protokollieren müssen, geht es zum Beispiel um Bewerberauswahl, persönliche oder fachliche Entwicklung, kritisches Feedback oder arbeitsrechtliche Maßnahmen.

Besprechungen innerhalb der Personalabteilung, mit dem Betriebsrat und mit Führungskräften sind die häufigsten Anlässe für Ergebnisprotokolle im internen Bereich.

Auch Besprechungen, bei denen Externe anwesend sind, sind Anlässe für Protokolle: Meetings mit Trainern, Beratern und Coaches, Meetings mit Juristen, mit weiteren Dienstleistern oder mit Produktvertretern.

Ziele eines Protokolls
Warum sind Protokolle wichtig und notwendig? Was sind die wichtigsten Ziele von Protokollen?

Protokolle wollen/sollen:
- das Gesprochene möglichst neutral und sachlich schriftlich darstellen,
- etwas belegen und/oder juristisch absichern,

- Wichtiges aus einem Gespräch oder Meeting auf den Punkt bringen/zusammenfassen,
- Gesprächsinhalte ordnen/nachbereiten,
- als Gedächtnisstütze für einen selbst dienen,
- Arbeitsaufträge / To-dos verbindlich festhalten,
- Abwesende über die Gesprächsinhalte informieren,
- als Abgleich dienen und
- von allen Leserinnen und Leser für sinnvoll gehalten werden.

Negative Aspekte und ihre Auswirkungen
Häufig sind Protokolle unübersichtlich, unstrukturiert und zu lang. Kommt noch dazu, dass der Sprachstil unverständlich, bürokratisch und umständlich ist, wird es sehr schwierig, das Protokoll zu lesen und zu verstehen. Zusätzlich kommt es zu Missverständnissen und Fehlern, wenn der Text nicht verstanden wird oder Wichtiges untergeht und übersehen wird.

Problematisch kann auch werden, wenn wichtige Inhalte oder Elemente fehlen, zum Beispiel die Verantwortlichen und Zeitangaben bei den To-dos oder relevante Themen und Ergebnisse. Das hat zur Folge, dass unklar bleibt, wer was bis wann erledigt, unvollständig belegt wird, Themen unter den Tisch fallen und Ergebnisse nicht vermittelt werden.

Rechtschreib- oder Grammatikfehler in Protokollen sind vielleicht nicht dramatisch, hinterlassen aber einen negativen Eindruck bei den Lesern. Zu den formalen Fehlern zählen auch fehlende oder falsche Angaben in Bezug auf die Anwesenden, den Verantwortlichen für das Protokoll, das Datum oder die Unterschrift. Das ist besonders dann kritisch, wenn das Protokoll als juristischer Beleg dient.

Wird ein Protokoll nicht zeitnah geschrieben und verteilt, werden beschlossene To-dos vielleicht nicht zeitgerecht umgesetzt. Auch beim Verteilen der Protokolle selbst können Fehler passieren – der Verteiler kann zu klein oder zu groß sein. Ist der Verteiler zu klein, werden beteiligte Personen nicht informiert. Ist er zu groß, werden nicht beteiligte Personen mit für sie irrelevanten Informationen belastet.

All das kann eintreten, wenn ein Protokoll nicht sorgfältig und reflektiert verfasst ist oder es dem Schreiber an Sprach- oder Prozesswissen fehlt. Dies deutet oft auch auf eine negative Einstellung gegenüber der Aufgabe des Protokollschreibens hin.

Ein weiterer Punkt kommt noch hinzu, mit dem wir zum Kern dieses Buches vorstoßen: Besonders problematisch ist, wenn das Protokoll bewertende, unsachliche, anschuldigende, zensierende oder gar manipulative Formulierungen enthält. Das führt zunächst zu negativen Emotionen, kann Konflikte auslösen und eskalieren sowie

Mitarbeitende oder Kollegen demotivieren. Je nach Persönlichkeit kommt es zu Rückzug oder Konfrontation.

Schreiben Sie zum Beispiel »Peter hat die Produktionsliste immer noch nicht fertiggestellt. Er versucht es, bis zum TT.MM.JJJJ zu schaffen«, ist dies vorwurfsvoll und unsachlich. Formulieren Sie es sachlich und ergebnisorientiert: »Peter stellt die Produktionsliste bis zum TT.MM.JJJJ fertig.«

Ähnlich wie beim Schreiben eines Berichtes sollten die Meinung des Verfassers und seine Emotionen außen vor bleiben. Es hat sehr viel mit Respekt zu tun, eine so sachliche und neutrale Position wie irgend möglich einzunehmen.

Wie sorge ich als Personalverantwortliche oder Verfasser also dafür, dass Protokolle zum Ziel führen und wertschätzend geschrieben werden?
- Ich überlege mir mögliche Folgen.
- Ich versetze mich in die Rollen der Leser – Betriebsrat, Kollegen, Bewerber, Führungskräfte ...
- Ich kann nachvollziehen, was Emotion beziehungsweise Meinung und was Information ist.
- Ich überprüfe und verbessere meine Protokolltechnik.
- Ich wähle den Protokollführer so aus, dass seine Persönlichkeit zur Aufgabe passt.
- Ich schätze den Protokollführer wert und sorge dafür, dass auch die anderen seine Arbeit anerkennen.

Mit der folgenden Tabelle stellen wir Ihnen grundlegende Tipps für Protokolle vor:

Texteigenschaften	Die Tipps im Detail

geordnet	- Tagesordnungspunkte vorweg
	- klar und sinnvoll nach Themen/Ergebnissen strukturiert
	- treffende Überschriften
	- Aufzählungen nutzen
	- übersichtliches Layout und ansprechendes Format
	    – linksbündig
	    – genug Abstände
	    – lesefreundliche Schriftart und -größe (Corporate Design beachten)
	- Tabelle mit den To-dos
	- Wichtiges fett markieren
	- Thema markieren, wenn nur für eine bestimmte Person relevant

korrekt und rechtssicher	- auf vollständige und richtige Angaben achten (Datum, Unterschrift, Verantwortliche, Anwesende ...) - immer sorgfältig Korrektur lesen (lassen) - Inhalt prüfen lassen

Texteigenschaften	Die Tipps im Detail
wertschätzend	• so kurz wie möglich und so ausführlich wie nötig • Sprachstil und Inhalt auf die Bedürfnisse der Beteiligten abstimmen • so sachlich und neutral wie irgend möglich formulieren • wenn nötig, kontroverse Diskussionspunkte diplomatisch auf den Punkt bringen • sich empathisch in die Perspektive der beteiligten/genannten Personen hineinversetzen • eine respektvolle innere Haltung üben und einnehmen • Abwesende fragen, bevor man ihnen Aufgaben zuteilt
stimmig	• passend zum Anlass • passend zu den Zielen • passend zum Zweck
ergonomisch	• passenden Protokollführer wählen • möglichst direkt nach dem Gespräch verfassen und zeitnah verteilen • passenden Verteiler auswählen • Protokoll als PDF verschicken

Tab. 21: Grundlegende Tipps für Protokolle

Wir kommen jetzt zu der Textsorte *Entscheidungsvorlage*, die im Alltag von Personalverantwortlichen wichtig ist, auch wenn Sie nicht unbedingt häufig vorkommt.

3.3 Überzeugende Entscheidungsvorlagen verfassen

Entscheidungsvorlagen dienen dazu, Vorgesetzte oder die Geschäftsführung von einem Konzept zu überzeugen.

Ziele von Entscheidungsvorlagen
Entscheidungsvorlagen sollten aus Sicht der Entscheidungsträgerin folgende Ziele erfüllen:
- ihr einen guten Überblick bieten,
- ihr die Essenz der ausgearbeiteten Thematik zeigen,
- ihr ermöglichen, sich schnell das Problem mit seiner Lösung vorzustellen,
- es ihr erleichtern, Argumente zu vergleichen,
- ihr ersparen, sich mit Details zu befassen,
- Zeit sparen,
- es ihr erlauben, sich auf die Aufgabe als Entscheiderin fokussieren.

Struktur und Elemente

In der Praxis können Entscheidungsvorlagen unterschiedlich aufgebaut sein und verschiedene Elemente enthalten. Mit der folgenden Struktur haben wir gute Erfahrungen gemacht. Sie lässt sich selbstverständlich anpassen und erweitern.

Titel: Thema

1. Aufgabe
- Ist-Situation
- Grund oder Anlass für Entscheidungs- und Handlungsbedarf
- darüber soll entschieden werden

2. Ziele und Rahmenbedingungen
- Ziele
- Rahmenbedingungen

3. Lösungsvergleich
- Lösung und Alternativen (Übersicht)
- Lösungsvergleich anhand Bewertungskriterien
- Belege, Zahlen, Fakten, Beispiele

4. Vorschlag
- favorisierte Lösung
- Vorteile und Chancen

5. Fazit
- Handlungsempfehlung
- nächste Schritte

Tab. 22: Struktur und Elemente von Entscheidungsvorlagen

Negative Aspekte und ihre Auswirkungen

Zu typischen Mängeln von Entscheidungsvorlagen gehören zunächst einmal die formalen, wie Rechtschreib- oder Grammatikfehler, mangelhaftes Layout oder fehlende Quellenangaben. Auch in Sachen Verständlichkeit ließe sich häufig einiges verbessern – die Texte sind sperrig formuliert mit langen Sätzen und vielen substantivierten Wörtern. Sie sind unstrukturiert und unübersichtlich. Es kommt auch immer wieder vor, dass für die Entscheidung notwendige Informationen fehlen. Entscheidungsvorlagen erfüllen ihren Zweck nicht, wenn unklar bleibt:
- Was sind die jeweiligen Vor- und Nachteile einer Lösung?
- Welche Risiken sind mit den jeweiligen Lösungen verbunden?
- Nach welchen Kriterien haben die Verfasser bewertet?

Wie wirken sich diese Mängel aus? Zunächst einmal hinterlassen fehlerhafte und optisch wenig ansprechende Entscheidungsvorlagen einen schlechten Eindruck bei ihrer Zielgruppe – den Führungskräften. Es wirft kein gutes Licht auf die Verfasser, wenn diese Texte nachlässig und unprofessionell wirken. Die Textstruktur und der Sprachstil haben großen Einfluss darauf, wie leicht die Führungskraft verstehen kann, worum es genau geht. Die Führungskraft möchte schnell und auf den Punkt gebracht informiert werden, damit sie eine Entscheidung treffen kann. Gelingt dies nicht, wird sie sich wahrscheinlich ärgern und um Nachbessern bitten. Das kostet wertvolle Zeit und Energie und belastet das Verhältnis zwischen Führungskraft und Personalverantwortlicher. Nehmen Sie sich deshalb die folgenden Tipps zu Herzen.

Tipps für Entscheidungsvorlagen
Wenn Sie eine Entscheidungsvorlage schreiben, helfen Ihnen die folgenden Tipps:

Texteigenschaften	Die Tipps im Detail
Layout	• Corporate Design und Vorlagen nutzen • gut lesbare Schriftart und -größe wählen • genug Weißraum lassen (unbedruckter Raum auf dem Blatt) • professionell gestaltete Grafiken, Tabellen, Fotos, Abbildungen einsetzen • Wichtiges sparsam und gezielt hervorheben
Struktur	• zu Beginn klare Struktur sichtbar machen • mit dem ersten Satz in das Thema einführen: Was ist die Ausgangslage? Um welches Problem geht es? Wofür und warum braucht es eine Entscheidung? • kurze Zusammenfassung an den Anfang stellen • Struktur innerhalb des Textes immer wieder verdeutlichen • Elemente und Aufbau von Entscheidungsvorlagen als Grundlage nehmen • Wichtiges in Tabellenform gestalten/gegenüberstellen
Sprache	• sehr verständlich formulieren: kurz, klar, anschaulich, aktivierend • auch die Überschriften griffig texten • Sprache und Stil auf die Leser hin ausrichten (Was braucht der Leser? Siehe Persönlichkeitsmodell in Kapitel 2.2)
Umfang	• so wenig Text wie möglich • so viele Informationen wie nötig
Wirkung	• Zielgruppe/-person vorher analysieren und deren Bedürfnisse bestmöglich beherzigen (siehe Kapitel 4) • Was braucht sie, um die Entscheidung treffen zu können? • effektiv argumentieren (These, Argumente, Beispiele, Zusammenfassung) • sorgfältig gestalten und Korrektur lesen • Inhalt prüfen (lassen) • gegebenenfalls belegen, zitieren, Quelle angeben

Tab. 23: Grundlegende Tipps für Entscheidungsvorlagen

In Kapitel 5.2 finden Sie ein Praxisbeispiel für eine Entscheidungsvorlage, mit der die Geschäftsführung davon überzeugt werden soll, Gruppenarbeit in der Endmontage einzuführen.

3.4 Interessenorientierte Präsentationen vorbereiten

Es gibt ganze Ratgeber zum Thema *Präsentationen*. Im Rahmen dieses Buches vermitteln wir Ihnen praxisnahes Wissen und kompakte Tipps für wertschätzende Kommunikation in Präsentationen. Personalverantwortliche halten – besonders in größeren Unternehmen – viele Präsentationen. Im Hinblick auf die Personalstrategie kommen Sie beispielsweise in diese Situation, wenn Sie:

- Vorgesetzten, Geschäftsführung, Betriebsrat oder Projektteams eine Personalstrategie vorstellen,
- Personalmaßnahmen präsentieren und
- den Mitarbeitenden das Konzept kommunizieren.

Ziele
Eine Präsentation sollte das Gesprochene unterstützen und nicht von ihm ablenken oder es bleischwer werden lassen. Im Vergleich zu einer Rede nutzt die Präsentation neben der auditiven Wahrnehmung auch die visuelle. Die Präsentation sollte das Wichtige hervorheben und durch Grafiken und Bilder anschaulich machen. Die Zuhörer sollten die Struktur und die Inhalte verstehen können.

Zentrales Ziel sollte sein, das Interesse zu wecken – zum Beispiel, indem die Präsentation innere Bilder und Gefühle auslöst. Bestenfalls sollte sie dazu beitragen, die Zuhörer zu begeistern, indem sie das Gesagte zu einem positiven Gesamterlebnis abrundet.

Ein weiteres Ziel ist ein schlichtes: Über eine PowerPoint-Präsentation kann das Publikum das Gesagte im Nachhinein noch einmal nachvollziehen und dadurch besser umsetzen. Zusätzlich können Personen, die nicht teilgenommen haben, einen Eindruck von den wichtigsten Aussagen gewinnen.

Darüber hinaus sollte sie dem Präsentierenden dabei helfen, strukturiert vorzutragen, nichts zu vergessen sowie möglichst frei und lebendig zu sprechen.

Elemente und Aufbau
Sinnvolle Elemente einer Präsentation könnten zum Beispiel sein:
- Titel
- Einbetten in eine Geschichte (Storytelling)
- Anlass und Situation

- Folgen
- Ziele
- Lösungen
- eventuell Bewertung
- eventuell Empfehlung
- nächste Schritte

Negative Aspekte und ihre Auswirkungen
Der erste Mangel ist immer noch weit verbreitet und betrifft den **Umfang**: Die Zuschauer werden häufig mit viel zu vielen Folien zugetextet, was besonders dann ungünstig ist, wenn das Gesagte vollständig schriftlich wiederholt wird. Eine Bleiwüste aus endlosen Aufzählungspunkten ermüdet stark. Das erschwert es auch den Präsentierenden erheblich, frei und lebendig zu sprechen.

Durch professionell erstellte Formatvorlagen hat sich viel getan. Dennoch kommen optische Mängel beim **Layout** immer noch häufig vor:
- Schriftart und -größe sind schlecht lesbar.
- Der Text ist im Blocksatz gesetzt.
- Der Zeilenabstand ist zu klein oder zu groß.
- Vor und nach Tabellen und Grafiken ist zu viel oder zu wenig Platz.

Das schreckt die Zuschauer ab. Es erschwert ihnen, die Inhalte aufzunehmen und hinterlässt einen negativen Eindruck. Ein überladenes oder schwer lesbares Layout stört die Präsentation, statt sie zu unterstützen.

Fehlen wichtige Elemente, ist keine **Struktur**, keine klare Reihenfolge und kein roter Faden erkennbar? Gibt es zu wenig Überschriften oder sind sie lang und unverständlich? Durch diese Mängel wird es schwer für die Zuschauer, sich auf das Gesprochene zu konzentrieren, sich zu orientieren und den Inhalt zu verstehen. Fragen, die sie sich vermutlich stellen: Worum geht es hier? Wo befinde ich mich in der Fülle der Gedanken und Informationen? Wie sind die Inhalte der Präsentation strukturiert, und was hängt womit zusammen?

Schließlich gibt es verbreitet Mängel in den Bereichen **Inhalte, Sprachstil und Tonfall**: Es fehlen wichtige Informationen, oder es werden falsche Informationen gezeigt. Die Folientexte sind wenig verständlich ausgedrückt, negativ formuliert oder unsachlich geschrieben. Vielleicht werden Personen-(gruppen) gar abgewertet oder beschuldigt. Durch all dies werden die Zuhörer fehlinformiert, abgelenkt, gelangweilt, verwirrt, verärgert oder gar manipuliert. Es ist deshalb wesentlich, dass Folien wahrheitsgetreu, verständlich und wertschätzend formuliert sind.

Es gibt inzwischen Unternehmen, die Folienpräsentationen abgeschafft haben. Wenn Sie diesen radikalen Schritt erwägen, sollten Sie sich noch einmal Vorteile und Nachteile vor Augen halten.

Konkrete Tipps für Präsentationen

Vorab empfehlen wir Ihnen, einen Blick auf die **vier Verständlichmacher** zu werfen (siehe Kapitel 2.7). Sie helfen Ihnen dabei, Ihre Präsentation schon einmal grundsätzlich lesefreundlich zu gestalten, zu strukturieren und zu formulieren.

Texteigenschaften	Die Tipps im Detail
Layout	• Corporate Design und Vorlagen nutzen • gut lesbare Schriftart und -größe wählen • Text linksbündig setzen • genug Weißraum lassen (unbedruckter Raum auf der Folie) • professionell gestaltete Grafiken, Tabellen, Fotos, Abbildungen einsetzen • die Folien abwechslungsreich gestalten
Struktur	• zu Beginn klare Struktur sichtbar machen • zwischendurch wieder aufgreifen • Struktur durch Überschrift in der Kopfzeile, Folientitel verdeutlichen • passend zu Inhalt und Ziel aufbauen • auf roten Faden achten
Sprache und Tonfall	• sehr verständlich formulieren: kurz, klar, anschaulich, aktivierend • substantivierte Wörter (-ung, -heit, -keit, -tion, -tät, -nis, -ment) vermeiden oder zumindest reduzieren • auch die Überschriften griffig und aussagekräftig texten • Sprache und Stil auf das Publikum hin ausrichten • respektvoll und sachlich formulieren
Umfang und Inhalte	• so wenige Folien wie irgend möglich • so wenig Text wie möglich • so viele Informationen wie nötig • wahrheitsgetreue Informationen
Wirkung	• einen interessanten, unterhaltsamen, greifbaren Einstieg wählen und am Ende wieder aufgreifen • sparsam und gezielt animieren • Zielgruppe vorher analysieren und deren Bedürfnisse bestmöglich beherzigen (siehe auch *DISG-Persönlichkeitsmodell*, Kapitel 2.2 und *Bedürfnisse verschiedener Hierarchieebenen verstehen*, Kapitel 4) • die Inhalte sachlich, positiv und wertschätzend transportieren • eventuell Fragen, Umfragen, Meinungsbildern, kurze Übungen integrieren, um mit dem Publikum zu interagieren

Tab. 24: Tipps für Präsentationen

Wertschätzung bedeutet für uns beim Thema Präsentationen, den Zuschauer bestmöglich zu respektieren – besonders in seinen Bedürfnissen, verstehen zu können, gesehen und verstanden zu werden sowie unterhalten zu werden. Mit den obigen Tipps kann Ihnen dies noch besser gelingen.

3.5 Kapitel 3 auf den Punkt gebracht

In diesem Kapitel haben Sie Etliches darüber erfahren, wie Sie die Schreibkultur in Ihrem Unternehmen wertschätzend gestalten können. Der Schwerpunkt lag zum einen auf den vier Textsorten *E-Mails*, *Protokolle*, *Entscheidungsvorlagen* und *Präsentationen*. Zum anderen ging es uns darum, Ihnen wichtige Grundlagen bewusst zu machen und zu vermitteln: zu Zielen der jeweiligen Textsorten, zu häufigen Mängeln und ihrer Wirkung, zu wichtigen Elementen und deren Struktur, zu Layout, Inhalten, Sprachstil und Tonfall.

Gerade beim Schreiben von E-Mails können Sie viel dafür tun, damit diese nicht nur professionell, sondern auch respektvoll und empathisch bei Ihren Empfängern ankommen. Dabei unterstützen Sie nicht nur die grundlegenden Informationen, Gedankenanstöße und Tipps aus diesem Kapitel. Beschäftigen Sie sich intensiv mit dem Rest dieses Buchs, werden sich Ihre E-Mails (und weiteren Textsorten) quasi automatisch wesentlich in Richtung *Wertschätzung* weiterentwickeln. Voraussetzung dafür: Sie übertragen das Wissen auch bewusst auf die schriftliche Kommunikation.

Wertschätzend kommunizieren bedeutet aus unserer Sicht, bedürfnisorientiert zu denken, zu sprechen und zu schreiben. Im folgenden Kapitel lernen Sie deshalb die Bedürfnisse Ihrer Kommunikationspartner kennen und berücksichtigen. Es wird hier darum gehen, sich in die unterschiedlichen Personengruppen hineinzuversetzen, mit denen Sie im beruflichen Alltag zu tun haben.

4 Bedürfnisse verschiedener Hierarchieebenen verstehen

Im Alltag als Personalverantwortliche kommunizieren Sie mit den unterschiedlichsten Personen und Personengruppen. Je nach ihrer Funktion haben sie unterschiedliche Aufgaben, Interessen, Ziele und Bedürfnisse. Wenn Sie diese bestmöglich berücksichtigen, werden Sie wesentlich wertschätzender mit jedem Einzelnen kommunizieren können. Finden Sie also heraus, was die Aufgaben, Interessen, Ziele und Bedürfnisse der unterschiedlichen Akteure in Ihrem Unternehmen sind.

4.1 Auszubildende

Gewerbliche oder kaufmännische Auszubildende sind meistens am Anfang ihrer Berufstätigkeit, wenn sie in ein Unternehmen kommen. Ihre überwiegende Mehrheit ist jung und unerfahren. Damit verbunden sind oft Unsicherheit und die Angst, Fehler zu machen – aber auch Neugier und Offenheit. Hier gibt es selbstverständlich je nach Persönlichkeit unterschiedliche Bedürfnisse.

Dennoch lassen sich für diese Gruppe einige charakteristische Merkmale sammeln:

Aufgaben	Interessen und Ziele	Bedürfnisse
• lernbereit sein • pünktlich und verlässlich zur Arbeit erscheinen • grundlegende Benimmregeln beachten • lernen, wie ein Unternehmen funktioniert • die vereinbarten/erforderlichen Tätigkeiten üben, wiederholen und ausführen • sich, wenn notwendig, an die Vorgesetzten wenden • höflich mit Kunden kommunizieren • respektvoll mit Vorgesetzten umgehen • die Berufsschule zuverlässig und erfolgreich besuchen	• gute Ausbildung: viel lernen, unterschiedliche Abteilungen und Tätigkeiten kennenlernen • gut vorbereitet werden für den Beruf • gutes Verhältnis zwischen »niederen« und anspruchsvollen Aufgaben • gefördert und gefordert werden • gute Arbeitsatmosphäre • faire Vergütung • andere Azubis kennenlernen • Netzwerk aufbauen • übernommen werden	• Sicherheit, Orientierung und Hilfe • unterstützende Vertrauensperson • konstruktives Feedback • Wertschätzung ihrer Arbeit • Respekt: Verteilung der Aufgaben, Tonfall • Gleichwürdigkeit • Teil des Teams sein • Spaß und Abwechslung • Work-Life-Balance

Tab. 25: Aufgaben, Interessen, Ziele und Bedürfnisse von Auszubildenden

4.2 Praktikanten, dual Studierende und Trainees

Diese Personengruppe besteht häufig aus Studierenden, die lernbereit, ehrgeizig, zielstrebig, engagiert und zugleich fordernd sind. Alle drei Untergruppen wollen erste Berufserfahrungen sammeln. Sie möchten einen bestmöglichen Eindruck hinterlassen, um durch das Unternehmen fest angestellt zu werden, denn das Schwierigste für sie wäre es, sich ohne Berufserfahrung und Kontakte zu bewerben.

Aufgaben	Interessen und Ziele	Bedürfnisse
• lernbereit sein • pünktlich und verlässlich zur Arbeit erscheinen • lernen, wie ein Unternehmen funktioniert • die vereinbarten/ erforderlichen Tätigkeiten eigenständig und verantwortungsbewusst ausführen • basierend auf ihrem bisherigen Wissen Verbesserungen vorschlagen • auf unterschiedlichen Ebenen kommunizieren • bei einem dualen Studium die Wirtschaftsakademie erfolgreich besuchen	• gute Berufsausbildung: viel lernen, unterschiedliche Abteilungen und Tätigkeiten kennenlernen • gut vorbereitet werden für den Beruf • abwechslungsreiche und herausfordernde Aufgaben • gutes Verhältnis zwischen »niederen« und anspruchsvollen Aufgaben • gefördert und gefordert werden • gute Arbeitsatmosphäre • faire Vergütung • Netzwerk aufbauen • fest angestellt werden	• Orientierung und Unterstützung • Mentor mit Einfluss • konstruktives Feedback • Wertschätzung ihrer Person und ihrer Arbeit • Respekt: Verteilung der Aufgaben, Tonfall • Gleichwürdigkeit • Teil des Teams sein • Verantwortung übernehmen dürfen • ihr Potenzial entfalten • Vertrauen in ihre Leistung • Abwechslung und Herausforderung • Work-Life-Balance

Tab. 26: Aufgaben, Interessen, Ziele und Bedürfnisse von Praktikanten, dual Studierenden und Trainees

4.3 Arbeiter

Uns ist bewusst, dass es sehr vereinfachend und rechtlich überholt ist, zwischen Angestellten (White Collar) und Arbeitern (Blue Collar) zu unterscheiden. Wir wollen hier trotzdem diese beiden Gruppen getrennt voneinander beschreiben. Wer seinen Lebensunterhalt eher mit körperlicher Arbeit verdient, hat andere Interessen, Ziele und Bedürfnisse als ein überwiegend geistig arbeitender »Büromensch«.

Der Arbeitsalltag von Arbeitern ist von körperlicher Arbeit – teilweise Schichtarbeit oder taktgebundene Arbeit – und sich häufig wiederholenden Tätigkeiten geprägt. Gleichzeitig kommt es sehr darauf an, die Arbeitsschritte präzise und sorgfältig auszuführen. Ein wichtiges Merkmal dieser Gruppe: Arbeiter bekommen Überstunden bezahlt, sie arbeiten nur die vereinbarte Stundenzahl.

Sie arbeiten oft in der Produktion, der Logistik oder auf dem Bau, zum Beispiel als Fabrikarbeiter, Lagerarbeiter, Fahrer oder Maurer. Es gibt aber Arbeiter, die selbstständig, lösungsorientiert und verantwortungsvoll individuelle Leistung erbringen müssen. In diese Gruppe gehören zum Beispiel Hausmeister, Handwerker im Kundendienst, Monteure und Bühnenarbeiter.

Auf jeden Fall gibt es Schnittmengen zwischen Arbeitern und Angestellten und es gibt viele Berufe, die sowohl geistige also auch körperliche Tätigkeiten beinhalten. Je nachdem, wie hier das Verhältnis ist, können Sie sich mehr an der Tabelle *Angestellte* oder *Arbeiter* orientieren oder individuell Aspekte aus beiden berücksichtigen, um sich passend auf den Kommunikationspartner einzustellen.

Aufgaben	Interessen und Ziele	Bedürfnisse
<ul><li>die in ihrer Arbeitsplatzbeschreibung festgelegten Tätigkeiten bestmöglich erfüllen</li><li>sorgfältig und zügig arbeiten</li><li>sich wenn notwendig an die Vorgesetzten wenden</li><li>teilweise takt- und/oder schichtgebunden arbeiten</li><li>höflich mit Kunden kommunizieren</li></ul>	<ul><li>Ergonomie, Arbeitsschutz und Sicherheit</li><li>akzeptable Schichten</li><li>Kantine, Aufenthaltsräume, Extraleistungen, Events, Betriebssport</li><li>fairer Lohn</li><li>eventuell Aufstiegsmöglichkeiten</li><li>kurzer Weg zur Arbeit</li><li>nette Kollegen</li></ul>	<ul><li>Sicherheit des Arbeitsplatzes</li><li>Existenzsicherung durch den Lohn</li><li>Wertschätzung ihrer Arbeit, auch finanziell</li><li>Interesse an der Person und Respekt</li><li>Schutz von Gesundheit und Privatsphäre</li><li>Unterstützung</li><li>Kontakt mit Kollegen</li><li>Gemeinschaft im Team</li><li>Zufriedenheit</li><li>Ruhepausen</li><li>finanzierbares und stärkendes Essen</li><li>Arbeitsroutinen</li></ul>

Tab. 27: Aufgaben, Interessen, Ziele und Bedürfnisse von eher körperlich Arbeitenden

4.4 Angestellte

Klassischerweise arbeiten Angestellte eher geistig, zum Beispiel in der Sachbearbeitung, im Sekretariat, im Kundenservice, im Ein- oder Verkauf, in der Buchhaltung, im Marketing, im Projektmanagement, in der Arbeitsvorbereitung oder Konstruktion. Häufig befindet sich ihr Arbeitsplatz im Büro, in Verkaufsräumen oder beim mobilen Arbeiten an flexiblen Orten.

Gibt es in einem Unternehmen einen Betriebsrat und einen Tarifvertrag, muss man zwischen tarifgebundenen und außertariflichen Mitarbeitenden unterscheiden:

- Die tarifgebundenen Mitarbeitenden unterliegen dem Tarifvertrag, der zum Beispiel Gehaltsstruktur, Gehaltshöhe, Arbeitszeiten, Urlaub und Extrazahlungen regelt. Er gibt auf der einen Seite Sicherheit, ist auf der anderen Seite jedoch starr und bindend.
- Verdient ein Angestellter mehr als die höchste Tarifgruppe, erhält er einen außertariflichen Arbeitsvertrag. Die in den Tarifverträgen festgelegten Rahmenbedingungen müssen die außertariflich Arbeitenden meistens individuell aushandeln. Diese Angestellten sind meistens gut ausgebildet und karriereorientiert. Sie sind flexibel und erwarten Möglichkeiten, sich weiterzuentwickeln. Für sie gilt, dass die Arbeit gemacht werden muss – unabhängig von der vertraglich vereinbarten Arbeitszeit. Auf der einen Seite erwartet man von ihnen, dass sie sich mehr engagieren, mehr Verantwortung übernehmen und Überstunden leisten. Auf der anderen Seite erhalten sie mehr Flexibilität und Freiheiten sowie bestimmte Privilegien. Durch diese Rahmenbedingungen ähneln die Bedürfnisse und Motivationen der außertariflich arbeitenden Angestellten denen der Gruppe der *Vorgesetzten* (siehe Tabelle unter *Vorgesetzte* weiter unten).

Insgesamt besteht die Personengruppe der Angestellten selbstverständlich aus vielen verschiedenen Individuen. Gleichzeitig lassen sich typische Merkmale nennen, die Ihnen dabei helfen, wertschätzend mit dieser Zielgruppe zu kommunizieren. In der folgenden Tabelle konzentrieren wir uns auf die Gruppe der tarifgebunden beziehungsweise der nicht in Führungspositionen arbeitenden Angestellten.

Aufgaben	Interessen und Ziele	Bedürfnisse
- die in ihrer Arbeitsplatzbeschreibung festgelegten Tätigkeiten bestmöglich erfüllen - sorgfältig und zuverlässig arbeiten - sich wenn notwendig an die Vorgesetzten wenden - höflich kommunizieren	- flexible Arbeitszeiten, Einhalten der vertraglichen Arbeitszeit, mobiles Arbeiten - gerechte Bezahlung - Routinen - kollegiale Teamarbeit - Weiterbildung - Kantine, Extraleistungen, Events, Betriebssport	- Wertschätzung ihrer Arbeit, auch finanziell - Sinn ihrer Arbeit - Sicherheit des Arbeitsplatzes - Sicherheit im Erfüllen der Arbeit - Unterstützung - Gemeinschaft - Ergonomie ihres Arbeitsplatzes - bei einer sitzenden Tätigkeit: Bewegungspausen - Mitspracherecht

Tab. 28: Aufgaben, Interessen, Ziele und Bedürfnisse von Angestellten

4.5 Vorgesetzte

Vorgesetzte gibt es auf allen Hierarchiestufen – von der Teamleiterin über den Abteilungsleiter bis hin zur Bereichsleiterin. Sie haben sowohl fachliche Verantwortung als auch Personalverantwortung für Mitarbeitende. Einerseits sind sie also für die fachlichen Ergebnisse zuständig und müssen dafür einstehen. Andererseits sind sie dafür verantwortlich, die richtigen Leute am richtigen Platz einzusetzen. Sie sollen Rahmenbedingungen dafür schaffen, dass ihre Mitarbeitenden ihr ganzes Potenzial einbringen und sich weiterentwickeln können. Darüber hinaus haben sie die Aufgabe, ihr Team aufzubauen und mit dem Ziel zu führen, die bestmögliche Leistung abzuliefern.

Häufig sind die Vorgesetzten aufgrund ihrer hervorragenden fachlichen Arbeitsleistung aufgestiegen. Ihre Führungskompetenz und ihre Motivation stehen meistens nicht ausreichend im Fokus. Außerdem erhalten Sie vor Antritt ihrer Vorgesetztenfunktion häufig keine oder zu wenig Weiterbildung, um die wichtigen Personalthemen meistern zu können. In unseren Führungskräftetrainings und -coachings erfahren wir, dass sich viele Vorgesetzte mit der Führung von Mitarbeitenden alleingelassen fühlen. Sie werden nicht darauf vorbereitet, ihr Team zu motivieren, zu entwickeln, Diskussionen zu moderieren und Feedback zu geben. Ohne diese Werkzeuge ist es für sie schwer, nachhaltig und wertschätzend zu führen.

Viele von ihnen bitten nicht um Unterstützung und fürchten sich davor, Fehler einzugestehen. Der Grund dafür ist, dass ihre direkten Vorgesetzten meistens von ihnen erwarten, dass sie Personal führen können. Deshalb sollten Personalverantwortliche den Führungskräften proaktiv ihre Unterstützung anbieten.

Die folgende Tabelle zeigt typische Aufgaben, Interessen und Ziele sowie Bedürfnisse von Vorgesetzten:

Aufgaben	Interessen und Ziele	Bedürfnisse
• Verantwortung für ihr Team, ihre Abteilung, ihren Bereich tragen • die Ziele erfüllen, sofern gesetzt • die vereinbarten Tätigkeiten ausführen • koordinieren, organisieren und delegieren • Arbeitsprozessen eine Struktur geben	• hohes Ansehen • überdurchschnittliche Bezahlung • Ziele erreichen • Erster in ihrem Bereich sein • die einzelnen Mitarbeitenden nach ihren Kompetenzen einsetzen • so wenig Aufwand wie möglich • so wenig Ärger und Stress wie möglich	• Anerkennung • Selbstwirksamkeit • Verantwortung • Effektivität und Effizienz • Entscheidungsfreiräume • Aktivität • wirtschaftliche Sicherheit • Respekt und Wertschätzung • Erfolg • Information • Vertrauen • Unterstützung

Aufgaben	Interessen und Ziele	Bedürfnisse
• zum Erfolg des Unternehmens beitragen • für ein gutes Betriebsklima sorgen • Arbeitsplätze sichern • das Team entwickeln • Mitarbeitende fordern, motivieren und fördern • Ansprechpartner sein • auf unterschiedlichen Ebenen kommunizieren	• konstruktive Diskussionen • motivierte Mitarbeitende • erfolgreiche Projekte • eigener Bereich, eigene Abteilung, eigenes Team soll gut dastehen • etwas bewirken und ihren eigenen Fußabdruck setzen • sich auf die inhaltlichen Aufgaben konzentrieren	

Tab. 29: Aufgaben, Interessen, Ziele und Bedürfnisse von Vorgesetzten

4.6 Geschäftsführung

Für kleinere Unternehmen gilt häufig, dass es ein bis zwei Geschäftsführer gibt. In größeren Unternehmen besteht die Geschäftsleitung meist aus mehreren Personen, die unterschiedliche Bereiche verantworten.

Nicht immer haben Sie als Personalverantwortliche direkt mit der Geschäftsführung zu tun. Aber gerade bei mittelständischen und kleinen Unternehmen ist es wünschenswert, dass der Kontakt zwischen Personalverantwortlichen, Teamleitern und Geschäftsführerinnen eng ist.

Das Personal seines Unternehmens sollte der Geschäftsführung viel bedeuten. Die Personalverantwortlichen haben hier oft eine nicht einfache Rolle: Sie vermitteln zwischen dem, was die Geschäftsführung will, und dem, was die Mitarbeitenden brauchen. Dabei vertreten die Personalverantwortlichen einerseits die Interessen der Geschäftsführung. Deshalb ist es klug, sich mit den Aufgaben, Interessen, Ziele und Bedürfnisse der Geschäftsführung auseinanderzusetzen. Andererseits sollten sie dafür sorgen, dass Mitarbeitende motiviert gute Leistung bringen und im Unternehmen bleiben.

Aufgaben	Interessen und Ziele	Bedürfnisse
• Verantwortung für das Unternehmen tragen • alle die GmbH betreffenden Geschäfte abwickeln • nach der GmbH-Satzung handeln	• Erfolg und Prestige • Gewinn • hohe Bezahlung • Kosten deckeln/sparen • Erster in einem Bereich sein • gute Mitarbeitende bevorzugen	• Ziele erreichen • Anerkennung • Selbstwirksamkeit • Verantwortung • Effektivität • Entscheidungsfreiräume • Aktivität • wirtschaftliche Sicherheit

Aufgaben	Interessen und Ziele	Bedürfnisse
• die in seinem Arbeitsvertrag vereinbarten Tätigkeiten ausführen • Arbeitsplätze sichern		• Respekt • Erfolg • Information • Vertrauen

Tab. 30: Aufgaben, Interessen, Ziele und Bedürfnisse der Geschäftsführung

4.7 Kollegen

Die meisten Personalverantwortlichen teilen ihren Arbeitsalltag mit Kolleginnen und Kollegen. Hier ist besonders wichtig, wertschätzend zu kommunizieren, denn konfliktbeladene Beziehungen im Team können sehr belasten und viel Stress verursachen. Die räumliche Nähe und die enge inhaltliche Zusammenarbeit können zwischenmenschliche Spannungen auslösen und verstärken. Zusätzlich ist es auch schwieriger, sich aus dem Weg zu gehen, wenn der verdeckte oder offene Konflikt da ist.

Ein gutes Klima innerhalb der Abteilung wirkt sich dagegen positiv auf die eigene Gesundheit und Zufriedenheit aus. Es kann auch strategisch in das ganze Unternehmen ausstrahlen und als Vorbild für die operativen Bereiche dienen.

Was ist gut zu wissen, wenn Sie mit Ihren Kollegen sprechen oder E-Mails an sie schicken? Auch Sie selbst sind wahrscheinlich Kollegin oder Kollege. Was brauchen Sie selbst und wie können Sie dafür sorgen, dass Sie es erhalten?

Aufgaben	Interessen und Ziele	Bedürfnisse
• gemeinsam die Bereichsziele erreichen • konstruktiv zusammenarbeiten • Projekte erfolgreich umsetzen • Ansprechpartner sein • sein Bestes beitragen	• produktives Arbeitsklima • erfolgreiche Personalarbeit • Interesse an der Person, auch privat • Zusammenhalt • voneinander lernen • wertschätzende Kommunikation	• Wertschätzung • Zugehörigkeit • Mitgestalten • Fairness • Aktivität • Kompetenz • Kooperation • Information • Anerkennung • Balance von Geben und Nehmen • Austausch • Selbstverantwortung • Gemeinschaftssinn, Teamgeist • Effektivität

Tab. 31: Aufgaben, Interessen, Ziele und Bedürfnisse von Kollegen

4.8 Betriebsrat

Wer zum Betriebsrat gehört, hat eine besondere Rolle im Unternehmen: Er oder sie vertritt gleichzeitig die Interessen der Beschäftigten, soll vertrauensvoll mit dem Arbeitgeber zusammenarbeiten und ist natürlich auch selbst Arbeitnehmer.
Es ist sinnvoll, sich darüber Gedanken zu machen, was diese Personengruppe bewegt und in welchem Spannungsfeld sie sich befindet.

Aufgaben	Interessen und Ziele	Bedürfnisse
• die sozialen Verpflichtungen des Arbeitgebers kontrollieren • Rechte der Arbeitnehmer schützen und vertreten • Vertrauensvoll mit dem Arbeitgeber zusammenarbeiten • Vermittlerrolle • Arbeitsplätze sichern • Ansprechpartner für Probleme der Mitarbeitenden sein • alle gleichbehandeln • mit allen Ebenen kommunizieren	• möglichst hohe/faire Gehälter/Löhne erreichen • für gute Arbeitsbedingungen sorgen: Ergonomie, flexible Arbeitszeiten, Homeoffice, Kantine, Events, Betriebssport … • viele Extraleistungen erreichen: Altersvorsorge, Urlaub, Kita, Sonderzahlungen … • möglichst viel Mitspracherecht haben • auch in den eigenen Rechten als Betriebsrat und Angestellter respektiert werden	• Wertschätzung ihrer Arbeit, auch finanziell • Sinn ihrer Arbeit: Strategie des Unternehmens, konkrete Ziele, Ethik/Nachhaltigkeit, Identifikation • Sicherheit des eigenen Arbeitsplatzes • für die Mitarbeitenden etwas erreichen können • Respekt und Vertrauen

Tab. 32: Aufgaben, Interessen, Ziele und Bedürfnisse des Betriebsrats

4.9 Externe Dritte

Mit externen Dritten meinen wir sowohl Kunden als auch Lieferanten.

Die meisten Kunden von Personalverantwortlichen sind interne Kunden wie die Geschäftsführung, Vorgesetzte, Mitarbeitende, Betriebsräte. Aber als externe Kunden können Behörden oder Bewerber gelten.

Lieferanten liefern sowohl Produkte als auch Dienstleistungen. Dazu zählen zum Beispiel im Bereich des Personalwesens:
- Berater, Trainerinnen und Coaches
- Headhunter, Leasing-Unternehmen und Zeitarbeitsfirmen
- Rechtsanwälte
- Agenturen

Gemeinsames Merkmal dieser Personengruppe ist die Perspektive von außen.

Kunden haben oft eine Art von Macht, da das Unternehmen sie braucht und abhängig von ihnen ist (Bewerber) oder das Unternehmen legal verpflichtet ist, mit ihnen zusammenzuarbeiten (Behörden).

Bei den Lieferanten sieht das Machtverhältnis anders aus: Sie brauchen Aufträge und sind abhängig von einer langfristigen Kundenbeziehung. Bei Nischenprodukten/-dienstleistern wie beispielsweise Neuland, SAP-Beratern oder Spezialisten kann sich dieses Verhältnis aber auch umkehren.

Aufgaben	Interessen und Ziele	Bedürfnisse
• sich an die allgemeinen Geschäftsbedingungen halten • höflich mit den Mitarbeitenden des Unternehmens umgehen • ehrlich und verlässlich sein • die versprochenen Leistungen liefern	• den Job bekommen • gute Produkte und Dienstleistungen anbieten • hohe Preise/Honorare/Gehälter erzielen • langfristig zusammenarbeiten • gut behandelt werden (freundlich, respektvoll) • Integrität des Unternehmens erleben: Nachhaltigkeit, Ehrlichkeit, Umgang mit Mitarbeitenden, soziales Engagement	• regelmäßige Aufträge • Respekt und Wertschätzung • Information • Vertrauen • Kommunikation: schnell, kurz, klar und transparent, strukturiert, ziel- und lösungsorientiert • Fairness • Abwechslung und Vielfalt • Qualität • Authentizität • Planbarkeit und Verlässlichkeit • Verständnis • Anerkennung: Treue, VIP • Offenheit für neue Wege

Tab. 33: Aufgaben, Interessen, Ziele und Bedürfnisse von externen Dritten

4.10 Kapitel 4 auf den Punkt gebracht

Je nach Funktion, aber auch innerhalb der jeweiligen Funktion haben Ihre Kommunikationspartner also unterschiedliche Bedürfnisse. Diese können teilweise gegensätzlich sein: Zum Beispiel wünschen die Mitarbeitenden eine Lohnerhöhung um 10 Prozent, um angesichts der hohen Inflation ihre Existenz zu sichern. Die höheren Lohnkosten stehen im Widerspruch zum Bedürfnis der Geschäftsführung, einen möglichst hohen Gewinn zu erzielen. Wenn Sie sich dieser unterschiedlichen Bedürfnisse bewusst sind, können Sie eine Win-win-Lösung erarbeiten und den Beteiligten vorschlagen.

Wenn Sie jede Personengruppe besser verstehen – sowohl auf der rationalen als auch auf der emotionalen Ebene –, können Sie überlegen: Was bedeuten bestimmte Entscheidungen und Regeln ganz praktisch für den Arbeitsalltag der jeweiligen Gruppe?

Was lösen sie voraussichtlich für Gefühle aus und welche Bedürfnisse stecken dahinter? Was bräuchte die jeweilige Gruppe, um sich besser zu fühlen, um zufrieden und damit motiviert zu sein?

Mit einem Beispiel wollen wir Kapitel 4 abrunden und Ihnen zeigen, wie Sie die unterschiedlichen Bedürfnisse bei der Kommunikation berücksichtigen können.

Aufgrund der Inflation hat die Geschäftsführung Sie damit beauftragt, die Gehälter zu überprüfen und einen Vorschlag zu entwickeln. Sie haben sich die verschiedenen Zielgruppen mit ihren Interessen und Bedürfnissen zu diesem Thema genau angesehen. Auf dieser Grundlage haben Sie die Gespräche vorbereitet, die Sie mit Geschäftsführung und Mitarbeitenden führen werden.

Die Geschäftsführung könnten Sie überzeugen:

> »Wir wissen, dass die Situation sehr angespannt ist – die Kosten für Energie, Miete, Rohstoffe und Bauteile sind drastisch gestiegen. Ihr Interesse ist es, einen höchstmöglichen Gewinn zu erwirtschaften. Es ist Ihnen wichtig, dass unser neues Projekt erfolgreich wird. Dafür brauchen wir qualifizierte und motivierte Mitarbeitende.
> Aufgrund der Inflation erwartet unser Personal eine Gehaltssteigerung. Wenn wir die Gehälter nicht um mindestens 6 Prozent erhöhen, wandern gute Mitarbeitende wahrscheinlich zur Konkurrenz ab. Neues Fachpersonal zu finden und einzuarbeiten ist schwierig und teuer. Pro Einstellung müssten wir mit mindestens 30.000 Euro rechnen.
> Die Win-win-Lösung könnte sein, dass Sie den Mitarbeitenden eine Gehaltserhöhung von 7 Prozent anbieten und Einmalzahlungen von jeweils 500 Euro. Das würde dieses Jahr das Gehaltskostenbudget um 140.000 Euro erhöhen und nächstes Jahr um 120.000 Euro. Damit halten wir die Gehaltskosten in Grenzen und sorgen gleichzeitig dafür, dass unsere Mitarbeitenden zufrieden sind und loyal bleiben.«

Hat die Geschäftsführung Ihrem Vorschlag zugestimmt, könnten Sie den Mitarbeitenden zum Beispiel erklären:

> »Wir verstehen Ihre Situation. Ihre alltäglichen Kosten steigen und Sie brauchen höhere Gehälter. Unser Unternehmen müsste aber die Preise für unsere Produkte erhöhen, um höhere Gehälter auszuzahlen. Durch die Konkurrenz aus China können wir aber unsere Preise nicht erhöhen, ohne Ihre Arbeitsplätze zu gefährden.
> Wir schätzen sehr, was Sie für uns leisten! Dies möchten wir auch finanziell ausdrücken. Um uns für Ihr Engagement zu bedanken, haben wir uns entschieden,

den Unternehmensgewinn zu reduzieren und Ihre Gehälter zu erhöhen. Sie bekommen ab dem 1. Juni eine Gehaltserhöhung von 7 Prozent und mit der Juni-Abrechnung eine Einmalzahlung von 500 Euro.«

Machen Sie es sich also zu einer inneren Haltung, bewusst, respektvoll und empathisch mit den unterschiedlichen Gruppen umzugehen. Wir wissen: Das bedeutet auch Arbeit. Aber es lohnt sich sehr, denn nur so ist ein vertrauensvolles und wertschätzendes Verhältnis möglich.

Überleitung zu Teil B

In Teil A haben wir Ihnen Grundlagen für die wertschätzende Kommunikation vorgestellt – wo immer möglich schon mit Bezug zu Ihrer Arbeit als Personalverantwortliche.

Es ging dabei erstens um die innere Haltung, die Sie dafür brauchen und weiterentwickeln können. Zweitens haben wir Ihnen eine Auswahl an Modellen an die Hand gegeben, die wir in unserer Praxis als hilfreich für das wertschätzende Kommunizieren erleben. Drittens verfügen Sie jetzt über zusätzliches Know-how in Sachen Schreibkultur. Und viertens haben wir gemeinsam unterschiedliche Kommunikationspartner von Personalverantwortlichen unter die Lupe genommen: Was sind ihre typischen Aufgaben, ihre Interessen, ihre Ziele und ihre Bedürfnisse?

Haben Sie die Kapitel aus Teil A gelesen, reflektiert und verinnerlicht, sind Sie bestens vorbereitet. In Teil B bieten wir Ihnen noch einmal mehr den Transfer in Ihre berufliche Praxis. Für die unterschiedlichen Aufgabenbereiche von Personalverantwortlichen erhalten Sie jetzt eine Fülle an Schritt-für-Schritt-Anleitungen, Praxisbeispielen, Arbeitshilfen und Tipps. Dazu wenden wir sehr praxisbezogen und gezielt die Modelle an – ergänzt durch viel Erfahrungswissen aus unseren eigenen Arbeitsfeldern. Über Fallbeispiele aus verschiedenen Arbeitsbereichen veranschaulichen wir, wie Sie mithilfe der Modelle als Personalverantwortliche wertschätzend kommunizieren können.

Teil B: Anwendung in den Personalbereichen

Als Personalverantwortliche haben Sie verschiedene Arbeitsschwerpunkte und damit verbundene konkrete Aufgaben. Vielleicht sind Sie aber auch Generalist in einem kleinen oder mittelständischen Unternehmen und für alle Personalbereiche verantwortlich. Fast alles in Ihrer Arbeit hat mit Kommunikation zu tun. Wir möchten Ihnen dafür das größtmögliche Praxiswissen an die Hand geben und Ihnen zeigen, wie genau Sie das Wissen und die Modelle aus Teil A umsetzen und anwenden können.

Wir haben diesen Teil B nach den folgenden Personalbereichen unterteilt:
- Personalstrategien überzeugend kommunizieren und umsetzen
- In der Personalbeschaffung wertschätzend kommunizieren
- Mitarbeitende individuell führen und passgenau entwickeln
- Sich wertschätzend von Mitarbeitenden trennen

Wie können Sie in diesen unterschiedlichen Bereichen als Personalverantwortliche wertschätzend kommunizieren? Und wie lassen sich die Grundlagen aus Teil A optimal dafür nutzen?

5 Personalstrategien überzeugend kommunizieren und umsetzen

Die Welt ist im ständigen Wandel und das beeinflusst auch die Unternehmen – gerade mit den Herausforderungen, die aktuell durch die künstliche Intelligenz und die wirtschaftlichen Folgen von regionalen Konflikten entstehen. Was gestern noch erfolgreich war, könnte heute nicht mehr funktionieren. Deshalb dürfen Unternehmen nicht am Status quo festhalten. Sie müssen sich an die neuen Umstände immer wieder anpassen, um weiterhin gute Ergebnisse zu erzielen. Dies beinhaltet nicht nur die Unternehmensstrategie, sondern auch die passende Personalstrategie. Aber die beste Personalstrategie wird nur dann effektiv sein, wenn sie klar kommuniziert wurde und alle Beteiligten von ihrem Sinn überzeugt sind.

Das Thema *Wertschätzung* ist eine große Chance: Würde in jedem Unternehmen respektvoll und empathisch kommuniziert, könnte dies wesentlich zu einer friedlichen Gesellschaft beitragen. Wir verbringen einen großen Teil unseres Lebens im Beruf. Dabei arbeiten wir zunehmend mit Menschen aus verschiedenen Kulturen und mit vielfältigen Lebensentwürfen zusammen. Diese Diversität prägt auch die Unternehmenskultur. Sie als Personalverantwortliche können als Vorbild und Vorreiter die Personalstrategien aus einem wertschätzenden Blickwinkel gestalten und kommunizieren.

Wenn eine neue Unternehmensstrategie definiert wird, wäre es ideal, schon hier den Aspekt der Wertschätzung einzubeziehen. Vielleicht haben Sie als Personalverantwortliche sogar die Möglichkeit, die Unternehmensstrategie mitzugestalten. Darauf aufbauend entwickeln Sie die passende Personalstrategie.

Ziel der Personalstrategie ist es, Ziele und Maßnahmen zu entwickeln, die im Personalwesen erforderlich sind, um die Unternehmensziele zu erreichen.

Folgende Schritte sind dafür sinnvoll:

Schritt 1: Unternehmen und Personalsituation analysieren
Schritt 2: Veränderungsbedarf ermitteln
Schritt 3: Personalmaßnahmen entwickeln
Schritt 4: Personalstrategie vorstellen und Personalmaßnahmen entscheiden (Strategiegespräche)
Schritt 5: Maßnahmen umsetzen (Umsetzungskonzept und Mitarbeiterkommunikation)

Schritt 1 bis 3 stehen nicht im Fokus unseres Buches, weil Kommunikation unser Schwerpunkt ist. Auf Schritt 4 und Schritt 5 werden wir ausführlicher eingehen.

Ziel dieses Kapitels ist also, Ihre Personalstrategie erfolgreich vorzustellen und umzusetzen. Im Detail erfahren Sie,
- wie Sie überzeugende Entscheidungsvorlagen schreiben (Schritt 4),
- wie Sie eine erfolgreiche Präsentation gestalten – als Grundlage für Strategiegespräche (Schritt 4),
- wie Sie passende Personalmaßnahmen umsetzen (Schritt 5) und
- wie Sie die Mitarbeitenden von dem neuen Konzept überzeugen (Schritt 5).

An dieser Stelle führen wir das Fallbeispiel für das Kapitel *Personalstrategien* ein. Dabei fassen wir zunächst die Schritte 1 bis 3 zusammen. Damit schaffen wir die Grundlage für die Schritte 4 und 5, die wir anschließend detailliert erklären und an diesem Beispiel weiter veranschaulichen.

Praxisbeispiel: *Gruppenarbeit in der Endmontage einführen*
Stellen Sie sich ein Unternehmen vor, das Bauteile für Autos herstellt. Sie analysieren die Produktion und finden dabei heraus, dass in der Endmontage der Bauteile die Arbeitseffektivität gesunken ist (Schritt 1). Als Veränderungsbedarf ermitteln Sie, dass Sie die Produktivität um fünf Prozent erhöhen müssen (Schritt 2). Lösungsmöglichkeiten dafür sind: Menschen durch Maschinen ersetzen, ein Prämiensystem aufbauen oder Gruppenarbeit einführen. Sie bewerten die unterschiedlichen Lösungen und entscheiden sich dafür, Gruppenarbeit einzuführen (Schritt 3). Gruppenarbeit bedeutet, teilautonome Arbeitsgruppen mit Planungs-, Steuerungs- und Kontrollaufgaben auszustatten. Der Vorgesetzte beziehungsweise Coach setzt den Gruppen Ziele. Die Gruppen sind selbst dafür verantwortlich, diese Ziele zu organisieren und umzusetzen. So teilen sie die Arbeit untereinander auf, überlegen sich Verbesserungen und achten auf die Qualität der Arbeit. Dadurch steigern Sie die Motivation der Mitarbeitenden und nutzen ihr kreatives Potenzial – und damit steigt die Arbeitseffektivität.

5.1 Bedürfnisse der am Entscheidungsprozess Beteiligten analysieren

Steht das grobe Konzept Ihrer Personalmaßnahme, präsentieren Sie es Ihrer Vorgesetzten, legen es bei der Geschäftsführung zur Entscheidung vor und stellen es – wenn vorhanden – dem Betriebsrat vor. Dabei hilft es, wenn Sie sich auf die Bedürfnisse der jeweiligen Zielgruppe einstellen und sowohl Kommunikation als auch Präsentation auf sie anpassen. Dafür ist es sinnvoll, sich über die Verhaltensvorlieben Gedanken zu machen. Welche Farben spiegeln am besten wider, wie Ihr Gegenüber tickt (siehe Kapitel 2.2)? Und welche Ziele und Bedürfnisse haben die einzelnen Gruppen (siehe Kapitel 4)?

Vorgesetzte haben oft einen starken roten Anteil. Für sie ist es ein wichtiges Bedürfnis, dass das Konzept ein Erfolg wird und so ihre Abteilung positiv im Unternehmen gesehen wird. Wenn Sie ein Strategiegespräch mit ihr führen, sollten Sie deshalb:
- kurz das Problem darstellen,
- die Lösungsstrategien mit Vor- und Nachteilen nennen,
- die von Ihnen ausgewählte Strategie mit den ausschlaggebenden Gründen vorstellen und
- auch ehrlich die Risiken und Chancen offenlegen.

Auch **Geschäftsführerinnen** haben häufig einen starken roten Anteil – Ergebnisse und Kosten stehen für sie im Vordergrund. Sie sind meistens nur an einer Kurzfassung der Version für die Vorgesetzte interessiert. Deshalb sollte Ihre Präsentation die wichtigsten Aspekte auf den Punkt bringen: die zu lösenden Probleme mit den dazugehörigen Fakten und Kosten sowie die ausgewählte Lösungsstrategie mit ihren Vorteilen und Ergebnissen. Falls tiefergehende Rückfragen kommen, sollten Sie auf die entsprechenden Details schnell zugreifen können.

Der **Betriebsrat** hat in vielen Fällen einen dominanten grünen Anteil. Ihm liegen das Wohlergehen und die Gleichbehandlung der Mitarbeitenden sehr am Herzen. Deshalb sollten Sie den Schwerpunkt der Präsentation darauf legen:
- wie man die Mitarbeitenden unterstützen kann,
- wie die Information und die Einführung konkret ablaufen,
- wie Sie den Betriebsrat beteiligen wollen und
- warum die Veränderung wichtig ist, um Arbeitsplätze zu sichern.

Damit Sie alle Argumente strukturiert parat haben, ist es sinnvoll, zunächst eine Entscheidungsvorlage zu erarbeiten. Auf dieser Grundlage können Sie die Präsentation erstellen – zugeschnitten auf die jeweilige Zielgruppe.

5.2 Entscheidungsvorlage für eine Personalstrategie schreiben

In Kapitel 3.3 haben Sie bereits die Grundlagen kennengelernt, wie Sie Entscheidungsvorlagen verständlich und überzeugend schreiben. Wie dort versprochen, vertiefen und veranschaulichen wir jetzt diese Textsorte durch unser Beispiel *Gruppenarbeit in der Endmontage einführen*. Es soll zeigen, wie eine Entscheidungsvorlage aussehen könnte, die das Wissen über Bedürfnisse, Ziele, Struktur und Texteigenschaften berücksichtigt.

Noch einmal kurz zur Erinnerung: Eine Entscheidungsvorlage soll einen Vorgesetzten in die Lage versetzen, über ein bestimmtes Vorhaben zu entscheiden. Dazu legen Sie alle notwendigen und wichtigen Daten, Fakten und Argumente dar und bewerten sie. Auf dieser Grundlage vergleichen Sie die verschiedenen Positionen miteinander und schlagen eine Lösung vor.

Titel: Entscheidungsvorlage *Gruppenarbeit in der Endmontage einführen*

1. Aufgabe
- Ist-Situation: Die Arbeit der Endmontage ist nicht produktiv genug. Die Arbeitseffektivität liegt bei 75 Prozent.
- Grund oder Anlass für Entscheidungs- und Handlungsbedarf: Im letzten Jahr erhöhte sich die Anzahl der günstigen Anbieter aus dem asiatischen Raum von 25 auf 50 Unternehmen. Damit wir weiterhin konkurrieren können, müssen wir unsere Kosten senken.
- Darüber soll entschieden werden: Ihr Vorschlag ist, Gruppenarbeit in der Endmontage einzuführen.

2. Ziele und Rahmenbedingungen
- Ziele: Sie wollen die Arbeitsproduktivität in der Endmontage von 75 auf 80 Prozent erhöhen. Produktivität ist Output (Ergebnis) durch Input (Arbeitsstunden).
- Rahmenbedingungen: In der Endmontage arbeiten zurzeit 100 Mitarbeitende bei 35 Stunden die Woche im Einschichtsystem. 20 Mitarbeitende arbeiten in Teilzeit mit unterschiedlichen Teilzeitmodellen. Es gibt 30 Arbeitsgänge, die jede für sich nach Anweisung erledigt. Im Schnitt kann jede Mitarbeiterin 5 Arbeitsgänge ausführen, nachdem sie dafür eingearbeitet wurde. Es kann zwischen 6 und 21 Uhr gearbeitet werden.

3. Lösungsvergleich
- Lösung und Alternativen (Übersicht)
  a) Roboter einsetzen
  b) Prämiensystem entwickeln
  c) Gruppenarbeit einführen
- Lösungsvergleich anhand Bewertungskriterien (hier ohne konkrete Zahlen):

	Roboter einsetzen	Prämiensystem entwickeln	Gruppenarbeit einführen
Kosten	hohe Anschaffungskosten, Kosten für das Entlassen von Mitarbeitenden, danach reduzieren sich die Kosten	fortlaufende Prämienkosten könnten die höheren Erträge minimieren, kein großes Einsparen von Kosten	einmalige Kosten für die Einführung, danach größerer Output zum gleichen Input, also reduzieren sich die Kosten
Qualität	hohe Qualität	eventuell schlechtere Qualität, da Mitarbeitende schneller arbeiten, um mehr Output zu schaffen	hohe Qualität, da Mitarbeitende selbst entscheiden können, welchen Arbeitsgang sie gern und gut machen
Betriebsklima	schlecht aufgrund von betrieblichen Kündigungen	Konkurrenzverhalten	als Team sind die Mitarbeitenden stark und unterstützen sich gegenseitig
Mitarbeiter	Kündigungen verunsichern die Belegschaft – vielleicht gehen dann auch Gute	motiviert von den Prämien, was vielleicht aber nur kurzfristig wirkt	motiviert von der Arbeit, der Flexibilität, den Entscheidungen im Team
...	...	...	...

Tab. 34: Lösungsvergleich anhand von Bewertungskriterien

- Belege, Zahlen, Fakten, Beispiele
  An dieser Stelle müssten für unser Beispiel sehr konkrete Inhalte und Daten kommen. Dies soll nicht im Fokus dieses Unterkapitels sein. Für Sie als Hilfe ein paar Ideen, wie Sie hierfür vorgehen können:
  - die genauen Kosten gegenüberstellen
  - Beispiele aus anderen Firmen bringen
  - Erfahrungen von Referenzkunden (Firmen, die schon Roboter einsetzen)
  - Statistiken recherchieren: Andere Firmen haben Gruppenarbeit eingeführt, wie sehen ihre konkreten Ergebnisse in Zahlen aus?

4. Vorschlag
- Bevorzugte Lösung: Gruppenarbeit einführen
- Vorteile und Chancen:
  - Die Kosten für die Einführung sind gering – es müssen Mitarbeitende auf anderen Arbeitsschritten geschult werden. Eventuell müsste einiges umgebaut werden, damit für jede Gruppe alle Maschinen bereitstehen.
  - Die Motivation der Mitarbeitenden steigt – sie werden weiterentwickelt, können nach ihren Bedürfnissen eingesetzt werden und sind zeitlich flexibler.

Einige haben die Möglichkeit, durch Gruppensprecherfunktion Verantwortung zu übernehmen.
- Die Produktivität steigt – die höhere Motivation bewirkt bessere Leistungen und damit einen höheren Output.

5. Fazit
- Handlungsempfehlung: Gruppenarbeit zum TT.MM.JJJJ einführen.
- Die nächsten Schritte:
    - Konzept dem Betriebsrat vorstellen
    - Projektgruppe gründen (Implementierungsmaßnahmen entwickeln und Kommunikationskonzept schreiben)
    - Konzept den Mitarbeitenden kommunizieren
    - Konzept zum TT.MM.JJJJ einführen
    - Konzept wenn nötig anpassen

Wenn Sie eine Entscheidungsvorlage für die Geschäftsführung benötigen, können Sie eine gekürzte Version nutzen. Fragen Sie sich hierzu: Welche Informationen interessieren die Geschäftsführung und welche können Sie weglassen, da sie zu detailliert sind?

Gedankenanstoß
Sind Entscheidungsvorlagen überhaupt noch zeitgemäß? Sollten nicht die Fachleute selbst entscheiden, anstatt die Manager, die nicht so tief im Thema sind? Hier geht es viel um Vertrauen – eine der Grundhaltungen für wertschätzende Kommunikation.

Die folgenden Fragen geben Impulse dafür, die bisherige Vorgehensweise zu reflektieren und eventuell weiterzuentwickeln:
- Verfügt das Management über Informationen, die entscheidungsrelevant sind, aber den Mitarbeitenden nicht zugänglich sind? Was müsste sich ändern, damit diese die Informationen in Zukunft erhalten?
- Hat das Management einen Vorsprung an Erfahrungen? Wie könnte es die Mitarbeitenden daran teilhaben lassen, damit diese die Entscheidungen selbst treffen können?
- Geht es schlichtweg um einen Machtanspruch des Managements, selbst alle Entscheidungen treffen zu wollen? Wie könnte es dazu motiviert werden, Kontrolle abzugeben?
- Haben die Mitarbeitende Angst davor, selbst zu entscheiden? Wenn ja, woran könnte das liegen? Mangelt es an Wissen und Erfahrung? Könnten hier Weiterbildung und Coaching helfen? Oder liegt es an einer Fehlerkultur, in der Schuldige gesucht werden? Wie ließe sich wertschätzender mit Fehlern umgehen?

Die Frage, die sich hieraus stellt: Wie können Sie als Personalverantwortliche dazu beitragen, die Unternehmenskultur wertschätzender zu gestalten? Können Sie die Geschäftsleitung dafür gewinnen, ihren Fachleuten mehr zu vertrauen und sie mehr entscheiden zu lassen? Die offiziellen Entscheidungsvorlagen bräuchten Sie dann seltener. Dennoch halten wir Entscheidungsvorlagen für sinnvoll, da sie sicherstellen, dass zumindest die Verfasser selbst sich über die entscheidungsrelevanten Kernpunkte im Klaren sind.

5.3 Überzeugende Personalstrategien vorstellen

Wie kommunizieren Sie eine Personalstrategie auf wertschätzende Art und Weise? Auf Basis Ihrer Entscheidungsvorlage können Sie eine verständliche, strukturierte, ansprechende Präsentation vorbereiten. Tipps hierfür finden Sie in Kapitel 3.4. Jetzt geht es darum, die Entscheidungsträger von Ihrer Strategie zu überzeugen.

Überlegen Sie sich – auch auf Grundlage der Modelle aus Teil A: Was sind meine eigenen Emotionen und Unsicherheiten? Was sind meine Bedürfnisse in dieser Situation? Wie sind die Rahmenbedingungen? Welche Technik, welche Raumausstattung brauche ich? Wie fühle ich mich im Kreis der Entscheider? Wo vermute ich Unterstützung, wo Skepsis, Kritik oder Ablehnung? Wie ticken die Entscheider? Was sind eventuelle Schwachstellen des Konzepts und wie könnte ich auf Kritik reagieren? Was ist mein Minimal- und was mein Maximalziel?

Haben Sie diese Fragen geklärt, überlegen Sie sich, welche Mitglieder Ihres inneren Teams im Vordergrund stehen sollte (siehe Kapitel 2.5). Wahrscheinlich werden Sie eher die selbstbewussten, redegewandten und überzeugenden inneren Teammitglieder brauchen. Sind Sie sich dieser bewusst, fragen Sie sich: Wie kann ich dafür sorgen, dass sich diese inneren Teammitglieder wohlfühlen? Das hat viel mit eigener Wertschätzung zu tun. Sie könnten beispielsweise:
- die passende Lieblingskleidung anziehen,
- vorher noch einmal zum Friseur gehen,
- den Lieblingsstift mitnehmen,
- für die Grundbedürfnisse sorgen (Schlaf, Essen, Trinken),
- sich wenn möglich kurz im Raum einrichten oder
- vorher um Hilfe für die Raumtechnik bitten.

Damit Sie sich gut vorbereiten können, helfen Ihnen folgende Fragen. Sie finden diese Fragen als Arbeitshilfe in Form einer Checkliste zum Ausdrucken und Ausfüllen auf *myBook+*.

Fragen	Notizen	erledigt
Meine innere Verfassung: • Was sind meine Emotionen? • Was sind meine Unsicherheiten? • Was sind meine Bedürfnisse?		☐ ☐ ☐
Inneres Team: • Wer muss vorne stehen? • Wer bleibt im Hintergrund? • Was kann ich tun, damit sich alle meine inneren Teammitglieder wohlfühlen?		☐ ☐ ☐
Äußere Erscheinung: • In welcher Kleidung fühle ich mich wohl? Was ist passend? • Was brauche ich noch, um mich wohlzufühlen?		☐ ☐
Rahmenbedingungen: • Wie sind Ausstattung und Bedingungen im Raum? • Bin ich sicher mit der Technik?		☐ ☐
Entscheider: • Wie fühle ich mich im Kreis der Entscheider? • Wie ticken die Entscheider? • Wer unterstützt, kritisiert oder lehnt ab?		☐ ☐ ☐
Strategie: • Was sind Schwachstellen? • Wie könnte ich auf Kritik reagieren? • Was ist mein Minimal- und Maximalziel?		☐ ☐ ☐

Tab. 35: Checkliste: Sich auf eine Präsentation vorbereiten

Wenn Sie die Präsentation dann halten, haben wir noch folgende Tipps für wertschätzende Kommunikation:
- Seien Sie sich im Klaren darüber, dass Sie schon beim Eintreten in den Raum den wichtigen ersten Eindruck hinterlassen (Kleidung, Gepflegtheit, Körperhaltung, Mimik, Gestik, Stimme, Geruch …).
- Nehmen Sie einen freundlichen und offenen Blickkontakt auf.
- Stellen Sie sich auf die einzelnen Teilnehmenden ein. Was braucht jeder von ihnen, um sich zu entscheiden?
- Informieren Sie vorher darüber, ob man zwischendurch oder am Ende Fragen stellen kann.
- Bei Einwänden oder Kritik:
  - Nehmen Sie es nicht als persönlichen Angriff.
  - Hören Sie zu und versuchen Sie, zu verstehen.
  - Versetzen Sie sich in die Perspektive des anderen mit dessen Interessen und Bedürfnissen.

- Drücken Sie aus, was davon Sie verstehen.
- Erkennen Sie das an, was zutrifft. Sagen Sie: »Ja, das verstehe ich.« oder »Ja, damit haben Sie recht.«
- Fragen Sie bei pauschalen Äußerungen konkret nach.
- Gehen Sie kurz und sachlich auf Bedenken ein – argumentieren Sie. Sagen Sie dabei statt »nein« oder »aber«: »Ja. Gleichzeitig sehe ich ...« oder »Genau! Und gleichzeitig ist dabei wichtig, ...«
- Nutzen Sie die gewaltfreie Kommunikation.
- Greifen Sie bei ausufernden Diskussionen moderierend ein.
- Verlegen Sie bestimmte strittige Themen (andere Konstellation, unter vier Augen, späterer Zeitpunkt ...).
- Bedanken Sie sich für die Anregung.
- Haben Sie immer Ihr Minimal- und Maximalziel vor Augen.
- Schließen Sie die Präsentation erst dann ab, wenn Sie das Ziel erreicht haben oder stimmen Sie einen Aktionsplan ab (Wie gehen wir weiter vor?).

5.4 Personalstrategie umsetzen und Mitarbeitende beteiligen

Ist über die Personalstrategie entschieden worden, entwickeln Sie den Implementierungsplan: Wie wollen Sie die Strategie im Unternehmen umsetzen? Hierbei ist entscheidend, die Mitarbeitenden mitzunehmen und wo möglich einzubeziehen. Dies gelingt, wenn Sie ihre Ängste und Bedürfnisse proaktiv ansprechen und passende Lösungen finden. Dadurch merken sie, dass sie nicht nur Arbeitsressource sind, und fühlen sich als Ganzes wertgeschätzt.

Zum Beispiel könnten Sie Workshops mit unterschiedlichen Mitarbeitenden durchführen, um die Ängste und Bedürfnisse zu erfragen und hilfreiche Maßnahmen zu entwickeln. So beziehen Sie die Mitarbeitenden frühzeitig in den Prozess ein. Fragen und Sorgen können Sie auf diese Weise schnell ausräumen.

Sie könnten zum Beispiel fragen, wer aus der Endmontage an einem solchen Workshop teilnehmen möchte. Ideal wäre, wenn alle freiwillig dabei sind und wenn jede Altersgruppe und verschiedene Persönlichkeiten vertreten sind. Besonders die eher kritischen Mitarbeitenden sollten Sie für den Workshop gewinnen. Im Workshop stellen Sie die Strategie vor und fragen in kleinen Gruppen: Wie geht es Ihnen, nachdem Sie unsere Pläne gehört haben (Gefühle)? Was gefällt Ihnen? Was finden Sie nicht gut? Was bräuchten Sie stattdessen (Bedürfnisse)? Haben Sie diese Informationen gesammelt, konzentrieren Sie sich auf eine kleine Auswahl von Themen, für die in Kleingruppen Lösungsvorschläge entwickelt werden.

Wichtig wäre, diese Gruppe immer wieder zu aktivieren und auch in den weiteren Prozess einzubeziehen. So bekommen Sie auf der einen Seite Fürsprecher, die sich zunehmend mit Ihrer Strategie identifizieren und diese den Kollegen erklären. Auf der anderen Seite erreicht Sie schnell Feedback aus der Abteilung und Sie gewinnen Einblick in die Stimmung. Beidseitiges Vertrauen und gegenseitige Wertschätzung können wachsen. Ein Tipp: Merken Sie sich die Namen der Teilnehmenden, damit Sie diese persönlich ansprechen können.

Wenn ein Workshop nicht möglich ist, seien Sie empathisch und versetzen Sie sich mithilfe des *DISG-Persönlichkeitsmodells* strukturiert in die einzelnen Persönlichkeiten. Überlegen Sie: Wer ist beteiligt? Welche dominanten Farben haben die Beteiligten? Was ist für sie wichtig? Was darf aus ihrer Sicht ganz und gar nicht passieren? Wenn keine klare Farbe heraussticht, sorgen Sie dafür, dass für jede Farbe etwas Gutes dabei ist: Wie kann ich *Rot, Gelb, Grün, Blau* zufriedenstellen und motivieren?

Denken Sie dabei auch an den *Eisberg*: Was könnte unterhalb der Wasseroberfläche sein? Welche Bedürfnisse und Ängste haben diese Personen vermutlich? Wenn Sie sich sehr bewusst empathisch in deren Perspektive begeben, können Sie etwas über ihre Wünsche oder Sorgen herausfinden. Welche Emotionen würde eine Veränderung auslösen?

Zum Veranschaulichen greifen wir das Beispiel *Einführung von Gruppenarbeit* wieder auf. Die Fakten stehen, Sie haben eine Entscheidungsvorlage präsentiert und konnten den Vorstand überzeugen. Jetzt geht es darum, konkrete Personalmaßnahmen zu entwickeln und die Mitarbeitenden dafür zu gewinnen. Je passender die Maßnahmen sind, desto besser stehen die Mitarbeitenden dahinter und tragen die Veränderungen mit.

Damit Sie die passenden Maßnahmen finden, machen Sie sich im **ersten Schritt** Gedanken über die Bedürfnisse und die Ängste der vier Farben. Dabei können Ihnen die folgenden Aspekte helfen:

Bedürfnisse:	Ängste:	Bedürfnisse:	Ängste:
• strukturierte Prozesse • hohe Qualität der Arbeit • Details und Genauigkeit	• Werden die Prozesse funktionieren? • Werde ich genügend Einarbeitungszeit haben? • Werde ich die neuen Aufgaben bewältigen?	• herausfordernde Aufgaben • Verantwortung übernehmen • von der Geschäftsführung gesehen werden	• Bekomme ich eine sichtbare, interessante Aufgabe? • Kann ich mich beweisen? • Bin ich besser als die Konkurrenz?

Bedürfnisse:	Ängste:	Bedürfnisse:	Ängste:
• Sicherheit des Arbeitsplatzes • gute Kollegen • entspannte Atmosphäre • Routineaufgaben	• Werde ich die neuen Aufgaben bewältigen? • Wo werde ich sitzen? • Arbeite ich mit meinen alten Kollegen zusammen?	• Kommunikation mit anderen • abwechslungsreiche Arbeit • neue Dinge ausprobieren	• Gibt es Möglichkeiten der Interaktion? • Behalte ich meinen Chef? • Werden die Arbeitsgänge nicht langweilig?

Tab. 36: Bedürfnisse und Ängste der vier verschiedenen Persönlichkeiten

Im **zweiten Schritt** überlegen Sie, wie Sie die Ängste beruhigen und wie Sie die Bedürfnisse eventuell berücksichtigen können. Welche Maßnahmen können Sie einführen, damit die Mitarbeitenden der Veränderung positiv entgegensehen und nicht dagegen angehen? Schaffen Sie es nicht, die Mitarbeitenden mitzunehmen und zu überzeugen, wird die neue Personalstrategie weniger erfolgreich. Erfahrungsgemäß erzielen 70 Prozent von Veränderungsprozessen nicht die gewünschten Ergebnisse – und zwar aufgrund von mangelnder Kommunikation. Deshalb ist es wichtig, dass wir als Personalverantwortliche die Mitarbeitenden ins Boot holen und dazu motivieren, die Veränderungen aktiv mitzugestalten.

Beim Konzept *Einführung von Gruppenarbeit* könnten Sie folgende Maßnahmen überlegen:

Blau:
- die neuen Prozesse dokumentieren
- für den Personaleinsatz zusätzliche Zeiten zur Einarbeitung einplanen
- Fragerunden einführen
- Checklisten zur Verfügung stellen

Rot:
- die Funktion eines Gruppensprechers einrichten (jeweils für ein Jahr)
- den Gruppensprecherinnen konkrete Erwartungen mitteilen
- Feedbackgespräche mit der Bereichsleitung organisieren
- Ziele für die Gruppe klar definieren

Gelb:
- Teilnahme an Gruppengesprächen ermöglichen
- Möglichkeit bieten, viele Aufgaben zu erlernen
- Mitarbeitende flexibel einsetzen
- Mitarbeitende können selbst bestimmen, welchen Arbeitsschritt sie übernehmen

Grün:
- Mitarbeitende können sich wünschen, in welcher Gruppe sie mit wem zusammenarbeiten wollen

- ein extra Lernzentrum gründen, in dem Mitarbeitende neue Arbeitsschritte gemeinsam und angeleitet lernen können
- Mitarbeitende müssen nur mindestens drei Arbeitsgänge erlernen
- Mitarbeitende können eine Aufgabe nach der anderen erlernen

Aufgrund der Ängste und Bedürfnisse haben Sie auf diese Art und Weise passende Personalmaßnahmen entwickelt.

Mitarbeitende überzeugen
Haben Sie die Personalstrategie und die konkreten Personalmaßnahmen bestimmt, erklären Sie diese den Vorgesetzten und den betroffenen Mitarbeitenden. Überlegen Sie, wie Ihr *inneres Team* aufgestellt sein muss. Welche Faktoren aus dem Nachrichtenquadrat müssen berücksichtigt werden? Um Ihre kurze Rede vorzubereiten, denken Sie an die Farben des *DISG-Persönlichkeitsmodells*: Wie kann ich die einzelnen Mitarbeitenden überzeugen und ins Boot holen? Wie muss ich kommunizieren? Was würde sie motivieren, die Veränderung mitzutragen?

Nutzen Sie auch hier wieder die *vier Verständlichmacher*: Überlegen Sie sich eine Struktur und einen roten Faden. Sprechen Sie in eher kurzen Sätzen und benutzen Sie nur Wörter, die Ihre Zuhörer kennen. Vermitteln Sie das Wesentliche, kommen Sie auf den Punkt. Wecken und halten Sie das Interesse – zum Beispiel durch eine aktive, lebendige Sprache, Interaktion, Humor und Storytelling.

Wir kommen nun erneut auf unser Beispiel *Gruppenarbeit einführen* zurück. Dazu greifen wir die Tipps aus der Tabelle *Wertschätzend kommunizieren mit den vier Persönlichkeiten* auf (siehe Kapitel 2.2).

Liebe Mitarbeiterinnen und Mitarbeiter,
wie wir euch am 14. Oktober mitgeteilt haben, führen wir zum 1. Januar in eurer Abteilung Gruppenarbeit ein. Wir wollen damit diesen Standort und damit eure Arbeitsplätze sichern.
Im November hat sich die Arbeitsgruppe dreimal getroffen. Hier noch einmal ein herzliches Dankeschön für eure aktive Mitarbeit und Unterstützung, Franziska, Max, Ursula, Amelie, Luis, Selina, Younes, Ardi, Polina und Lauritz! Ohne euch wäre das Konzept nur halb so gut geworden, denn ihr habt euch mit vielen Ideen eingebracht. Selina, erzählst du kurz, wie so ein Workshop abgelaufen ist? *[Falls Sie Mitarbeitende aus der Arbeitsgruppe bei der Versammlung auffordern wollen, etwas beizutragen, sprechen Sie dies vorher mit ihnen ab.]*
Was ist eigentlich Gruppenarbeit? Ihr arbeitet jeweils zu zehnt in einer Gruppe. Herr Wenninger wird die Gruppen einteilen. Ihr könnt euch jeweils zwei Kollegen wünschen, mit denen ihr in einer Gruppe sein möchtet. Eure Gruppe bekommt Ziele, was ihr genau bis wann produzieren sollt. Ihr könnt dann

selbstständig entscheiden, wer was macht. Ihr werdet Gleitzeit von 6 bis 18 Uhr haben. Das heißt, ihr könnt euch mit den Arbeitszeiten absprechen. Pro Woche arbeitet ihr weiterhin 38 Stunden. Die Wochenenden bleiben frei.

Natürlich werdet ihr sehr gut vorbereitet werden. Alle Prozesse sind genau aufgeschrieben und es gibt hilfreiche Checklisten. Jeder von euch muss mindestens drei Arbeitsschritte können und darf höchstens zehn Arbeitsschritte erlernen. Im Lernzentrum in Raum 102 wird Hans euch alle neuen Arbeitsschritte zeigen und mit euch üben. Dafür sind in den ersten vier Wochen pro Person 20 Stunden eingeplant, danach 5 Stunden pro Woche.

Es wird außerdem jede Woche ein Gruppengespräch geben, in dem ihr Fragen und Probleme klären könnt. Der Gruppensprecher gibt die Themen für euch an Herrn Wenninger weiter. Zusätzlich hat der Gruppensprecher die Möglichkeit, einmal im Monat mit der Bereichsleiterin Frau Gräf zu sprechen.

Gibt es Fragen? – Ein Zeitplan, wann was passieren wird, hängt am Schwarzen Brett. Ihr könnt mich, Herrn Wenninger oder eure Kollegen aus der Arbeitsgruppe sonst auch gern später ansprechen.

Ich freue mich, mit euch diesen Schritt in die Zukunft zu gehen. Die Anfangszeit wird vielleicht manchmal nicht ganz so einfach sein. Langfristig werden wir jedoch den Erfolg sehen. Ich wünsche uns, dass wir in einem Jahr wieder zusammenkommen und zufrieden mit der Gruppenarbeit sind.

5.5 Kapitel 5 auf den Punkt gebracht

In diesem Kapitel haben wir gezeigt, wie Sie Personalstrategien überzeugend kommunizieren und umsetzen können – mit dem Anspruch, wertschätzend dabei vorzugehen. Anhand unseres Beispiels *Gruppenarbeit in der Endmontage einführen* haben wir Ihnen mit diesem Fokus genau gezeigt: So können Sie die entwickelte Personalstrategie vorstellen und argumentieren, so finden Sie die passenden Personalmaßnahmen und so setzen Sie diese um.

Immer im Blick hatten wir dabei die Emotionen, Interessen, Bedürfnisse und Verhaltensvorlieben der Beteiligten. Sie konnten sehen, wie Sie vor allem das *DISG-Persönlichkeitsmodell*, das *Eisbergmodell*, die *Verständlichmacher* und das *innere Team* dafür nutzen können, Ihre Strategie und die konkreten Maßnahmen vorzustellen, zu argumentieren und erfolgreich zu implementieren.

Im nächsten Kapitel geht es um die aktuell und zukünftig äußerst wichtige Frage: Wie gewinne ich neue Mitarbeitende, die optimal zur Position, zum Unternehmen und in das Team passen?

6 In der Personalbeschaffung wertschätzend kommunizieren

In den heutigen Zeiten des Fachkräftemangels ist das Thema *Personalbeschaffung* für sehr viele Personalverantwortliche wichtig. Durch den machtvollen Arbeitnehmermarkt ist unserer Ansicht nach ein wertschätzender Prozess umso wichtiger. Nur wenn Sie die benötigten Bewerber maßgeschneidert suchen, finden Sie wirklich geeignetes Personal. Neue Mitarbeitende, die gut und ihrem Naturell entsprechend empfangen und behandelt werden, entfalten ihr Potenzial, sind zufrieden, arbeiten produktiv und bleiben ihren Unternehmen treu.

Mit der *künstlichen Intelligenz (KI)* verändert sich der Bewerbungsprozess rasant. Nicht nur Bewerber nutzen KI-Werkzeuge wie ChatGTP, um Anschreiben, Lebensläufe oder sogar Projektkonzepte erstellen zu lassen. Auch Unternehmen setzen zunehmend KI ein, um Kandidatinnen für eine offene Stelle zeit- und kostensparend auszuwählen. Das geht inzwischen so weit, dass KI die Persönlichkeit von Bewerbern automatisiert untersucht und bewertet. Sogar Vorstellungsgespräche und Stimmanalysen lassen sich von einer künstlichen Intelligenz automatisiert durchführen und auswerten.

Aus unserer Sicht kann KI die Personalbeschaffung zwar unterstützen, aber den Menschen nicht ersetzen. Das hauptsächliche Problem – vor allem aus einer wertschätzenden Perspektive heraus: Durch verzerrte Algorithmen kann es zu unfairen oder diskriminierenden Entscheidungen kommen. KI ist außerdem nur äußerst eingeschränkt in der Lage dazu, menschliche Qualitäten und Potenziale zu erfassen und zu bewerten. Und auf diese kommt es uns ganz besonders an.

In diesem Kapitel wird es deshalb sehr viel um Respekt und Empathie gehen. Wenn Sie aktuell oder in Zukunft offene Stellen besetzen müssen, erhalten Sie in diesem Kapitel eine Vielfalt an Impulsen für wertschätzendes Recruiting.

Der Nutzen für Sie:
- Durch ein persönlichkeitsorientiertes Anforderungsprofil und eine dazu passende Stellenanzeige sprechen Sie sehr gezielt die richtigen Bewerberinnen an.
- Dadurch erhalten Sie vielleicht weniger, aber dafür die passenden Bewerbungen.
- Indem Sie mit den Bewerbern wertschätzend korrespondieren, wird Ihr Unternehmen der Verantwortung gerecht, diese respektvoll zu behandeln.
- Durch gezielte Fragen im Vorstellungsgespräch erhöhen Sie die Wahrscheinlichkeit, die richtige Person auszuwählen.
- Sie erhalten Tipps, wie Sie im aktuell umkämpften Arbeitsmarkt Ihr Unternehmen als Arbeitgeber so präsentieren, dass es zu den Bedürfnissen des Bewerbers passt.

- Sie können rechtssichere Arbeitsverträge strukturiert, verständlich und wertschätzend formulieren, sodass die Bewerber sie verstehen und mit einem guten Gefühl unterschreiben können.
- Für das Onboarding bekommen Sie nützliches Werkzeug an die Hand, um neue Mitarbeitende willkommen zu heißen und sie zügig ins Unternehmen zu integrieren. So bleiben sie und können schnell produktiv sein.

Wir werden Sie durch folgenden Prozess begleiten:

6.1 Ganzheitliches Anforderungsprofil entwickeln

Viele Unternehmen besetzen offene Stellen anhand des schon vorhandenen Profils. Der Nachteil: So vertun sie die Chance, sich neu aufzustellen und die für die zukünftige Arbeit wichtigen Kompetenzen vollständig abzudecken.

Strategische Vorgehensweise

Um eine ganzheitliche Analyse der Kompetenzen vorzunehmen, ist die folgende zukunftsorientierte Vorgehensweise von Vorteil:

Zuerst analysieren Sie die Aufgaben und die vorhandenen Kompetenzen: Wie ist das jetzige Team aufgestellt? Wer erledigt welche Aufgaben? Wer hat welche Stärken und welche Entwicklungsbereiche?

Dann überlegen Sie: Welche Unternehmensziele und welche Unternehmensstrategien hat das Unternehmen? Und welche Aufgaben muss das zukünftige Team erfüllen? Welche Kompetenzen braucht es, um den neuen Anforderungen gerecht zu werden?

Anschließend vergleichen Sie in der Lückenanalyse: Inwieweit passt der Status quo zum Bedarf in der Zukunft? Welche Aufgaben und Kompetenzen kann das jetzige Team nicht abdecken? Müssen eventuell Aufgaben neu verteilt werden, um Mitarbeitende zu fördern?

Dann entwickeln Sie die neue Stellenbeschreibung: Welche Aufgaben sollte sie beinhalten? Für welche Aufgaben ist die Mitarbeiterin allein verantwortlich? Mit welchen Aufgaben unterstützt sie andere? Denn die Kompetenzen unterscheiden sich deutlich, je nachdem ob sie für etwas verantwortlich ist oder sie nur zuarbeitet. Trägt sie Verantwortung, sollte sie entscheidungsfreudig sein und ihre Entscheidung selbstbewusst vertreten. Arbeitet sie zu, sollte sie zuverlässig sein und Richtlinien akzeptieren.

Zum Schluss formulieren Sie das Anforderungsprofil: Welche Kompetenzen sollte der Bewerber mitbringen? Welche davon setzen Sie voraus und welche wären wünschenswert? Hierbei ist es wichtig, möglichst konkret zu sein. Schreibt man zum Beispiel nur »guter Kommunikator«, wird nicht deutlich: Soll er zum Beispiel auf unterschiedlichen Hierarchie-Ebenen kommunizieren? Soll er mit internationalen Kollegen oder Geschäftspartnern umgehen können? Soll er nur intern oder auch extern kommunizieren? Muss er überzeugend argumentieren können? Wie wichtig ist es, dass er wertschätzend mit Kunden kommunizieren kann?

Je differenzierter das Anforderungsprofil ist, desto zielorientierter können die darauffolgenden Maßnahmen der Personalbeschaffung gelingen.

Ganzheitliche Analyse der Kompetenzen für das Anforderungsprofil

In den meisten Unternehmen stehen die fachlichen Kompetenzen im Rahmen des Anforderungsprofils deutlich im Vordergrund. Wir jedoch sind davon überzeugt, dass wir den Menschen in seiner Ganzheit sehen sollten, um die richtige Person für die zu besetzende Stelle auszuwählen.

Die folgenden drei Aspekte helfen Ihnen dabei, die Kompetenzen strukturiert, umfassend und tiefgehend zu analysieren:
1. **die fachlichen Kompetenzen (das *Was*)**
2. **die Verhaltensvorlieben (das *Wie*)**
3. **die Motivatoren (das *Warum*)**

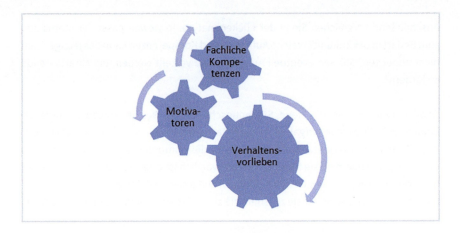

Fachliche Kompetenz allein reicht nicht aus, um erfolgreich zu arbeiten. Wie sich ein Mitarbeiter verhält und was ihn motiviert, spielt auch eine sehr große Rolle, damit der Mitarbeiter sein Fachwissen bestmöglich umsetzen kann.

Technisches oder fachliches Wissen lässt sich erlernen. Verhaltensvorlieben und Motivatoren sind jedoch tief in der Persönlichkeit verankert und beeinflussen das Handeln maßgeblich. So sollte zum Beispiel eine Mitarbeiterin, die häufig allein Entscheidungen treffen muss, entscheidungsfreudig sein, gern Verantwortung übernehmen und überzeugend kommunizieren können. Außerdem sollte sie die Möglichkeit motivieren, ihre Arbeit zu gestalten und Dinge zu bewegen.

Vor diesem Hintergrund legen wir unseren Schwerpunkt in diesem Buch auf die beiden Aspekte *Verhaltensvorlieben* und *Motivatoren*.

Kommen wir jetzt zu den drei Aspekten im Detail:

1. Fachliche Kompetenzen (das Was)
Die fachlichen Kompetenzen erfahren Sie im Gespräch mit dem fachlichen Vorgesetzten. Er weiß am besten, welche fachlichen Fähigkeiten im Team fehlen und für die Abteilung wichtig sind. Hierzu gehören Ausbildung, spezielle Fortbildungen, angeeignetes Wissen und erlernte Fertigkeiten.

2. Verhaltensvorlieben (das Wie)
Aber wird eine fachlich geeignete Kandidatin als neue Mitarbeiterin dieses Wissen auch weitergeben und gezielt zum Unternehmenserfolg beitragen? Das wird sie, wenn sie Aufgaben erfüllen kann, die zu ihrem Verhalten passen.

Denken Sie sich in die Aufgaben der Position hinein. Fragen Sie sich: Wie muss die Person gestrickt sein, um diese Aufgaben zu bewältigen? Zwar kann jeder jeden Job ausüben, wenn er entsprechend eingearbeitet wird. Aber es ist sehr viel kräftezehrender, Aufgaben zu erfüllen, die nicht dem eigenen Naturell entsprechen.

Hierfür können Sie das *DISG-Persönlichkeitsmodell* anwenden, das wir Ihnen in Kapitel 2.2 vorgestellt haben. Schauen Sie sich dazu die Stellenbeschreibung an. Versuchen Sie, die zu leistenden Aufgaben in die vier Farben einzuordnen. Abbildung 19 macht deutlich, welche Aufgaben für welche Farben leichter zu leisten sind:

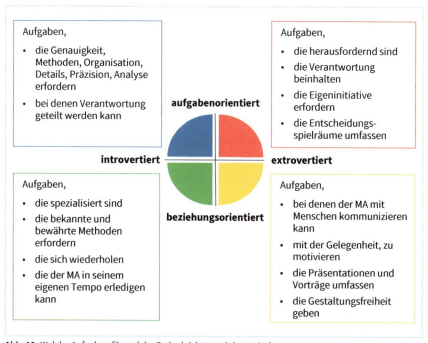

Abb. 19: Welche Aufgaben für welche Farbe leichter zu leisten sind

Anhand dieser Grafik können Sie jetzt die Aufgaben einordnen und erkennen, welche Farben wichtig und welche weniger wichtig für die offene Position sind. Nutzen Sie hierfür gern die vorbereitete Matrix in unseren Arbeitshilfen auf *myBook+*.

Danach können Sie gezielt überlegen: Welche Kompetenzen werden für diese Aufgaben gebraucht? Welche Kompetenzen sind besonders in Stresssituationen von Vorteil? In Abbildung 20 finden Sie einige Beispiele für Kompetenzen der jeweiligen Farbe.

Abb. 20: Beispiele für die Kompetenzen jeder Farbe

In Kapitel 2.2 finden Sie hierzu eine ausführliche Tabelle, anhand der sie die Kompetenzen für die offene Stelle differenziert auswählen und erkennen können, zu welcher Farbe sie jeweils gehören. Nutzen Sie hierfür gern die dafür vorbereitete Matrix in den Arbeitshilfen auf *myBook+*.

Jetzt wissen Sie, welche Farben für die Stelle besonders wichtig und hilfreich sind, und Sie können das konkrete Anforderungsprofil schreiben. Dabei sollten Sie bedenken, dass jeder Mensch alle Farben in sich trägt, jedoch einige Farben stärker ausgeprägt sind. Stimmen die Aufgaben eines Mitarbeiters mit seinen dominanten Merkmalen überein, befindet er sich im Flow – und kann dem Unternehmen sein ganzes Potenzial zur Verfügung stellen.

Zwei Beispiele sollen Ihnen veranschaulichen, wie Sie das Modell anwenden können, um das *Wie*, also die Verhaltensvorlieben herauszufinden:

Konkretes Stellenprofil an zwei Beispielen
Stellen Sie sich folgenden Hintergrund vor: Sie sind Personalverantwortliche in einem wachsenden Berliner Unternehmen, das hochwertige ökologische Jeans mit modisch angesagten Schnitten produziert und in ausgewählten Läden vertreibt. Die Baumwolle ist ausschließlich aus zertifiziertem Anbau und auch alle weiteren Materialien werden nachhaltig hergestellt. Sie halten sich an das Lieferkettengesetz und tragen so dazu bei, dass Ihre Lieferanten die Menschenrechte einhalten. Zielgruppe sind modeinteressierte Etablierte mit ökologischem und sozialem Bewusstsein.

Sie suchen eine **Außendienstmitarbeiterin**. Sie wird die Aufgaben haben, selbst neue Kunden zu akquirieren, Kundenbeziehungen zu pflegen, Kunden zu unterschiedlichen Produkten und Dienstleistungen zu beraten sowie Verträge abzuschließen und Aufträge zu generieren. Das sind einerseits sehr *rote* Aufgaben, denn sie beinhalten es, Herausforderungen zu meistern, Verantwortung zu übernehmen, Eigeninitiative zu zeigen und Entscheidungen selbstständig zu treffen. Andererseits sind es auch *gelbe* Aufgaben, denn die Außendienstmitarbeiterin hat mit Menschen zu tun, muss viel kommunizieren und die Kunden zum Kauf ihrer Produkte motivieren. *Blaue* Aufgaben sind wenig vertreten – sie muss ihre Kundenbesuche planen. Ihre *grüne* Aufgabe ist die Kundenpflege.

Darüber hinaus suchen Sie auch einen **Buchhalter**. Dieser wird dafür zuständig sein, laufende Geschäftsvorfälle zu prüfen, zu kontieren, zu verbuchen. Darüber hinaus soll er seinen Vorgesetzten dabei unterstützen, die Steuererklärung vorzubereiten. Primär sind das *blaue* Aufgaben – denn sie verlangen organisiertes, methodisches, genaues und analytisches Arbeiten. Sekundär sind es aber auch *grüne* Aufgaben – es geht um sich wiederholende Prozesse, die verlässlich ausgeführt werden müssen. Im Team der Buchhaltung helfen sich die Mitarbeiter je nach Arbeitsaufkommen und arbeiten Hand in Hand. *Rote* und *gelbe* Aufgabe stehen bei dieser Position im Hintergrund.

Konkretes Anforderungsprofil an den zwei Beispielen
Der Alltag einer **Außendienstmitarbeiterin** besteht darin, auf Kunden zuzugehen. Deshalb sollte sie eher extrovertiert sein. Außerdem sollte sie beziehungsorientiert sein, weil sie die Kunden langfristig an das Unternehmen binden sollte. Gleichzeitig sollte sie aufgabenorientiert sein, da sie Verträge abschließen muss. So ergeben sich als die dominanten Farben *Rot* (extrovertiert und aufgabenorientiert) und *Gelb* (extrovertiert und beziehungsorientiert).

Neben ihren fachlichen Kompetenzen sollte eine Außendienstmitarbeiterin auch Folgendes können:
- wirksam kommunizieren *(gelb)*,
- gut überzeugen *(gelb)*,
- Konflikte lösen *(gelb)*,
- flexibel sein *(gelb)*,
- Probleme kreativ lösen *(gelb)*,
- sich leicht entscheiden *(rot)*,
- Ergebnisse erzielen *(rot)*,
- Beziehungen aufbauen und pflegen *(grün)*,
- die eigene Arbeit organisieren *(blau)*.

Ihre Außendienstmitarbeiterin sollte also *Gelb* und *Rot* als dominante Farben vorweisen. Aber sie braucht auch einen Teil *Grün* und *Blau*. Dieses Beispiel verdeutlicht hervorragend, dass wir alle Farben brauchen, nur in unterschiedlicher Ausprägung.

Ein **Buchhalter** dagegen sollte zum einen introvertiert sein, da er sich genau auf Details konzentrieren und in seiner Arbeit sehr fokussiert bleiben muss. Seine Arbeit fällt ihm wahrscheinlich leichter, wenn er grundsätzlich aufgabenorientiert ist. Also sollte er Freude daran haben, Routineaufgaben in hoher Qualität und Quantität zu erledigen. Regeln geben ihm Sicherheit und strukturieren seine Arbeitsabläufe.

Zum anderen sollte er beziehungsorientiert sein: Er sollte hilfsbereit sein und dazu beitragen wollen, dass sich die Arbeitslast gleichmäßig auf die Teammitglieder verteilt. Sein Wissen sollte er bereitwillig mit seinen Kollegen teilen. Für unseren Buchhalter ergeben sich damit als dominante Farben *Blau* (introvertiert und aufgabenorientiert) und *Grün* (introvertiert und beziehungsorientiert).

Neben seinen fachlichen Kompetenzen sollte ein Buchhalter auch Folgendes können:
- analytisch denken *(blau)*,
- genau arbeiten *(blau)*,
- verlässlich sein *(blau)*,
- gut planen und organisieren *(blau)*,
- hilfsbereit sein *(grün)*,
- unterstützen *(grün)*,
- freundlich sein *(grün)*.

So sollte ein Buchhalter – was seine speziellen Kompetenzen angeht – *Blau* und *Grün* als dominante Farben aufweisen.

Aus der Erfahrung wissen wir, dass das Angebot die Nachfrage häufig übersteigt. Wir erhalten nicht immer Bewerberinnen, die alle Anforderungen abdecken. Deshalb ist es sinnvoll, die Liste der Kompetenzen zu bewerten: Welche Kompetenzen sind unbedingt notwendig und welche Kompetenzen wären wünschenswert? Dann können Sie jeweils noch nach Wichtigkeit sortieren. Bei der Vorauswahl der Bewerberinnen können Sie sich dann auf die wesentlichen Kompetenzen konzentrieren.

Hat die Bewerberin nun das Wissen und passt ihr bevorzugtes Verhalten zu der Position, sollte sie auch motiviert sein, sich für ihre Aufgaben im Unternehmen einzusetzen.

3. Motivatoren (das *Warum*)

Motivation kommt von *movere*, bewegen. Motivatoren sind die Beweggründe, warum wir in einer bestimmten Art und Weise handeln. Meistens verhalten wir uns so, dass unsere eigenen Bedürfnisse erfüllt werden.

Nach Eduard Spranger (1914/1921) lassen sich Motivatoren in sechs Bereiche teilen: in den theoretischen, ökonomischen, ästhetischen, sozialen, individualistischen und traditionellen Motivator. Meistens beeinflussen zwei bis drei Motivatoren das eigene Verhalten. Bei den anderen Aspekten liegt man in der Mitte, deshalb sind diese Motivatoren gleichgültig. Die folgende Tabelle zeigt, wie der jeweilige Motivator im wenig oder stark ausgeprägten Status sichtbar ist:

Wenig ausgeprägt	Motivator	Stark ausgeprägt
instinktiv	theoretischer Motivator	intellektuell
idealistisch	ökonomischer Motivator	effizienzgetrieben
objektiv	ästhetischer Motivator	harmonisch
eigennützig	sozialer Motivator	altruistisch
kooperativ	individualistischer Motivator	machtorientiert
aufgeschlossen	traditioneller Motivator	prinzipientreu

Tab. 37: Sechs Bereiche der Motivatoren nach Eduard Spranger

Überlegen Sie sich also, was die Bewerberin motivieren müsste. Sollte sie eher pragmatisch vorgehen oder interessiert es sie, sich viel neues Wissen anzueignen? Soll der ideelle Wert für sie im Vordergrund stehen oder sollte sie kostenbewusst höchste Effizienz erreichen wollen? Ist ihr eine funktionale Umgebung wichtig oder braucht sie ein schönes Umfeld, um produktiv zu arbeiten? Reicht es, wenn sie nur hilft, wenn sie einen eigenen Nutzen davon hat, oder sollte sie einen starken Wunsch haben, anderen zu helfen? Sollte sie Ziele gemeinsam mit anderen erreichen wollen, oder sollte sie gern Verantwortung übernehmen und eigenständig etwas bewegen wollen? Sollte sie offen sein für neue Ideen und Methoden, oder sollte sie bewährte Vorgehensweisen anwenden?

Zurück zu unseren Beispielen:
Die provisionsabhängige **Außendienstmitarbeiterin** sollte persönlichen Erfolg anstreben, damit sie auch für das Unternehmen einen möglichst großen Gewinn erzielt. Wenn sie individualistisch motiviert ist, wird die Mitarbeiterin Gewinnerstrategien entwickeln wollen. Es ist nützlich, dass sie aufgeschlossen ist, um flexibel die richtige Lösung für den Kunden, ihr Unternehmen und sich selbst zu finden. Dadurch kann sie dazu beitragen, langfristige Kundenbeziehungen aufzubauen und zu pflegen. Sie sollte außerdem ästhetisch motiviert sein, damit sie sich mit den sehr hochwertigen und hippen Jeans identifizieren und diese dadurch überzeugter verkaufen kann.

Für den **Buchhalter** mit Routineaufgaben ist es notwendig, prinzipientreu zu sein, da Regeln und Strukturen seine Arbeit bestimmen. Darüber hinaus sollte er effizienzgetrieben sein, um seine Aufgaben zügig und korrekt zu erledigen. Da er in einem Team zusammen die Buchhaltung erledigt, muss er außerdem kooperativ sein.

Sie sehen: Es kommt auf die konkreten Aufgaben, die Verantwortung und die Unternehmenskultur an, welche Motivatoren beim zukünftigen Mitarbeiter ausgeprägt sein sollten.

Fazit und Nutzen des ganzheitlichen Anforderungsprofils

Nur wenn alle drei Bereiche (fachliche Kompetenzen, Verhaltensvorlieben und Motivatoren) passen, können sich die Stärken optimal entfalten und die neue Mitarbeiterin kann eine gute Leistung bringen. Deshalb ist es so wichtig, zu überlegen, welche Verhaltensvorlieben und welche Motivatoren sie neben den fachlichen Kompetenzen mitbringen sollte.

Warum ist das Wissen über die Farben und die Motivatoren für Sie von Vorteil? Sie können damit Ihren Personalbeschaffungsprozess optimal und wirkungsvoll anpassen:
- Sie schreiben die Stellenanzeige so, dass die richtigen Bewerberinnen angesprochen werden.
- Sie entscheiden sich für ein geeignetes Auswahlverfahren, bei dem auf der einen Seite der Kandidat authentisch sein kann und Sie auf der anderen Seite den richtigen Mitarbeiter finden.
- Sie stellen im Bewerbungsgespräch gezielte Fragen, um das Verhalten richtig einschätzen zu können.
- Sie wissen besser, was für die zukünftige Mitarbeiterin in der Phase des Onboardings wichtig ist.

Denken Sie sich also strukturiert in die Farben, die Bedürfnisse und Motivatoren der Bewerber ein und passen Sie Ihre Kommunikation an. So erhöhen Sie die Wahrscheinlichkeit, dem richtigen Bewerber zuzusagen.

6.2 Passgenaue Stellenanzeigen formulieren

Mit der Stellenbeschreibung und dem Anforderungsprofil haben Sie die Grundlage für die interne Stellenausschreibung und die externe Stellenanzeige beziehungsweise für das Briefing des Headhunters geschaffen.

Arbeiten Sie in einem größeren Unternehmen, müssen Sie offene Stellen wahrscheinlich zunächst intern ausschreiben. Diese internen Stellenanzeigen erscheinen meistens im Intranet. Alternativ oder zusätzlich dazu kann die Anzeige auch als Ausdruck am physischen Schwarzen Brett ausgehängt werden.

Viele Unternehmen veröffentlichen Stellenanzeigen weiterhin in Printmedien – also in gedruckten Zeitungen und Zeitschriften. Jedoch machen immer mehr Firmen zusätzlich oder ausschließlich über Online-Anzeigen auf ihre offenen Stellen aufmerksam. Hierfür gibt es zahlreiche Portale wie zum Beispiel *Indeed*, *Stepstone*, *Onapply*, *Join*, *Monster*, *Staufenbiel*, *Jobvector* oder *Absolventa*.

Die sozialen Netzwerke spielen bei Personalverantwortlichen wie Bewerbern eine zunehmend wichtige Rolle. Sie dienen zum einen direkt als Jobbörse. Zum anderen nutzen Personalverantwortliche *LinkedIn*, *Facebook*, *XING*, *Instagram* und andere soziale Netzwerke dazu, über einen Beitrag potenzielle Bewerber zu erreichen. Oder sie machen hier auf ihre auf anderen Portalen eingestellte Stellenanzeigen aufmerksam – zum Beispiel über einen Beitrag mit Link.

Wie sieht aber nun eine erfolgversprechende Stellenanzeige aus?

Elemente und Aufbau
Eine Stellenanzeige sollte folgende Informationen auf den Punkt bringen:
- Wer sind wir?
- Was für einen neuen Mitarbeiter suchen wir?
- Ab wann?
- Was für eine Position ist es? Welche Aufgaben erwarten die neue Mitarbeiterin?
- Welche Ausbildung und welche Kompetenzen erwarten wir? Welche wünschen wir uns?
- Was bieten wir?
- Welche Unterlagen soll der Bewerber bis wann in welcher Form einreichen? Welche Angaben sind darüber hinaus notwendig?
- Wie lauten die Kontaktdaten? Wer ist Ansprechpartnerin?

Die Reihenfolge der aufgezählten Elemente spiegelt zugleich den klassischen Aufbau einer Stellenanzeige.

Es gibt auch davon abweichende, kreative Formen, die besonders Bewerber ansprechen, die gelb ticken. Beispiele hierfür finden Sie unter https://persoblogger.de/2018/10/15/wie-sehen-kreative-stellenanzeigen-aus-echte-musterbeispiele-im-praxistest.

Ziele

Welche Ziele verfolgen Stellenanzeigen primär? Um diese Frage nicht nur oberflächlich zu beantworten, differenzieren wir nach den drei Hauptakteuren *Arbeitgeber*, *Bewerber* und *Betriebsrat*:

Akteure	Ihre Ziele und Bedürfnisse
Arbeitgeber	• passende Bewerber ansprechen • diese motivieren, sich tatsächlich zu bewerben • nicht passende Kandidaten abschrecken • gewünschte und aussagekräftige Unterlagen erhalten • zügigen Prozess gewährleisten
Bewerber	• die notwendigen Informationen erhalten • ein realistisches Bild von den Aufgaben und dem Unternehmen bekommen • zwischen »setzt das Unternehmen voraus« und »wünschen sie sich« unterscheiden können • sich für oder gegen eine Bewerbung entscheiden können
Betriebsrat	• sicherstellen, dass alle Bewerber gleiche Chancen haben • dafür sorgen, dass auch intern ausgeschrieben wird • mitbestimmen und kontrollieren, um einen fairen Prozess zu gewährleisten

Tab. 38: Die wichtigsten Ziele bei Stellenanzeigen nach den Hauptakteuren

Eine ideale Stellenanzeige berücksichtigt die verschiedenen Ziele und Bedürfnisse der beteiligten Personen beziehungsweise Institutionen.

Negative Aspekte und ihre Auswirkungen

Mögliche und typische Fehler in der Praxis lassen sich so auf den Punkt bringen:
- unverständliche Stellentitel (zum Beispiel *Field Execution Specialist*, *Corporate Social Media Manager* oder *Referent Reservierung Spezial AVB K*),
- zu hohe Anforderungen (eierlegende Wollmilchsau),
- zu viele sehr unterschiedliche Anforderungen (zum Beispiel *ausgebildete Reinigungsfachkraft mit Gastronomieerfahrung und LKW-Führerschein*),
- zu niedrige Anforderungen,
- wichtige Informationen fehlen,
- Position, Aufgaben und Voraussetzungen bleiben unklar,
- unverständliche Formulierungen, Begriffe und Abkürzungen in der Stellenbeschreibung,
- rechtlich problematische Begriffe, die gegen das Allgemeine Gleichbehandlungsgesetz (AGG) verstoßen, zum Beispiel *Empfangsdame* statt *Mitarbeiter (w/m/d) für den Empfang* oder *Muttersprache Deutsch* statt *sehr gute Kenntnisse der deutschen Sprache (C2)*,
- Eindruck wird erweckt, der nicht der Wirklichkeit entspricht,

- Stil der Anzeige passt nicht zum Unternehmen, zu den gewünschten Kandidaten oder zur Position,
- Rechtschreibfehler und andere formale Mängel,
- optisch nicht ansprechend oder nicht stimmig mit dem Corporate Design des Unternehmens,
- Bewerbung nur auf dem Postweg möglich.

Im Zeitalter des Fachkräftemangels können sich diese Mängel besonders negativ auswirken. Zunächst fühlen sich potenzielle Bewerber vielleicht von sehr hohen **Anforderungen** abgeschreckt. Die Folge davon ist, dass sich zu wenige bewerben. Wird die Latte zu hoch gelegt, trauen sich Personen mit niedrigem Selbstbewusstsein den Job nicht zu. Das sind häufig introvertierte Menschen. Sie könnten jedoch durchaus geeignet sein – besonders in Positionen, in denen sich eine zurückhaltende, selbstreflektierende und empathische Persönlichkeit mit ihren Stärken einbringen und entfalten kann.

Sind die Anforderungen allgemein formuliert oder sehr niedrig gehalten, bewerben sich wahrscheinlich zu viele oder/und Kandidaten, die nicht zum benötigten Profil passen. Daraus entsteht ein hoher Zeitaufwand, aus der großen Menge an Bewerbungen die passenden herauszufiltern.

Im ungünstigsten Fall muss die Stelle neu ausgeschrieben werden, weil kein geeigneter Kandidat unter den Bewerbern war.

Fehlen wichtige Informationen oder bleiben Position, Aufgaben und Voraussetzungen unklar, bedeutet das auch zusätzliche Arbeit durch zahlreiche Nachfragen zur Stelle oder zum Bewerbungsprozess, die beantwortet werden müssen. Auch hier ist viel Reibungsverlust im Prozess der Mitarbeitersuche vorprogrammiert.

Sind Formulierungen, Begriffe und Abkürzungen **unverständlich**, fragen Bewerberinnen eher nicht nach. Sie sind aber verunsichert oder gewinnen keinen treffenden Eindruck davon, um was für eine Position es genau geht, und was von ihnen erwartet wird.

Wenn eine Stellenanzeige gegen das **AGG verstößt**, zum Beispiel durch Diskriminierung, muss im schlimmsten Fall mit einer Klage eines abgelehnten Bewerbers gerechnet werden.

Das Image des Unternehmens kann Schaden nehmen, wenn die Anzeige **formale Mängel** wie Fehler in Rechtschreibung oder Layout aufweist. Das macht einen unprofessionellen Eindruck und ist außerdem ein schlechtes Vorbild, denn vom Bewerber werden fehlerfreie und gut gestaltete Unterlagen erwartet.

Wird ein zu positives **Bild vom Unternehmen** gezeichnet, kann es sein, dass die so gewonnene Mitarbeiterin nach einer Weile enttäuscht, demotiviert und unzufrieden wird und schlimmstenfalls das Unternehmen schnell wieder verlässt.

Alle diese möglichen negativen Folgen können deutlich machen, wie wichtig es ist, auch Stellenanzeigen achtsam zu texten und überzeugend zu gestalten (siehe *Verständlichmacher*, Kapitel 2.7). Die folgende Tabelle kann Sie dabei unterstützen:

Tipps für Stellenanzeigen

Texteigenschaften	Die Tipps im Detail
verständlich	• verständlichen Stellentitel (möglichst auf Deutsch, ohne ungeläufige Abkürzungen) wählen • sich die Position von der zuständigen Führungskraft selbst genau erklären lassen • kurz und klar formulieren • Begriffe benutzen, die die gewünschte Kandidatin sicher kennt • Abkürzungen vermeiden, die nicht gebräuchlich sind • anschauliche, konkrete, frische Wörter benutzen • substantivierte Wörter vermeiden (statt -ung, -heit, -keit, -nis, -tät, -tion, -ment in die Verben oder Adjektive zurückverwandeln)
geordnet	• klar strukturiert • aussagekräftige Überschriften • übersichtliches Layout
sorgfältig	• immer Korrektur lesen lassen • für ein ansprechendes und professionelles Layout sorgen • Inhalt prüfen • Stellenanzeige rechtlich prüfen (AGG berücksichtigen, aktueller Stand der Rechtsprechung)
wertschätzend	• sich in die Perspektive des Bewerbers hineinversetzen (Was braucht er?) • so kurz wie möglich und so ausführlich wie nötig • Sprachstil und Inhalte auf die potenziellen Bewerber und ihre Bedürfnisse abstimmen (hierfür auch das *DISG-Persönlichkeitsmodell* nutzen, siehe Kapitel 2.2) • realistische Anforderungen stellen • das eigene Unternehmen und seine Angebote ehrlich darstellen • positiv, freundlich und einladend formulieren

Texteigenschaften	Die Tipps im Detail
stimmig	• passend zum eigenen Unternehmen • passend zur Zielgruppe • passend zur Position
unbürokratisch und einfach	• Bewerbung per E-Mail ermöglichen • Online-Formular anbieten • Bewerbungsgespräch online führen, zum Beispiel über *Teams*, *Zoom* oder *Google Meet*

Tab. 39: Tipps für Stellenanzeigen

Haben Sie für Ihr Anforderungsprofil über das *DISG-Persönlichkeitsmodell* die passenden Farben ermittelt, können Sie Ihre Anzeige auf die Verhaltensvorlieben der Zielgruppe zuschneiden:
- Mit wenigen, kurz gehaltenen Aufzählungspunkten erreichen Sie zum Beispiel diejenigen sehr gut, die eher *blau* ticken. Geben Sie ihnen klare, nüchterne Informationen und bleiben Sie sachlich. Bieten Sie Daten und Fakten, vermeiden Sie Schnörkel, Gefühle, gewollt Kreatives.
- Eine *rot* tickende Zielgruppe fühlt sich auch durch einen kurzen, knappen Stil angesprochen, gleichzeitig sollte jedoch über eine ergebnisorientierte Wortwahl deutlich werden: Welche Herausforderungen bietet die Position? Ist selbstbestimmtes Handeln möglich? Wie kann ich mich weiterentwickeln und meinen Status verbessern?
- Für eine *gelb* tickende Zielgruppe könnte sich ein frisch und bildlich formulierter Fließtext mit ausdrucksstarken Verben und Adjektiven eignen. Die Anzeige darf sich auch optisch und strukturell deutlich vom Standard abheben und vom Tonfall her locker sein. Auch mit einem passenden Humor können Sie diese Menschen positiv ansprechen.
- Wollen Sie mit Ihrer Anzeige eine *grün* tickende Zielgruppe erreichen, sprechen Sie bewusst Themen an wie die Sicherheit, den Teamgedanken und die herrschende freundliche Atmosphäre. Betonen Sie, dass die Bewerberin spezialisierte Aufgaben erwarten, die sie in Ruhe, beständig und mit hilfreicher Unterstützung erfüllen kann.

So könnten die Stellenanzeigen für unsere beiden Beispiele aussehen:

Wanted: Außendienstmitarbeiter (w/m/d) für unsere coolen Bio-Jeans

Lust auf einen Job mit Sinn?
Wir sind ein Produzent für Bio-Jeans aus Berlin-Prenzlauer Berg, der durch das Herstellen von Bio- und Fairtrade-Textilien soziale Projekte in den Anbauländern fördert. Wir machen also Jeans, wie sie sein sollten. Jede Hose ist aus biologischer Baumwolle gefertigt und unterstützt den fairen Handel. Auf unserer Mission suchen wir zum 1. Januar 2025 eine:n Außendienstmitarbeiter:in für den Vertrieb in Norddeutschland.

Worum geht es?
Du bist vertrauensvoller Partner unserer langjährigen Kundschaft in Norddeutschland, akquirierst auch neue Kund:innen. Die Verkäufer:innen vor Ort begeisterst du für unsere Marke und Philosophie. Du arbeitest selbstbestimmt und präsentierst uns deine Erfolge. Um über das eigene Erlebnis Verkaufsargumente gewinnen zu können, reist du zu unseren Lieferanten. Du engagierst dich für nachhaltige und sozial gerechte Mode.

Wen suchen wir?
+ Du hast eine kaufmännische Ausbildung oder ein Studium abgeschlossen.
+ Du hast mindestens fünf Jahre Berufserfahrung, möglichst im Vertrieb.
+ Du willst dazu beitragen, die Gesellschaft positiv zu verändern.
+ Du trittst selbstbewusst auf, verhandelst gern und kannst gut überzeugen.
+ Du bist empathisch und kommunizierst wertschätzend.
+ Du arbeitest selbstorganisiert, eigenständig und motiviert.
+ Du liebst es, Probleme pragmatisch und kreativ zu lösen
+ Du magst es, allein Entscheidungen zu treffen und willst damit Erfolg haben.
+ Dir sind langfristige Kundenbeziehungen wichtig und du siehst dich als Partner.
+ Du bist flexibel und reist gern.
+ Du hast einen Führerschein der Klasse B und fährst gern viel Auto.
+ Du sprichst fließend Englisch.

Was bieten wir?
+ viel Eigenverantwortung und Gestaltungsraum für eigene Ideen
+ flachen Hierarchien und kurze Entscheidungswege
+ ein Powerteam aus hochmotivierten Menschen
+ flexible Arbeitszeiten
+ regelmäßige Info-Reisen zu unseren Lieferanten in Afrika, Griechenland und Indien
+ Teilnahme an coolen Kundenevents
+ vergünstigte Fitnessclub-Mitgliedschaften
+ einen attraktiven Erfolgsbonus
+ einen E-Firmenwagen plus *IPhone* und *IPad*
+ jährliches Fest *Winner of the Year* mit Festivalcharakter.

Was nun?
Wir freuen uns über vollständige und aussagekräftige Bewerbungen: Anschreiben und Lebenslauf inklusive Gehaltsvorstellung und möglichem Starttermin. Da wir die Stelle so bald wie möglich besetzen möchten, schicke uns zeitnah deine Unterlagen an Amelie unter amelie.schneider@hipjeans.de – spätestens bis zum 16. August 2024!

> ## Buchhalter (w/m/d) zum 01.01.2025
>
> Wir sind ein Produzent für Bio-Jeans aus Berlin-Prenzlauer Berg, der durch die Herstellung von Bio- und Fairtrade-Textilien soziale Projekte in den Anbauländern fördert. Jede Hose ist aus biologischer Baumwolle gefertigt und unterstützt den fairen Handel. Wir suchen einen Buchhalter in einem Dreier-Team für unser Berliner Büro.
>
> **Ihre Aufgaben**
> - Sie prüfen, kontieren und verbuchen in SAP/R3 im FI/MM-Modul.
> - Sie leiten die Rechnungen weiter zur Freigabe durch den Workflow.
> - Sie senden abgelehnte Rechnungen an den Rechnungssteller zurück.
> - Sie bearbeiten Mahnungen und stoßen Inkassoprozesse an.
> - Sie legen Dauerbuchungen an und erstellen Zahlläufe.
> - Sie unterstützen Ihren Vorgesetzten dabei, die Steuererklärung vorzubereiten.
> - Sie helfen je nach Arbeitsaufkommen Ihren Kollegen.
> - Sie beantworten fachliche Fragen zur Buchhaltung.
>
> **Ihr Profil**
> - kaufmännische Ausbildung
> - mindestens drei Jahre Berufserfahrung im Bereich Buchhaltung
> - gute MS-Office- sowie gute SAP R3-Kenntnisse
> - gute Englisch-Kenntnisse
> - sehr gutes analytisches Denkvermögen und hohe Zahlenaffinität
> - genaue, strukturierte und verlässliche Arbeitsweise
> - hohes Qualitätsdenken und Bewusstsein für Regeln und Routinen
> - freundliche und hilfsbereite Persönlichkeit
>
> **Ihre Vorteile**
> - geregelte Arbeitszeiten und die Möglichkeit, zwei Tage pro Woche mobil zu arbeiten
> - wertschätzendes Betriebsklima
> - Individuelle Fort- und Weiterbildungen
> - ein strukturiertes Einarbeiten in Ihren Bereich
> - hohe Qualitätsstandards
> - Mitarbeiterangebote in Bereich Prävention und Fitness
> - kostenfreies Mittagessen im Pausenraum
> - zentraler Arbeitsplatz im Stadtteil Prenzlauer Berg mit sehr guter Anbindung
> - Fahrradleasing über *JobRad*
>
> **Bewerbungsprozess**
> Ihre vollständige und aussagekräftige Bewerbung mit Anschreiben und Lebenslauf senden Sie bitte bis zum 16.08.2024 an Frau Schneider unter amelie.schneider@hipjeans.de.

Sie haben jetzt auf der Grundlage des Anforderungsprofils Ihre auf die Bedürfnisse der Zielgruppe zugeschnittene Stellenanzeige getextet und in den passenden Medien veröffentlicht. Damit sprechen Sie die von Ihnen gewünschten Kandidaten zielgenau an und motivieren diese, sich bei Ihnen zu bewerben.

Die darauffolgende Korrespondenz mit den Bewerbern sollte unbedingt wertschätzend sein:
- Sie sehen den Menschen hinter der Bewerbung und verhalten sich vorbildlich.
- Die Bewerber fühlen sich respektiert und bleiben weiterhin an der Position interessiert.
- Sie pflegen Ihr positives Image als Arbeitgeber und stärken damit das Marketing.
- Sie setzen auch hier eine wertschätzende Unternehmenskultur um.

6.3 Mit Bewerbern wertschätzend korrespondieren

Ein Bewerbungsprozess ist aus Sicht des Unternehmens zeitaufwendig und nervenaufreibend: Die dafür Zuständigen müssen Eingangsbestätigungen, Zwischenbescheide, Einladungen zu Bewerbungsgesprächen, Absagen und Zusagen schreiben und verschicken. Hinzu kommen das Sichten der Unterlagen mit der ABC-Analyse (A = Einladung zum Vorstellungsgespräch, B = Warteliste, C = Absage), Besprechungen zur Vorauswahl, Bewerbungsgespräche und wiederum Besprechungen zur abschließenden Entscheidung.

In manchen Unternehmen ist die Korrespondenz im Bewerbungsprozess automatisiert. Die Kandidaten bewerben sich über ein Online-Formular und bekommen eine automatische Eingangsbestätigung. Die gesamte Korrespondenz läuft über das IT-Bewerber-System. Das bedeutet auf der einen Seite, dass die Bewerber zügige Antworten erhalten. Auf der anderen Seite sind die Texte standardisiert und dadurch sehr unpersönlich.

In anderen Unternehmen muss der zuständige Mitarbeiter die Korrespondenz mit den Bewerbern selbst gestalten. Dabei wird teilweise auf Textbausteine zurückgegriffen, aber durchaus auch individuell formuliert. Aufgrund von knappem Personal müssen häufig Prioritäten gesetzt werden. Die Korrespondenz wird dabei nicht mehr für so wichtig gehalten. Leider fallen dabei für den Bewerber wichtige Nachrichten wie Eingangsbestätigungen, Zwischenbescheide und Absagen ganz unter den Tisch oder kommen sehr verspätet. Bewerberinnen können sich also teilweise schon glücklich schätzen, wenn sie überhaupt eine Antwort erhalten. Aber nur wenige Dinge frustrieren Jobsuchende so wie ausstehendes Feedback.

Insgesamt können folgende Mängel in der Korrespondenz mit Bewerbern auftreten:
- keine Eingangsbestätigung,
- keine Zwischenbescheide,
- keine oder sehr späte Antwort,
- 08/15-Texte – also unpersönliche, floskelhafte Textbausteine,
- Antwort passt nicht zum Bewerber,

- un- oder missverständlich formuliert,
- nachlässig verfasst: äußere Form, Name nicht richtig geschrieben, Rechtschreib- und Grammatikfehler, weitere Fehler (Inhalt, Daten, Termine),
- Fragen nicht beantwortet,
- kein Ansprechpartner, keine Signatur,
- Stil passt nicht zum Unternehmen.

Das ist unserer Ansicht nach erschreckend und nicht hinnehmbar. Wie lässt sich die Korrespondenz mit Bewerbern positiver gestalten?

Sie haben die Chance, im ganzen Bewerbungsprozess wertschätzend mit den Kandidatinnen zu korrespondieren. Dadurch heben Sie sich positiv von anderen Unternehmen ab. Die Bewerber erfahren, dass Sie mit ihren Gefühlen und Bedürfnissen im herausfordernden Prozess der Stellensuche gesehen werden. Und dazu ist es sehr hilfreich und notwendig, sich in die Lage der Bewerberinnen hineinzuversetzen.

Wer eine Stelle sucht, ist oft in einer belastenden Situation. Auch wenn in einigen Bereichen Personal händeringend gesucht wird, sind für hochqualifizierte und spezialisierte Positionen viele Mitbewerber am Start. Darüber hinaus haben diejenigen, die sich selten bewerben, wenig oder keine Routine in diesem Prozess. Das macht zusätzlich unsicher und stresst.

Hat man eine passende Ausschreibung gefunden, entsteht häufig ein starker Wunsch, den Job zu bekommen. Auch spielen finanzielle und emotionale Faktoren eine große Rolle:
- finanzielle Einbußen, Geldknappheit, Geldnot,
- Angst vor Absagen, (längerer) Arbeitslosigkeit und unsicherer Zukunft,
- hohe innere Anspannung, großer Stress durch Wartezeiten und Ungewissheit,
- Depression, niedriges Selbstwertgefühl, Motivationslöcher,
- Scham, Gefühl des Angreifbarseins,
- Aufgeregtheit und Lampenfieber vor Telefonaten und Bewerbungsgesprächen.

Angesichts dieser emotionalen Belastung, der Bewerber während des Prozesses ausgesetzt sind, wollen wir so eindringlich wie möglich dafür werben, wertschätzend mit ihnen zu korrespondieren (siehe Kapitel 2.7 und 3.1) und natürlich auch mündlich zu kommunizieren. Hierbei helfen folgende Tipps.

Tipps für die Korrespondenz mit Bewerbern

Texteigenschaften	Die Tipps im Detail
geordnet	• klar strukturiert • aussagekräftiger Betreff
sorgfältig	• immer Korrektur lesen, besonders auf richtige Anrede und Schreibweise des Namens achten • für ein ansprechendes und professionelles Layout sorgen (Corporate Design) • inhaltlich prüfen: Stimmen Termine, Uhrzeiten, Orte? • Ansprechpartner nennen mit Kontaktdaten • Signatur einfügen
wertschätzend	• sich in die Perspektive der Bewerberinnen hineinversetzen • so kurz wie möglich und so ausführlich wie nötig • Sprachstil wenn möglich auf die potenziellen Bewerber und ihre Bedürfnisse abstimmen • positiv, freundlich und respektvoll formulieren • frisch und verständlich getextet • eigene Funktion (z. B. Personalreferentin) statt i. A. oder i. V.
stimmig	• passend zur Zielgruppe, zur Position • passend zum eigenen Unternehmen

Tab. 40: Tipps für die Korrespondenz mit Bewerbern

Beispiele für Korrespondenz mit Bewerbern

Wir betrachten nun erneut unsere beiden Beispiele *Außendienstmitarbeiterin* und *Buchhalter*. Zuerst sehen Sie jeweils einen üblichen Text. Danach bieten wir Ihnen Alternativen, die auf die gesuchten Persönlichkeiten zugeschnitten sind: **rot/gelb** (Außendienstmitarbeiterin) und **blau/grün** (Buchhalter).

Die Textanlässe:
1. Eingangsbestätigung
2. Zwischenbescheid
3. Einladung zum Vorstellungsgespräch
4. Zusage
5. Absage

1. Eingangsbestätigung
Üblicher Text:

6 In der Personalbeschaffung wertschätzend kommunizieren | 169

> **Eingangsbestätigung für Ihre Bewerbung**
> Sehr geehrte/r Bewerber/in,
> wir danken Ihnen für Ihre Unterlagen. Wir werden uns nach Sichtung aller Unterlagen wieder bei Ihnen melden.
> Mit freundlichen Grüßen
> HipJeans GmbH

Unsere Alternative für die Außendienstmitarbeiterin:

Betreff	Vielen Dank für Ihre Bewerbung!

Guten Tag Frau Wehner,
Ihre Unterlagen haben uns gerade erreicht. Wir sind schon ganz gespannt darauf, sie genauer anzuschauen und haben uns vorgenommen, uns bis zum 23. August 2024 wieder bei Ihnen zu melden.
Bis dahin bitte noch ein bisschen Geduld …
Viele Grüße vom Prenzlauer Berg
Amelie Schneider
***

Amelie Schneider
Personalreferentin
HipJeans GmbH
Am Prenzlauer Berg 17
18532 Berlin
Telefon: 030 12345678
E-Mail: amelie.schneider@hipjeans.de

Unsere Alternative für den Buchhalter:

Betreff	Ihre Bewerbung zum Buchhalter

Sehr geehrter Herr Huber,
vielen Dank für Ihre Unterlagen.
Wir werden sie schnellstmöglich genau durchschauen. Bis zum 23.08.2024 werden wir uns wieder bei Ihnen melden.
Wir bitten Sie bis dahin um Geduld.
Freundliche Grüße
Amelie Schneider
***

Amelie Schneider
Personalreferentin
HipJeans GmbH
Am Prenzlauer Berg 17
18532 Berlin
Telefon: 030 12345678
E-Mail: amelie.schneider@hipjeans.de

2. Zwischenbescheid

Üblicher Text:

Betreff Zwischenbescheid

Sehr geehrte/r Bewerber/in,
leider verzögert sich die Antwort auf Ihre Bewerbung. Wir werden uns so bald wie möglich melden.
Mit freundlichen Grüßen
HipJeans GmbH

Unsere Alternative für die Außendienstmitarbeiterin:

| **Betreff** | **Noch ein paar Tage Geduld …** |

Guten Tag Frau Wehner,
wahrscheinlich warten Sie schon auf unser Feedback. Obwohl wir ordentlich Gas geben, brauchen wir noch ein bisschen mehr Zeit für unsere Vorauswahl. Aber bis zum 30. August 2024 können Sie mit unserer Antwort rechnen.
Viele Grüße von der wirbelnden
Amelie Schneider
***

Amelie Schneider
Personalreferentin
HipJeans GmbH
Am Prenzlauer Berg 17
18532 Berlin
Telefon: 030 12345678
E-Mail: amelie.schneider@hipjeans.de

Unsere Alternative für den Buchhalter:

| **Betreff** | **Wir bitten noch um etwas Geduld** |

Sehr geehrter Herr Huber,
wahrscheinlich warten Sie schon auf unsere Antwort. Heute geben wir Ihnen zumindest eine kurze Zwischeninfo.
Wir sehen gerade alle Bewerbungen zügig und strukturiert durch. Dafür brauchen wir noch Zeit bis zum 30.08.2024. Dann melden wir uns bei Ihnen.
Freundliche Grüße
Amelie Schneider
***

Amelie Schneider
Personalreferentin
HipJeans GmbH
Am Prenzlauer Berg 17
18532 Berlin
Telefon: 030 12345678
E-Mail: amelie.schneider@hipjeans.de

3. Einladung zum Vorstellungsgespräch

Üblicher Text:

> **Einladung zum Vorstellungsgespräch**
> Sehr geehrte Frau Wehner,
> hiermit laden wir Sie recht herzlich zum Vorstellungsgespräch am 06.09.2024 um 14 Uhr in unserer Geschäftsstelle ein.
> Wir freuen uns darauf, Sie persönlich kennenzulernen.
> Mit freundlichen Grüßen
> HipJeans GmbH

Unsere Alternative für die Außendienstmitarbeiterin:

> | **Betreff** | **Sie sind in die engere Auswahl gekommen!** |
> |---|---|
>
> Guten Tag Frau Wehner,
> Ihre Unterlagen haben uns begeistert. Jetzt wollen wir Sie näher kennenlernen! Und Sie sollen die Gelegenheit bekommen, uns von sich zu überzeugen.
> Unser Vertriebsleiter Axel Mink und ich möchten uns am **6. September 2024** um 14 Uhr mit Ihnen unterhalten – bei Kaffee und Splitterbrötchen in unserem Loft am Prenzlauer Berg 17.
> Wir freuen uns auf Sie!
> Viele Grüße nach Potsdam
> Amelie Schneider
> ***
>
> Amelie Schneider
> Personalreferentin
> HipJeans GmbH
> Am Prenzlauer Berg 17
> 18532 Berlin
> Telefon: 030 12345678
> E-Mail: amelie.schneider@hipjeans.de

Unsere Alternative für den Buchhalter:

Betreff	Sie haben sich für ein Vorstellungsgespräch qualifiziert

Guten Tag Herr Huber,
Ihre Unterlagen haben uns überzeugt. Deshalb möchten wir Sie näher kennenlernen.
Unsere Buchhaltungsleiterin Frau Andrea Steffen und ich laden Sie zum Gespräch ein:

Wann?   6. September 2024 um 14 Uhr

Wo?   Prenzlauer Berg 17 in 18532 Berlin

Sie erreichen uns am besten mit öffentlichen Verkehrsmitteln, die Station ist U-Bahnhof Prenzlauer Berg. Von dort aus brauchen Sie circa sieben Minuten zu Fuß.
Wir freuen uns auf Sie.
Viele Grüße
Amelie Schneider
***

Amelie Schneider
Personalreferentin
HipJeans GmbH
Am Prenzlauer Berg 17
18532 Berlin
Telefon: 030 12345678
E-Mail: amelie.schneider@hipjeans.de

4. Zusage

Üblicher Text:

Zusage
Sehr geehrte Frau Wehner,
wir freuen uns, Ihnen mitteilen zu können, dass wir uns für Sie entschieden haben.
Anbei senden wir Ihnen den Arbeitsvertrag in zweifacher Ausfertigung zur Unterschrift zu. Wir bitten Sie um Rücksendung eines von Ihnen unterschriebenen Exemplars.
Wir freuen uns auf gute Zusammenarbeit.
Mit freundlichen Grüßen
i. V. Frau Schneider

6 In der Personalbeschaffung wertschätzend kommunizieren | 173

Unsere Alternative für die Außendienstmitarbeiterin:

Betreff	Eine gute Nachricht
Guten Tag Frau Wehner, Sie können aufatmen und sich freuen – wir haben uns für Sie entschieden! Ihr Know-how, Ihr Auftreten und Ihre Persönlichkeit haben uns begeistert. Wir glauben, dass Sie wunderbar in unser Team und unser Unternehmen passen. Schicken Sie uns bitte bis zum 25. September 2024 eines der beiden Vertragsexemplare unterschrieben zurück? Am 2. Januar 2025 holt Sie Ihr Vorgesetzter, Daniel Schmitt, um 10 Uhr am Empfang ab. Wir alle freuen uns sehr auf Sie! Freundliche Grüße Amelie Schneider *** Amelie Schneider Personalreferentin HipJeans GmbH Am Prenzlauer Berg 17 18532 Berlin Telefon: 030 12345678 E-Mail: amelie.schneider@hipjeans.de	

Unsere Alternative für den Buchhalter:

Betreff	Zusage
Guten Tag Herr Huber, wir haben uns für Sie entschieden. Ihr Fachwissen, Ihre Erfahrungen und Ihre strukturierten Aussagen haben uns überzeugt. Ihre Kompetenzen ergänzen die unseres Teams perfekt. Bitte unterschreiben Sie ein Vertragsexemplar und schicken es uns bis zum 25.09.2024 zurück. Am 2. Januar 2025 holt Sie Ihre Vorgesetzte, Frau Wirth, um 10 Uhr am Empfang ab. Bringen Sie bitte Ihre Lohnsteuerkarte mit. Einen guten Start und freundliche Grüße Amelie Schneider *** Amelie Schneider Personalreferentin HipJeans GmbH Am Prenzlauer Berg 17 18532 Berlin Telefon: 030 12345678 E-Mail: amelie.schneider@hipjeans.de	

5. Absage
Üblicher Text:

Absage auf Ihre Bewerbung
Sehr geehrte Frau Wehner,
vielen Dank für Ihre Unterlagen und Ihr damit verbundenes Interesse an unserem Unternehmen.
Leider haben wir uns für einen anderen Bewerber entschieden, der unserem Anforderungsprofil noch besser entspricht.
Wir wünschen Ihnen für Ihre Zukunft alles Gute.
Mit freundlichen Grüßen
i. V. Frau Schneider

Unsere Alternative für die Außendienstmitarbeiterin:

Betreff	Ihre Bewerbung als Außendienstmitarbeiterin

Guten Tag Frau Wehner,
vielen Dank noch einmal, dass Sie sich auf unsere Anzeige beworben haben! Ihre Unterlagen haben uns gut gefallen – besonders Ihr Anschreiben, das sehr frisch und aussagekräftig formuliert ist.
Unsere zukünftige Außendienstmitarbeiterin braucht mindestens fünf Jahre Berufserfahrung. Sie wird allein unterwegs sein, viele Entscheidungen selbstständig und zügig treffen müssen und souverän verhandeln können.
Aus Ihren Unterlagen können wir sehen, dass Sie diese Berufserfahrung noch nicht mitbringen. Deshalb kommt heute leider unsere Absage.
Wir drücken Ihnen fest die Daumen, dass Sie bald eine passende Stelle finden werden!
Freundliche Grüße und schnellen Erfolg bei Ihrer Suche
Amelie Schneider
***

Amelie Schneider
Personalreferentin
HipJeans GmbH
Am Prenzlauer Berg 17
18532 Berlin
Telefon: 030 12345678
E-Mail: amelie.schneider@hipjeans.de

Unsere Alternative für den Buchhalter:

Betreff	Ihre Bewerbung als Buchhalter

Guten Tag Herr Huber,
vielen Dank, dass Sie sich auf unsere Anzeige beworben haben. Ihre sorgfältig gestalteten Unterlagen haben uns gut gefallen.
Unser zukünftiger Buchhalter braucht mindestens drei Jahre Berufserfahrung. Er muss die anstehenden Aufgaben nach einem zügigen Einarbeiten selbstständig erfüllen können. Aufgrund des kleinen Teams muss er sicher und routiniert vorgehen können.
Aus Ihren Unterlagen können wir sehen, dass Sie diese Berufserfahrung noch nicht mitbringen. Deshalb erhalten Sie heute leider unsere Absage.
Wir wünschen Ihnen, dass Sie bald eine passende Stelle finden werden.
Freundliche Grüße
Amelie Schneider
***

Amelie Schneider
Personalreferentin
HipJeans GmbH
Am Prenzlauer Berg 17
18532 Berlin
Telefon: 030 12345678
E-Mail: amelie.schneider@hipjeans.de

In diesem Unterkapitel haben Sie zum Thema *Korrespondenz mit Bewerbern* Beispiele für alle Phasen kennengelernt – von der Eingangsbestätigung bis zur Absage. Als Nächstes geht es um die Auswahl der Bewerber.

6.4 Auswahl treffen und Bewerbungsgespräche persönlichkeitsorientiert führen

> *»Die richtigen Leute einzustellen ist das Beste, das ein Manager tun kann.«*
> Lee Iacocca

Zurzeit haben sehr viele Recruiter Schwierigkeiten, offene Stellen dauerhaft zu besetzen. Das liegt unter anderem am Fachkräftemangel. Zusätzlich gelingt es offenbar nicht, die passenden Bewerberinnen für die jeweiligen Aufgaben und Rahmenbedingungen auszuwählen. Wir veranschaulichen dies kurz an unserem Beispiel:

Sie suchen einen Buchhalter. Dann wäre ein extrovertierter und beziehungsorientierter Bewerber wahrscheinlich nicht die richtige Besetzung: Er macht vielleicht über seine Unterlagen und im Vorstellungsgespräch einen sehr guten Eindruck – denn er kann sehr gut kommunizieren und sich präsentieren. In der Position eines Buchhalters würde er jedoch meistens allein am Computer arbeiten und hätte mit vielen Details und Zahlen, Daten, Fakten zu tun. Er würde nicht im Flow arbeiten und deshalb viel Energie benötigen, um die Aufgaben erfolgreich zu erledigen.

Wir sehen besonders die folgenden vier Gründe dafür, dass Stellen nicht ideal besetzt werden:
- Nach etlichen Studien übertreiben sehr viele Bewerber, um einen Job zu bekommen (siehe zum Beispiel https://www.deutschlandfunknova.de/beitrag/bewerbungsgespraech-uebertreiben-nicht-luegen).
- Bewerbungsschreiben werden immer häufiger mit künstlicher Intelligenz erstellt. Sie sagen dadurch wenig über Schreibkompetenz, Strukturiertheit, Sorgfalt und individuellen Stil aus.
- In Vorstellungsgesprächen entscheiden die Interviewer oft intuitiv in den ersten Minuten, ob die Bewerberin ausgewählt wird, oder nicht.
- In den Gesprächen wird meist nur fachliches Wissen abgefragt.

Deshalb ist es wichtig, dass die Personalverantwortlichen die richtigen Fragen stellen. Sie sollten neben den fachlichen Kompetenzen besonders die Soft Skills testen: Welches Verhalten und welche Motive hat der Bewerber?

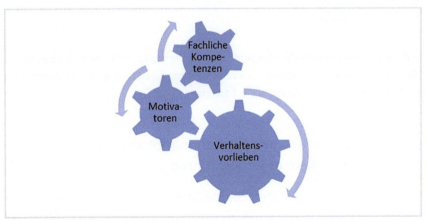

Abb. 21: In Bewerbungsgesprächen drei Bereiche berücksichtigen

Fragen zum ersten Bereich, den fachlichen **Kompetenzen**, könnten sein:
- »Nennen Sie mir drei fachliche Kompetenzen, die mich überzeugen, dass Sie die Richtige für die Position sind.«
- »Welche Ihrer fachlichen Kompetenzen sind die wichtigsten für diese Position und warum?«
- »Schildern Sie ein aktuelles fachliches Problem: Wie würden Sie vorgehen? Welche fachlichen Kompetenzen helfen Ihnen dabei?«

Über welche Fragen können Sie den zweiten Bereich erkunden, das **Verhalten**? Dafür können Sie das *DISG-Persönlichkeitsmodell* anwenden. Informationen zum Prozess der Einschätzung und zur Analyse finden Sie in Kapitel 2.2. Dort geht es darum, die Farben durch Empathie und aufmerksames Beobachten zuzuordnen. Jetzt erfahren Sie, wie Sie den Bewerber im Vorstellungsgespräch durch konkrete Fragen einschätzen können.

Was könnten Sie also zum Beispiel sagen und fragen, um Informationen über die Verhaltensvorlieben des Bewerbers zu gewinnen?

Wenn Sie herausfinden wollen, ob der Bewerber eher aufgabenorientiert oder beziehungsorientiert ist:

> »Angenommen Sie müssen auf eine Vorstandssitzung. Ein Mitarbeiter steht vor der Tür und hat ein Problem mit einem Kollegen, eine andere Mitarbeiterin steht vor der Tür und hat ein Problem mit einer Aufgabe. Sie können vor der Sitzung nur ein Problem lösen. Wie gehen Sie vor und warum?«

Wenn Sie herausfinden wollen, ob der Bewerber eher extrovertiert oder introvertiert ist:

> »Angenommen die Geschäftsführung wünscht sich zu Ihrem Thema Informationen. In welcher Form würden Sie die Geschäftsführung informieren?«

Wenn Sie herausfinden wollen, ob die Bewerberin die gewünschten Verhaltensvorlieben vorweist:
- Sie brauchen jemanden, der *rot* tickt: »Erläutern Sie bitte, wie Sie Entscheidungen treffen. Geben Sie uns bitte ein Beispiel, wie Sie Ihre Standpunkte durchsetzen.«
- Sie brauchen jemanden, der *gelb* tickt: »Beschreiben Sie bitte, wie Sie auf unterschiedlichen Hierarchieebenen kommunizieren. Geben Sie konkrete Beispiele.«
- Sie brauchen jemanden, der *grün* tickt: »Was würden Ihre Kollegen sagen, was Ihre Stärken sind.«
- Sie brauchen jemanden, der *blau* tickt: »Schildern Sie bitte, welche analytischen Aufgaben Sie bearbeiten und wie Sie vorgehen.«

Außerdem können Sie jegliche Fragen stellen und die Farbe aus der Antwort heraus einschätzen. Mit einem Beispiel machen wir diese Möglichkeit anschaulich:

»Angenommen ein neues EDV-System soll eingeführt werden. Wie würden Sie vorgehen?«
- Die Antwort einer *Roten* würde Folgendes fokussieren: Ziele und Ergebnisse definieren, ein Team zusammenstellen, Bericht an mich.

- Die Antwort eines *Gelben* würde Folgendes fokussieren: Workshop moderieren mit Beteiligten, positive Aspekte betonen, Zukunftsbild schildern.
- Die Antwort einer *Grünen* würde Folgendes fokussieren: Mitarbeitende ansprechen, wie es ihnen mit der Veränderung geht, auf sie eingehen.
- Die Antwort eines *Blauen* würde Folgendes fokussieren: Zeitplan mit Meilensteinen erstellen, Expertenrunden etablieren, Protokolle schreiben.

Da wir alle Farben in uns tragen, wird die Antwort voraussichtlich auch Aspekte aus den anderen Farben beinhalten. Der Schwerpunkt lässt sich jedoch oft erkennen. Wie lange der Bewerber über ein Thema spricht und mit welcher Leidenschaft, kann Ihnen dabei helfen, diesen Schwerpunkt zu identifizieren.

Der dritte Bereich wäre die **Motivation** der Bewerberin. Wofür geht sie die extra Meile? Warum strengt sie sich an? Was sind ihre Prioritäten? Folgende Fragen könnten Ihnen Aufschluss geben:

- »Wie bilden Sie sich weiter?« (theoretisches Motiv)
- »Wie wichtig ist Ihnen Effizienz im Leben?« (ökonomisches Motiv)
- »Mögen Sie Design oder schätzen Sie eher die Funktionalität der Produkte?« (ästhetisches Motiv)
- »Können Sie gut Nein sagen? Helfen Sie gern Ihren Kollegen?« (soziales Motiv)
- »Arbeiten Sie lieber im Team oder individuell? Warum?« (individualistisches Motiv)
- »Lieben Sie Veränderung und Herausforderungen? Oder lieben Sie Traditionen? Bitte nennen Sie ein Beispiel.« (traditionelles Motiv)

Über die Antwort des Bewerbers erfahren Sie also, was den Bewerber motiviert. Passt diese Motivation zu den Anforderungen des Jobs? Zum Beispiel sollte jemand, der in der Buchhaltung überwiegend Routineaufgaben erledigen soll, traditionell motiviert sein. Eine Außendienstlerin sollte zum einen ökonomisch, zum anderen individualistisch motiviert sein.

Grundlegende nützliche Tipps für das Vorstellungsgespräch
Überlegen Sie sich, welche Farben der Bewerber wahrscheinlich haben wird und stellen Sie für das Vorstellungsgespräch Ihr *inneres Team* (siehe Kapitel 2.5) richtig auf. Welche Mannschaft brauchen Sie? Welche Teammitglieder müssen im Vordergrund stehen? Bei einer *roten* Bewerberin sollten die forschen, entscheidungsfreudigen Mitglieder auf die innere Bühne, bei einem *grünen* Bewerber sollten die geduldigen, freundlichen Mitglieder Vorrang haben.

Nutzen Sie das *Nachrichtenquadrat* (siehe Kapitel 2.6), um sich darüber klar zu werden: Was wollen wir auf der Sachebene kommunizieren? Was wollen wir als Selbstkundgabe über uns zum Ausdruck bringen? Wie können wir auf der Beziehungsebene eine möglichst wertschätzende Atmosphäre schaffen? Unser Appell ist, dass der Bewerber sich im Gespräch aufrichtig und authentisch verhält. Was können wir tun, damit sich dieser erfüllt?

Sie sollten unbedingt immer wertschätzend bleiben. Gibt die Bewerberin eine andere Antwort, als Sie erwartet haben, versuchen Sie, die andere Perspektive zu verstehen. Hinterfragen Sie die Antwort. Hat sie gute Gründe, diese Antwort zu geben? Steigen Sie tiefer ein und zeigen Sie Interesse.

Es könnte sein, dass Sie während des Vorstellungsgesprächs etwas stört – zum Beispiel redet der Bewerber ununterbrochen und kommt nicht auf den Punkt. Mit der *gewaltfreien Kommunikation* (siehe Kapitel 2.1) könnten Sie ihn darauf aufmerksam machen:

> »Danke für die detaillierte Antwort auf meine Frage. Ich bin ein bisschen nervös, da ich Ihnen noch so viele Fragen stellen möchte, und wir uns ein Zeitlimit von 90 Minuten gesetzt haben. Für mich ist Effizienz sehr wichtig. Deshalb bitte ich Sie, auf meine Fragen möglichst kurz und knapp zu antworten.«

So sind Sie entspannter. Der Bewerber versteht Ihre Unruhe und kann sich auf Ihre Arbeitsweise einstellen.

Der eine Aspekt eines Vorstellungsgesprächs ist, die Bewerberin kennenzulernen. Der andere Aspekt ist, das Unternehmen als Arbeitgeber zu verkaufen. Je nach Farbe hat ein Bewerber individuelle Bedürfnisse. Deshalb können Sie im Gespräch je nach Persönlichkeit und Verhaltensvorlieben unterschiedliche Schwerpunkte setzen. Wir haben Ihnen für jede Farbe ein paar mögliche Argumente zusammengestellt, mit denen Sie der Bewerberin die Position schmackhaft machen können:

Farbe	Den Job persönlichkeitsorientiert schmackhaft machen	Haken
rot	• Umfeld ist ziel- und zukunftsorientiert • Arbeit fordert heraus • gestaltet, bestimmt und entscheidet selbstständig • kann einige Sprossen auf der Karriereleiter erklimmen • wird nach Ergebnissen und nicht nach dem Prozess beurteilt • wird erfolgs- und leistungsbezogen bezahlt • darf eigene Mitarbeitende auswählen	☐ ☐ ☐ ☐ ☐ ☐ ☐

Farbe	Den Job persönlichkeitsorientiert schmackhaft machen	Haken
gelb	- Job bietet Abwechslung - arbeitet unabhängig und kann viel selbst bestimmen - darf innovative Ideen entwickeln - muss sich nicht um Details kümmern - kann sich gut entfalten und selbst verwirklichen - arbeitet vernetzt mit vielen Kontakten - wird von dynamischem Team unterstützt - Backoffice ist vorhanden - Vorgesetzter agiert demokratisch und wertschätzend - Einkommen ist nach oben offen	☐ ☐ ☐ ☐ ☐ ☐ ☐ ☐ ☐ ☐
grün	- Job bietet Sicherheit mit einem stabilen und vertrauten Umfeld - Job ist mit Familie vereinbar - Arbeitsplatz ist in der Heimat - kann intensiv und harmonisch in kleinen Gruppen arbeiten - Aufgabe fußt auf bewährtem System und beinhaltet Routinen - arbeitet selbstständig und zugleich teambegleitet - Vorgesetzter ist empathisch, freundlich und geduldig - Einkommen ist verlässlich	☐ ☐ ☐ ☐ ☐ ☐ ☐ ☐
blau	- Zukunft des Jobs ist sicher - Ziele und Erwartungen sind klar und realistisch - arbeitet als Experte in einem Fachbereich - wird strukturiert und erprobt eingearbeitet - arbeitet mit bewährtem Konzept und gleichmäßigen Abläufen - führt Aufgaben bis zum Ende durch - arbeitet allein mit Beziehung zu einer kleinen Gruppe - kritische Gedanken sind willkommen - Karriereplan ist objektiv messbar - erhält Weiterbildungen durch Spezialisten	☐ ☐ ☐ ☐ ☐ ☐ ☐ ☐ ☐ ☐

Tab. 41: Den Job persönlichkeitsorientiert schmackhaft machen

Nutzen Sie also das Wissen der Farben, um den Bewerber zu motivieren, bei Ihnen anzufangen!

Um dieses Kapitel abzurunden, greifen wir an dieser Stelle das Beispiel der Außendienstlerin und des Buchhalters erneut auf. Die folgenden Fragen können Sie im Vorstellungsgespräch stellen, um die passende Bewerberin zu finden und diejenige auch für die Stelle zu gewinnen:

Außendienstlerin
Mögliche Fragen:
- »Was war Ihr schwierigstes Kundengespräch? Wie haben Sie es bewältigt? Welche Fähigkeiten haben Ihnen dabei geholfen? Bitte schildern Sie ein konkretes Beispiel.« (Die Antworten hierauf informieren Sie über die Art und Weise, wie pragmatisch und kreativ die Außendienstlerin Probleme löst.)

- »Auf einer Skala von 1 bis 10: Wie gut können Sie verkaufen? [...] Was brauchen Sie, um die 10 zu erreichen?« (Die Antworten hierauf informieren Sie darüber, wie reflektiert die Außendienstmitarbeiterin ist, sowie darüber, wie gut sie verhandeln und überzeugen kann.)
- »Was schätzen Ihre Kunden an Ihnen?« (Die Antwort hierauf informiert Sie darüber, wie die Außendienstmitarbeiterin kommuniziert und Beziehungen aufbaut.)

Mögliche Verkaufsargumente (siehe auch »Was bieten wir?« aus der Stellenanzeige):
- Sie hat viel Gestaltungsraum für eigene Ideen.
- Sie erhält Unterstützung durch ein Powerteam.
- Sie darf sich einen E-Firmenwagen in einem Budgetrahmen selbst aussuchen.

Buchhalter
Mögliche Fragen:
- »Sie sind zuständig für das Mahnwesen. Bitte erklären Sie uns genau: Wie bearbeiten Sie Mahnungen?« (Die Antwort hierauf informiert Sie darüber, wie strukturiert der Buchhalter arbeitet.)
- »Stellen Sie sich die folgende Situation vor: Sie müssen laufende Geschäftsvorfälle in SAP pflegen. Das System funktioniert nicht. Was machen Sie? Wie gehen Sie vor?« (Die Antwort hierauf informiert Sie darüber, wie der Buchhalter Probleme analysiert und mit ihnen umgeht.)
- »Wie reagieren Sie, wenn Sie um 16:30 Uhr merken, dass Sie eine Differenz von 0,37 Euro bei den heutigen Buchungen haben?« (Die Antwort hierauf informiert Sie über das Qualitätsdenken und die Verlässlichkeit des Buchhalters.)

Mögliche Verkaufsargumente (siehe auch »Ihre Vorteile« aus der Stellenanzeige):
- Er wird strukturiert in seinen Bereich eingearbeitet.
- Er erhält individuelle Fortbildung.
- Es gibt ein detailliertes Handbuch mit allen Prozessen und Regeln.

6.5 Verständliche Verträge schreiben

Zum Alltagsgeschäft von Personalverantwortlichen gehört auch das Schreiben und Anpassen von Verträgen. Häufig beruhen diese auf Vorlagen aus der Rechtsabteilung oder sind eng mit dem Rechtsberater abgestimmt.

Die wichtigsten Arten von Verträgen sind:
- Arbeitsverträge
- Vereinbarungen zur betrieblichen Altersvorsorge
- Dienstwagenregelungen
- vertragliche Regelungen zu Reisekosten

- Betriebsvereinbarungen, zum Beispiel über Arbeitszeiten, Urlaubsgeld oder Homeoffice
- Rahmenverträge, zum Beispiel mit freien Trainern
- Verschwiegenheitsvereinbarungen

Verträge dienen am Anfang einer Arbeitsbeziehung dazu, die gegenseitigen Vereinbarungen schriftlich, verbindlich und rechtssicher festzuhalten. Sie sind die Grundlage für das Arbeitsverhältnis, die Arbeitsbedingungen und die gegenseitigen Rechte und Pflichten. Im Falle eines Konfliktes oder gar Rechtsstreits können beide Parteien schwarz auf weiß nachweisen, was vereinbart worden ist.

Akteure	Ziele
Arbeitgeber	<ul><li>sich für den Konfliktfall absichern</li><li>sich für das Worst-Case-Szenario absichern</li><li>sicherstellen, dass der Arbeit- bzw. Auftragnehmer die Inhalte umsetzt</li></ul>
Arbeit- bzw. Auftragnehmer	<ul><li>sich absichern</li><li>Vertragsinhalte verstehen</li><li>Vertragsinhalte beachten und umsetzen</li><li>nicht benachteiligt werden</li><li>respektiert werden</li></ul>
Betriebsrat	<ul><li>sicherstellen, dass alle Arbeitnehmer gleichgestellt werden</li></ul>

Tab. 42: Ziele der unterschiedlichen Akteure bei Verträgen

Das Thema *Sicherheit* steht hier also an erster Stelle. Die Gefahr hierbei ist, dass ein Vertrag nur für die eine Seite Sicherheit schafft. Aber es gibt noch weitere häufige Mängel an dieser Textsorte.

Negative Aspekte und ihre Auswirkungen
Verträge sind wohl die am wenigsten lesefreundliche Textsorte im Personalbereich. Sie neigen dazu, unverständlich, bürokratisch und verstaubt formuliert zu sein. Sie sind lang und optisch vielleicht zusätzlich aus Lesersicht ungünstig gestaltet (kleine Schriftgröße, große Absätze, Blocksatz).

Häufig fährt der Arbeitgeber ein ganzes Arsenal an Paragrafen auf, mit denen er sich für jeden noch so unwahrscheinlichen Fall absichern will. Der Tonfall kann einschüchternd bis drohend geraten.

Wie wirkt sich das auf den Leser und auf die Beziehung zu ihm aus?

Zunächst einmal sind solche Texte sehr schwer lesbar. Darüber hinaus schaffen sie eine Kluft und ein negatives Klima, da sie verunsichern, abschrecken und Vertrauen verhindern. Hier wird häufig mit Kanonen auf Spatzen geschossen. Selbstverständlich gibt es Fälle, in denen der Vertragspartner eine Situation ausnutzt und dem Unternehmen ein Schaden entsteht. Aber wie viel Prozent von den Vertragspartnern betrifft das? Was empfindet die Mitarbeiterin, die zukünftige Kooperationspartnerin, wenn sie einen solchen Text lesen und unterschreiben soll? Fühlt sie sich gesehen, wertgeschätzt, wohlwollend empfangen?

Es ist notwendig und wichtig, Verträge und Vereinbarungen zu schließen. Doch das lässt sich auch in einer positiveren Art und Weise erreichen (siehe Kapitel 2.7).

Tipps für Vertragstexte

Texteigenschaften	Die Tipps im Detail
geordnet	• klar und sinnvoll strukturiert • aussagekräftige Überschriften und Zwischenüberschriften • Roter Faden • übersichtliches Layout • Wichtiges fett markieren
sorgfältig und rechtssicher	• für ein ansprechendes und professionelles Layout sorgen • Inhalt prüfen • rechtlich prüfen lassen (aktuellen Stand der Rechtsprechung berücksichtigen) • immer Korrektur lesen
wertschätzend	• sich in die Perspektive des Lesers hineinversetzen • so kurz wie möglich und so ausführlich wie nötig • Sprachstil und Inhalt auch auf die Bedürfnisse des Vertragspartners abstimmen • Positiv und freundlich formulieren • Best-Case-Szenario im Kopf haben und als gemeinsames Ziel nehmen
stimmig	• passend zur Zielgruppe/-person • passend zum eigenen Unternehmen • genau passend zur Position beziehungsweise Situation

Tab. 43: Tipps für Vertragstexte

Beispiele: Übliche Vertragsbausteine und wertschätzende Alternativen
Die folgende Tabelle stellt Auszüge aus einem typischen Arbeitsvertrag jeweils verständlichen, frischen und wertschätzenden Vorschlägen gegenüber. Achten Sie jedoch bitte darauf, dass Verträge rechtssicher sein müssen. Es ist bei manchen sperrigen Worten nicht oder nur schwer möglich, diese durch greifbarere zu ersetzen, ohne den juristischen Sinn zu verändern. Überarbeiten Sie Vertragstexte, sollte deshalb immer ein Jurist prüfen, ob die veränderte Version rechtssicher ist. Dies sollte unbedingt eine

Person sein, die grundsätzlich den Ehrgeiz hat, die Rechtsprache so verständlich wie möglich zu formulieren.

üblicher Text	frische und verständliche Version
ABC ist nach billigem Ermessen berechtigt, der Mitarbeiterin jederzeit ein anderes ihrer Fähigkeiten und Qualifikationen entsprechendes, gleichwertiges Aufgaben- und Verantwortungsgebiet ohne Einschränkung ihrer Vergütung innerhalb der Gesellschaft zu übertragen.	ABC ist nach billigem Ermessen berechtigt, der Mitarbeiterin jederzeit ein anderes Aufgaben- und Verantwortungsgebiet zu übertragen. Dieses muss ihren Fähigkeiten und Qualifikationen entsprechen, gleichwertig innerhalb der Gesellschaft sein und gleich bezahlt werden. ABC muss in angemessener Weise die Interessen der Mitarbeiterin berücksichtigen.
Die Mitarbeiterin erhält als Vergütung für ihre Tätigkeit einen Jahresverdienst in Höhe von EUR X (i. W.: abc Euro). Die Mitarbeiterin erhält diesen Betrag in gleichmäßig hohen Raten monatlich ausgezahlt, der monatliche Bruttobetrag beläuft sich auf € X, zahlbar nachträglich am letzten Werktag des Monats. Die Vergütung wird der Mitarbeiterin auf deren Konto überwiesen.	Die Mitarbeiterin erhält für ihre Tätigkeit ein Jahresgehalt von X EUR (in Worten: abc Euro). Diesen Betrag erhält die Mitarbeiterin in gleichmäßig hohen Raten monatlich ausgezahlt. Das monatliche Bruttogehalt beträgt X EUR. ABC überweist diesen Betrag nachträglich am letzten Werktag des Monats auf das Konto der Mitarbeiterin.
Die Kündigung hat beiderseits schriftlich zu erfolgen.	Es muss schriftlich gekündigt werden.
Nach Ausspruch der Kündigung, ist die Firma berechtigt, die Mitarbeiterin unter Fortzahlung der Vergütung und unter Anrechnung von bestehenden und noch entstehenden Urlaubsansprüchen oder sonstigen Freizeitausgleichsansprüchen und in konkreter Anrechnung auf solche von der Dienstleistung freizustellen. Falls die Mitarbeiterin während der Freistellung erkrankt, beschränken sich die Entgeltfortzahlungspflichten des Arbeitgebers auf den jeweils gültigen gesetzlichen Entgeltfortzahlungsrahmen, derzeit auf sechs Wochen. Während der Freistellung finden § 615 Satz 2 BGB (Anrechnung anderweitigen Verdienstes) und § 60 HGB (Wettbewerbsverbot) weiterhin Anwendung.	Nachdem die Kündigung ausgesprochen wurde, darf ABC die Mitarbeiterin freistellen. Das Gehalt wird weitergezahlt, bestehende und noch entstehende Urlaubsansprüche werden angerechnet. Erkrankt die Mitarbeiterin, während sie freigestellt ist, muss ABC das Gehalt nur innerhalb des jeweils gültigen gesetzlichen Rahmens fortzahlen. Dies sind zurzeit sechs Wochen. Während der Freistellung weiterhin gültig: § 615 Satz 2 BGB (Anrechnung anderweitigen Verdienstes) und § 60 HGB (Wettbewerbsverbot).

üblicher Text	frische und verständliche Version
Die Mitarbeiterin ist verpflichtet, sowohl während des Bestehens des Arbeitsverhältnisses als auch nach dessen Beendigung alle vertraulichen Angelegenheiten sowie Betriebs- und Geschäftsgeheimnisse des Arbeitgebers, welche ihr bei der Ausübung der Tätigkeit für den Arbeitgeber zur Kenntnis gelangen (insbesondere Verfahren, Daten, Know-how, Marketingpläne, Geschäftsplanungen, unveröffentlichte Bilanzen, Budgets, Lizenzen, Preise, Kosten-, Kunden- sowie Lieferantenlisten) oder von ABC als vertraulich bezeichnet werden, einschließlich des Inhalts dieses Arbeitsvertrages, streng vertraulich zu behandeln und vor dem unberechtigten Zugriff Dritter zu schützen.	Die Mitarbeiterin ist verpflichtet, alle vertraulichen Angelegenheiten sowie Betriebs- und Geschäftsgeheimnisse des Arbeitgebers streng vertraulich zu behandeln und vor dem unberechtigten Zugriff Dritter zu schützen. Dies gilt sowohl während des Arbeitsverhältnisses als auch danach. Besonders gilt dies für Verfahren, Daten, Know-how, Marketingpläne, Geschäftsplanungen, unveröffentlichte Bilanzen, Budgets, Lizenzen, Preise, Kosten-, Kunden- sowie Lieferantenlisten oder für von ABC als vertraulich Bezeichnetes. Dazu gehört auch der Inhalt dieses Arbeitsvertrages.
Jede weitere entgeltliche oder unentgeltliche Beschäftigung bedarf der vorherigen schriftlichen Zustimmung durch ABC. Die Zustimmung wird erteilt, wenn weder die von der Mitarbeiterin vertraglich geschuldeten Leistungen noch die geschäftlichen Interessen von ABC beeinträchtigt werden noch gegen gesetzliche Vorschriften verstoßen wird. Im Falle einer Nebentätigkeit verpflichtet sich die Mitarbeiterin, hinsichtlich der Nebentätigkeit die Begrenzungen aus dem Arbeitszeitgesetz zu berücksichtigen.	Wenn die Mitarbeiterin zusätzlich entgeltlich oder unentgeltlich arbeiten will, muss ABC vorher schriftlich zustimmen. Zugestimmt wird, wenn weder die von der Mitarbeiterin vertraglich vereinbarten Leistungen noch die geschäftlichen Interessen von ABC beeinträchtigt werden. Die gesetzlichen Vorschriften müssen eingehalten werden. Im Fall einer Nebentätigkeit verpflichtet sich die Mitarbeiterin, dabei die Begrenzungen aus dem Arbeitszeitgesetz zu berücksichtigen.
Die Abtretung von Entgeltforderungen an Dritte ist nur mit der vorherigen Einwilligung der Firma statthaft. Für die Bearbeitung von Entgeltpfändungen kann eine laufende Verwaltungsgebühr von 2 % des Pfändungsbetrages, mindestens jedoch € 3,– für jede Überweisung, erhoben werden.	Entgeltforderungen an Dritte sind nur erlaubt, wenn ABC vorher eingewilligt hat. Müssen Entgeltpfändungen bearbeitet werden, kann ABC eine laufende Verwaltungsgebühr von 2 % des Pfändungsbetrages, mindestens jedoch 3 EUR für jede Überweisung berechnen.
Änderungen in den persönlichen Daten sowie in Bezug auf die Eigenschaft als Schwerbehinderter/Gleichgestellter ist unverzüglich unter Vorlage entsprechender Unterlagen bekannt zu geben.	Ändern sich persönliche Daten oder die Eigenschaft als Schwerbehinderte/Gleichgestellte, muss dies die Mitarbeiterin unverzüglich mitteilen und mit entsprechenden Unterlagen belegen.

üblicher Text	frische und verständliche Version
Es wird darauf hingewiesen, dass sich die Mitarbeiterin, spätestens drei Monate vor der Beendigung des Arbeitsverhältnisses, bzw. wenn weniger als drei Monate ab Kenntnis des Beendigungszeitpunktes zur Verfügung stehen, innerhalb von drei Tagen nach Kenntnis des Beendigungszeitpunktes bei der für die Mitarbeiterin zuständigen Agentur für Arbeit arbeitsuchend melden muss. Passiert dies nicht oder verspätet, ruht ein etwaiger Anspruch auf Arbeitslosengeld und es verkürzt sich zudem die Anspruchsdauer für den Bezug von Arbeitslosengeld. Ferner ist die Mitarbeiterin verpflichtet, bei der Suche nach einer neuen Beschäftigung selbst aktiv zu werden.	Die Mitarbeiterin muss sich spätestens drei Monate vor Ende des Arbeitsverhältnisses bei der zuständigen Agentur für Arbeit arbeitsuchend melden. Stehen weniger als drei Monate ab Kenntnis des Beendigungszeitpunktes zur Verfügung, muss dies innerhalb von drei Tagen nach dessen Kenntnis geschehen. Geschieht dies nicht oder verspätet, ruht ein Anspruch auf Arbeitslosengeld, und die Anspruchsdauer für den Bezug von Arbeitslosengeld verkürzt sich. Außerdem ist die Mitarbeiterin verpflichtet, bei der Suche nach einer neuen Beschäftigung selbst aktiv zu werden.
Nichtigkeit oder Unwirksamkeit einzelner Bestimmungen dieses Vertrages berühren die Gültigkeit der übrigen Bestimmungen nicht. Sie haben nicht die Nichtigkeit oder Unwirksamkeit des gesamten Vertrages zur Folge. Die unwirksamen oder nichtigen Bestimmungen sind so umzudeuten, dass der mit ihnen beabsichtigte wirtschaftliche Zweck erreicht wird. Ist eine Umdeutung nicht möglich, sind die Vertragsschließenden verpflichtet, eine Vereinbarung zu treffen, die dem wirtschaftlichen Zweck der unwirksamen oder nichtigen Bestimmung möglichst nahekommt.	Sind einzelner Bestimmungen dieses Vertrages nichtig oder ungültig, sind die übrigen Bestimmungen weiterhin gültig. Sie haben nicht zur Folge, dass der gesamte Vertrag nichtig oder unwirksam wird. Die unwirksamen oder nichtigen Bestimmungen sind so umzudeuten, dass der mit ihnen beabsichtigte wirtschaftliche Zweck erreicht wird. Ist es nicht möglich, sie umzudeuten, müssen die Vertragsschließenden eine Vereinbarung treffen, die dem wirtschaftlichen Zweck der nichtigen oder unwirksamen Bestimmung möglichst nahekommt.

Tab. 44: Gegenüberstellung üblicher und verständlicher Textbausteine von Verträgen

Es war unser Ziel, mit unseren Vorschlägen zu zeigen, dass eine gleichzeitig rechtssichere und verständlich-wertschätzende Sprache möglich ist. Der Lohn dieser Arbeit: Ihre zukünftigen Mitarbeitenden verstehen die Vertragstexte und Sie als Personalverantwortliche müssen diese nicht erklären. Sie überraschen damit positiv und heißen die Neuen willkommen. Beim Onboarding können Sie diese Linie weiterführen. Im folgenden Kapitel bekommen Sie eine Fülle an Impulsen dafür, auch diesen Teil der Unternehmenskultur wertschätzend zu gestalten.

6.6 Individuelles Onboarding organisieren

Onboarding bedeutet für ein Unternehmen, neue Mitarbeitende einzuarbeiten und einzubinden – also »an Bord zu nehmen«. Es umfasst alle Maßnahmen, die die fachliche, soziale und werteorientierte Integration fördern.

Ziele von Onboarding:
- Vor dem ersten Arbeitstag: Entscheidung bestärken, für gute Gefühle sorgen, Unsicherheiten vermeiden.
- Am ersten Arbeitstag: Gegenseitiges Kennenlernen von Vorgesetzten, Kollegen, Mitarbeitenden; gutes Gefühl bestätigen.
- In der ersten Woche: Mit dem Einarbeiten beginnen; Aufgaben, Zuständigkeiten und Abläufe klären.
- Bis zum Ende der Probezeit: Zum vollwertigen Mitarbeiter der Organisation entwickeln, gemeinsame Potenziale entdecken, Ziele vereinbaren, Zusammenarbeit festlegen.

Was können Sie also tun, damit sich der neue Mitarbeiter willkommen und sicher fühlt, sich schnell integriert und produktiv sein kann? Da wir alle individuelle Persönlichkeiten sind, haben wir alle unterschiedliche Bedürfnisse. Was für den einen wichtig ist, ist für den anderen bedeutungslos. Deshalb können Sie als Personalverantwortliche genau darauf achten, was der neue Mitarbeiter braucht.

Dabei kann Ihnen besonders das *DISG-Persönlichkeitsmodell* (siehe Kapitel 2.2) helfen. In der folgenden Tabelle liefern wir Ihnen für jeden Schritt im Onboarding und für jede Farbe einige Vorschläge. Sind Sie im Zweifel, welche Farben der Bewerber hat, können Sie aus allen Bereichen etwas auswählen.

Farbe	Vorschläge	Haken
Vor dem ersten Arbeitstag		
rot	• Gespräch mit der Geschäftsführung organisieren • Ziele setzen • Handy, Visitenkarten, Firmenwagen besorgen/beauftragen	☐ ☐ ☐
gelb	• Mitarbeitende, Kollegen, Empfang informieren • Netzwerktreffen organisieren	☐ ☐
grün	• Begrüßungsgeschenk besorgen, zum Beispiel Blumenstrauß • interne Mentorin bestimmen • eventuellen Termin mit Betriebsrat vereinbaren	☐ ☐ ☐
blau	• Arbeitsvertrag beidseitig unterschreiben (lassen) • Arbeitsmaterialien besorgen (Ausweis, Schlüssel, Computer, Passwort) • Einführung organisieren	☐ ☐ ☐
Am ersten Arbeitstag		
rot	• durch die Vorgesetzte begrüßen • Gespräch mit der Geschäftsführung ermöglichen • per E-Mail durch die Vorgesetzte offiziell vorstellen	☐ ☐ ☐

Farbe	Vorschläge	Haken
gelb	• über den digitalen Begrüßungsbildschirm willkommen heißen • durch das Unternehmen führen • die Kollegen vorstellen • eigene Person vorstellen	☐ ☐ ☐ ☐
grün	• Begrüßungsgeschenk überreichen • Gespräch mit Kollegen/Team/interner Mentorin führen • gemeinsam zu Mittag essen	☐ ☐ ☐
blau	• Arbeitshilfe überreichen • die erste Arbeitswoche erläutern • Einführungsplan erklären	☐ ☐ ☐
	In der ersten Arbeitswoche	
rot	• erste Aufgaben übernehmen • an ersten Besprechungen teilnehmen	☐ ☐
gelb	• Erwartungen, Ziele und Wünsche klären • gemeinsames Teamevent veranstalten (z. B. Grillen)	☐ ☐
grün	• Jour fixes mit Mentor und Vorgesetzten durchführen • gemeinsam zu Mittag essen • sich erkundigen, wie es geht	☐ ☐ ☐
blau	• Aufgaben und Erwartungen erläutern • Prozesse und Workflows vorstellen (z. B. Zeiterfassung) • Produktschulungen besuchen	☐ ☐ ☐
	Bis zum Ende der Probezeit	
rot	• eigene Projekte und Aufgaben übernehmen • selbstständig arbeiten • ermöglichen, Ideen zu präsentieren	☐ ☐ ☐
gelb	• regelmäßig Feedback geben • am Ende der Probezeit Gespräch führen (starkes Ja zur weiteren Zusammenarbeit oder Trennung)	☐ ☐
grün	• eng führen • Fragen klären • Hilfe anbieten • Sicherheit geben • sich Zeit nehmen	☐ ☐ ☐ ☐ ☐
Blau	• Vorgesetzter holt sich Feedback ein von Kolleginnen, Mitarbeitenden, Kunden • zur Hälfte der Probezeit: gut begründetes Feedback zur Leistung und Erwartungen geben	☐ ☐

Tab. 45: Persönlichkeitsorientiertes Onboarding

Gerade in der Probezeit fühlen sich viele neue Mitarbeitende unsicher, da ihnen gekündigt werden kann, ohne den Grund zu nennen. Deshalb ist es sehr wichtig, dass die Führungskraft und der neue Mitarbeiter sich regelmäßig über die Leistung und die Zufriedenheit austauschen.

Woran messen Sie, dass die Mitarbeiterin die Probezeit besteht? Weiß sie genau, was von ihr erwartet wird? Sind die vereinbarten Ziele *SMART* (spezifisch, messbar, attraktiv, realistisch und terminiert)? Suchen Sie nach einer Balance: Stellen Sie sich auf der einen Seite offen und positiv auf die neue Mitarbeiterin ein. Sprechen Sie auf der anderen Seite klar aus, was von ihr erwartet wird. Wie Sie während der Probezeit wertschätzend Feedback geben können, beschreiben wir in den Kapiteln 7.2 und 7.3 unter *Feedbackgespräche*. Werfen Sie gern auch noch einen Blick auf das Kapitel 2.1 über *gewaltfreie Kommunikation*.

Vorteile des Onboardings
- Erhöht die Produktivität: Onboarding sorgt für schnelles Einarbeiten in Prozesse und Teams.
- Hilft dabei, Fehler zu vermeiden: Onboarding stärkt, orientiert und entspannt den neuen Mitarbeiter.
- Erhöht dauerhaft die intrinsische Motivation: Onboarding ist ein Zeichen von Wertschätzung.
- Bindet neue Mitarbeitende an das Unternehmen: Das Rekrutieren kostet Zeit und Geld, gerade wenn Fachkräfte ein Engpass sind. Onboarding bindet mit Maßnahmen frühzeitig ans Unternehmen.
- Macht neue Mitarbeitende zu Markenbotschaftern: Onboarding trägt zum *Employer Branding* bei. Wer zufrieden, vielleicht sogar begeistert ist, empfiehlt den eigenen Arbeitgeber weiter. Onboarding kann also auch dabei helfen, weitere Fachkräfte anzuwerben und Kunden zu gewinnen.

6.7 Kapitel 6 auf den Punkt gebracht

In diesem Kapitel haben Sie erfahren, wie Sie Personal finden, das ideal zur Stelle, zu Ihrem Unternehmen und zum jeweiligen Team passt. Jeden Schritt haben wir über unsere beiden Beispiele *Außendienstmitarbeiterin* und *Buchhalter* veranschaulicht.

Wir haben Ihnen gezeigt, dass Sie ein persönlichkeitsorientiertes Anforderungsprofil aufstellen können, indem Sie die benötigten Kompetenzen ganzheitlich analysieren: zusätzlich zu den fachlichen Kompetenzen auch die Verhaltensvorlieben und die Motivatoren.

Die passgenaue Stellenanzeige zu texten, fällt Ihnen jetzt – hoffen wir – leichter, weil Sie wissen, wie Sie diese auf die gewünschten Persönlichkeiten zuschneiden, welche typischen Fehler Sie vermeiden können und wie erfolgreiche Stellenanzeigen konkret aussehen: verständlich, geordnet, sorgfältig, wertschätzend, stimmig, unbürokratisch.

Für eine wertschätzende Korrespondenz mit den Bewerbern haben Sie zum einen grundsätzliche Tipps erhalten. Zum anderen konnten Sie für jeden Schritt im Bewerbungsprozess an unseren Beispielen herausfinden, wie für die unterschiedlichen Verhaltensvorlieben Alternativen zu den üblichen Texten klingen.

Sie haben sich mit den Faktoren vertraut gemacht, die Sie bei der Auswahl und im Bewerbungsgespräch in den Fokus nehmen können: das Verhalten, die Kompetenzen und die Motivation des Bewerbers. Dazu haben wir Ihnen auf jeden Persönlichkeitstyp passende Fragen an die Hand gegeben, die Sie im Vorstellungsgespräch stellen können. Zusätzlich wissen Sie nun genauer, wie Sie sich als Arbeitgeber den verschiedenen Farbtypen stimmig präsentieren.

Verträge müssen rechtssicher, aber nicht unverständlich und drohend formuliert sein – das haben wir Ihnen mit Tipps und Beispielen gezeigt.

Für das Onboarding kommt es darauf an, auf die individuellen Bedürfnisse der neuen Mitarbeitenden einzugehen. Sie können jetzt bedürfnisorientierte Maßnahmen entwickeln, die sie willkommen heißen, integrieren, motivieren und an Ihr Unternehmen binden.

Wir kommen jetzt zu einem weiteren zentralen Bereich von Personalverantwortlichen: Personal führen und entwickeln.

7 Mitarbeiter individuell führen und passgenau entwickeln

Aktuell und in Zukunft sind dauerhaft motivierte, zufriedene und loyale Mitarbeitende für ein Unternehmen gar nicht hoch genug zu schätzen. Wir zeigen Ihnen deshalb in diesem Kapitel, wie Sie dafür sorgen können, dass die Mitarbeitenden ihr ganzes Potenzial entfalten können, gern ihr Bestes geben und Ihrem Unternehmen treu bleiben. Dafür lernen Sie Führungsstile kennen und erfahren, wie Sie Mitarbeitergespräche wertschätzend führen können.

Hier sehen Sie auf einen Blick die genauen Fragen, auf die Sie in diesem Kapitel Antworten bekommen:
- Wie führen Sie Mitarbeitende persönlichkeits- und situationsgerecht?
- Wie gelingt wertschätzendes situatives Feedback zur Leistung?
- Wie lassen sich angekündigte Feedbackgespräche respektvoll und empathisch führen?
- Wie begleiten Sie jährliche Mitarbeitergespräche?
- Wie führen Sie individuelle Entwicklungsgespräche?
- Wie entwickeln Sie Teams persönlichkeits- und lösungsorientiert?

7.1 Mitarbeitende wertschätzend führen

> »Was mich anbetrifft, so zahle ich für die Fähigkeit, Menschen richtig zu behandeln, mehr als für irgendeine andere auf der ganzen Welt.«
> John Davison Rockefeller

Personal bestmöglich zu führen, wird aufgrund des Fachkräftemangels immer wichtiger. Mitarbeitende gehen zu einem Unternehmen aufgrund dessen guten Rufes, sie bleiben aufgrund der Aufgabe und sie gehen aufgrund des Vorgesetzten. Das ist wieder Ergebnis der aktuellen Gallup-Studie, die jährlich den Arbeitsmarkt und die Mitarbeiterzufriedenheit in Deutschland untersucht: »Aus den Ergebnissen des Gallup Engagement Index Deutschland 2023 geht hervor, dass sich zu wenige Führungskräfte bewusst mit Führung auseinandersetzen. Mitarbeitende verlassen bei einer Kündigung in der Regel nicht das Unternehmen, für das sie arbeiten – sie verlassen Vorgesetzte.« (Gallup-Studie 2023, S. 30)

Eine gute Personalführung ist also entscheidend für eine geringe Fluktuation im Unternehmen. Daraus ergeben sich folgende Ziele:
- den Mitarbeitenden passende Aufgaben geben,
- ihr volles Potenzial heben,

- sie motivieren,
- sie emotional an das eigene Unternehmen binden.

Als Personalverantwortliche können Sie zum einen Führungskräften bewusst machen, wie wichtig Führung ist. Zum anderen können Sie die Führungskräfte dabei unterstützen, ihren Führungsstil und ihre Führungstechniken individuell anzupassen. Darüber hinaus haben Sie vielleicht auch selbst Mitarbeitende, die Sie je nach ihrer Persönlichkeit, ihren Bedürfnissen und ihren Fähigkeiten führen möchten.

Viele Führungskräfte fragen uns: Wie sollen wir denn optimal führen? Soll ich streng sein oder eher mild? Soll ich direkt oder lieber durch die Blume kommunizieren? Soll ich stark kontrollieren oder eher Freiheiten lassen? Soll ich Herausforderungen bieten oder Routineaufgaben geben? Unsere Antwort lautet immer: Wahrscheinlich ist alles richtig – je nach Mitarbeiterin, Situation und konkreter Aufgabe. Denn es gibt nicht den einen richtigen Führungsstil. Jede Mitarbeiterin ist anders und braucht eine empathische Führungskraft, die das Gespür dafür hat, wie sie in welcher Situation optimal reagiert und handelt.

Wird eine Mitarbeiterin effektiv geführt, bringt sie die besten Leistungen. Das Schwierige bei Führung ist jedoch Folgendes:
- Jede Mitarbeiterin hat eine ganz eigene Persönlichkeit mit spezifischen Bedürfnissen.
- Jede Mitarbeiterin hat ein bestimmtes Wissen und spezielle Fähigkeiten in einer bestimmten Situation.

Deshalb braucht jede Mitarbeiterin eine individuelle Führung. Dabei rückt die emotionale Intelligenz der Führungskraft immer mehr in den Fokus, denn Führungskräfte brauchen die Fähigkeit, eigene und fremde Gefühle wahrzunehmen, zu verstehen und zu beeinflussen. Dafür müssen sie sich empathisch in andere hineinversetzen können und benötigen eine gute Menschenkenntnis. Ihre eigenen Emotionen sollten sie kontrollieren können. Zusätzlich sollten sie überzeugend und wertschätzend mit anderen kommunizieren können.

Wir empfehlen Ihnen folgende Schritte, um den eigenen Führungsstil und die dazugehörigen Techniken optimal anzupassen. Dabei greifen wir die beiden Modelle *DISG-Persönlichkeitsmodell* (Kapitel 2.2) und *situatives Führen* (Kapitel 2.8) auf.

Schritt 1: Persönlichkeit des Mitarbeiters erkennen
Schritt 2: Passenden Führungsstil je nach Qualifikation und Motivation des Mitarbeiters in Bezug auf eine bestimmte Aufgabe ermitteln
Schritt 3: Konkrete Führungstechniken auswählen

Die Schritte im Detail:

Schritt 1: Persönlichkeit des Mitarbeiters erkennen

Zuerst schätzen Sie die Persönlichkeit des Mitarbeiters ein. In Kapitel 2.2 haben wir die verschiedenen Möglichkeiten vorgestellt: situativ, durch eine Checkliste oder durch eine professionelle Analyse, die valide, normiert und reliabel ist. Dieses Einschätzen Ihres Mitarbeiters hilft Ihnen, seine Bedürfnisse und Verhaltensvorlieben besser zu begreifen.

Schritt 2: Passenden Führungsstil je nach Qualifikation und Motivation des Mitarbeiters in Bezug auf eine bestimmte Aufgabe ermitteln

Zuerst überlegen Sie, wie Qualifikation und Motivation des Mitarbeiters für eine spezielle Aufgabe sind. Dafür notieren Sie sich, welches Wissen, welche Erfahrungen und welchen eigenen Antrieb der Mitarbeiter für diese bestimmte Aufgabe mitbringt. Sie können dazu die Grafik *Modell des situativen Führens* aus Kapitel 2.8 zur Hand nehmen und den Reifegrad bestimmen. Über den Reifegrad können Sie dann den passenden der vier Führungsstile auswählen (Anweisen, Trainieren, Unterstützen und Delegieren).

Schritt 3: Konkrete Führungstechniken auswählen

Führungstechniken sind konkrete Methoden, mit denen eine Führungskraft Mitarbeiter leitet. Da jeder Mitarbeiter von der Persönlichkeit her anders ist, entscheiden Sie sich innerhalb des passenden Führungsstils für die optimalen Führungstechniken. Diese sind auf die individuellen Verhaltensvorlieben des Mitarbeiters abgestimmt.

Die folgenden Tipps helfen Ihnen dabei, die Mitarbeiter bestmöglich zu führen:

Rot:
Anweisender Führungsstil (S1) bei geringer Kompetenz und hohem Engagement:
- Seien Sie konsequent und direkt, definieren Sie exakt die erforderliche Leistung.
- Zeigen Sie den einfachsten, schnellsten und praktischsten Weg, um Ergebnisse zu erzielen.
- Beim Feedback seien Sie zielorientiert: Beschreiben Sie kurz und direkt das Problem und das erwünschte Ergebnis. Fokussieren Sie sich dann auf Strategien, wie die *Rote* ihre Leistung verbessern kann.

Trainierender Führungsstil (S2) bei niedriger Kompetenz und wenig Engagement:
- Legen Sie bei der *Roten* den Schwerpunkt darauf, die Kompetenzen zu trainieren, mit denen sie komplexe Probleme lösen kann. Erklären Sie ihr, dass manche Prozesse Zeit brauchen.

- Leiten Sie sie an, Fakten zu sammeln, nach Alternativen zu suchen, die Risiken und Chancen abzuwägen sowie eine Lösung vorzuschlagen.
- Betonen Sie, wie positiv sich dies auf die Ergebnisse auswirkt.

Unterstützender Führungsstil (S3) bei mittlerer bis hoher Kompetenz und schwankendem Engagement:
- Bieten Sie Herausforderungen, selbstständiges Arbeiten und Erfolgserlebnisse.
- Zeigen Sie alternative Methoden auf, um Ergebnisse zu erreichen.
- Verwenden Sie kurze, direkte Aussagen; erkennen Sie die Leistungen an.

Delegierender Führungsstil (S4) bei hoher Kompetenz und hohem Engagement:
- Definieren Sie die Ergebnisse und den Abgabetermin – den Weg dorthin bestimmt die *Rote* selbst.
- Geben Sie ihr Entscheidungsspielraum und klären nur dessen Grenzen.
- Erlauben Sie ihr, die Aktivitäten anderer zu steuern.

Gelb:
Anweisender Führungsstil (S1) bei geringer Kompetenz und hohem Engagement:
- Begeistern Sie ihn mit einer lebendigen und bildhaften Sprache.
- Stellen Sie sicher, dass der *Gelbe* Aufgabe und Erwartungen genau verstanden hat.
- Überfallen Sie ihn nicht mit Einzelheiten.

Trainierender Führungsstil (S2) bei niedriger Kompetenz und wenig Engagement:
- Stellen Sie W-Fragen (Was? Wie? Wo? Wann?); seien Sie offen für Gedanken-, Gefühls- und Ideenaustausch.
- Unterstützen Sie den *Gelben* dabei, die Emotionalität bei Themen herauszunehmen und bieten Sie strukturierende Methoden für komplexe Aufgaben an. Erklären Sie ihm, warum Feinheiten und Sorgfalt auch wichtig sind, und geben Sie Hilfen bei Detailarbeiten.
- Beim Feedback beschreiben Sie wertfrei und so konkret wie möglich das problematische Verhalten. Weisen Sie auf die positiven Effekte eines verbesserten Verhaltens hin.

Unterstützender Führungsstil (S3) bei mittlerer bis hoher Kompetenz und schwankendem Engagement:
- Sorgen Sie dafür, dass der *Gelbe* mit anderen zusammenarbeiten kann.
- Betonen Sie, dass bessere Leistung dazu führt, höher anerkannt zu werden.
- Erkennen Sie zwischenmenschliche Fähigkeiten öffentlich an.

Delegierender Führungsstil (S4) bei hoher Kompetenz und hohem Engagement:
- Definieren Sie klar Ihre Erwartung von Leistung und zeitlichem Rahmen. Prüfen Sie nach, ob Ziel und Meilensteine verstanden wurden.

- Setzen Sie Termine für Zwischenkontrollen.
- Fördern Sie den Austausch mit anderen.

Grün:
Anweisender Führungsstil (S1) bei geringer Kompetenz und hohem Engagement:
- Betreuen Sie die *Grüne*, wenn möglich, einzeln und bieten Sie ihr detaillierte schriftliche Anleitungen an.
- Geben Sie ihr Zeit, sich mit einem Thema auseinanderzusetzen – bestenfalls gemeinsam mit Kollegen.
- Organisieren Sie regelmäßig lockeres Feedback in einer freundlichen Atmosphäre.

Trainierender Führungsstil (S2) bei niedriger Kompetenz und wenig Engagement:
- Vermitteln Sie Techniken dafür, sich in einfachen Situationen schneller zu entscheiden.
- Zeigen Sie ihr bei neuen Situationen, wie sie kreativ denken und innovative Lösungen selbstständig finden kann.
- Geben Sie häufig wertschätzendes Feedback. Nutzen Sie die Sandwich-Methode: Erst wertschätzen, dann eine Verbesserung vorschlagen, dann wieder wertschätzen. Haben Sie Geduld: Würdigen Sie auch kleine Fortschritte.

Unterstützender Führungsstil (S3) bei mittlerer bis hoher Kompetenz und schwankendem Engagement:
- Würdigen Sie ausdrücklich, dass sie zu Zusammenhalt und gutem Klima im Team beiträgt.
- Erkennen Sie an, dass sie ausdauernd und zuverlässig arbeitet.
- Bieten Sie regelmäßige Gelegenheiten, sich über Probleme auszutauschen.

Delegierender Führungsstil (S4) bei hoher Kompetenz und hohem Engagement:
- Halten Sie die gewünschten Ergebnisse und die passenden Methoden schriftlich fest.
- Bieten Sie an, sie bei Verhandlungen oder anderen schwierigen Situationen zu unterstützen.
- Achten Sie auf häufigen, kurzen Austausch und seien Sie für Fragen immer ansprechbar.

Blau:
Anweisender Führungsstil (S1) bei geringer Kompetenz und hohem Engagement:
- Vermitteln Sie den Sinn der Aufgabe.
- Stellen Sie sicher, ob wichtige Punkte verstanden und anerkannt wurden.
- Geben Sie einen Zeitrahmen, um Informationen zu verarbeiten und Fähigkeiten zu üben.

Trainierender Führungsstil (S2) bei niedriger Kompetenz und wenig Engagement:
- Beim Feedback vergleichen Sie konkret die aktuellen und die angezielten Ergebnisse. Bleiben Sie sachlich bei Daten und Fakten, anstatt zu bewerten. Erklären Sie kurz, was genau sich für eine hohe Qualität der Ergebnisse verändern muss.
- Geben Sie dem *Blauen* Zeit zum Nachdenken, bevor er sich zum Handeln verpflichten muss.
- Diskutieren Sie alternative Prozesse und vermitteln Sie Techniken, mit denen er schneller Probleme lösen kann. Überlegen Sie sich gemeinsam eine funktionierende, aber nicht unbedingt perfekte Lösung.

Unterstützender Führungsstil (S3) bei mittlerer bis hoher Kompetenz und schwankendem Engagement:
- Erkennen Sie seine Leistungen unter vier Augen an, und belegen Sie präzise seine Fortschritte.
- Schaffen Sie Situationen, in denen logische und systematische Arbeit zu langfristigen Erfolgen und guter Qualität führt.
- Geben Sie dem *Blauen* Gelegenheit, sein Spezialwissen zu zeigen.

Delegierender Führungsstil (S4) bei hoher Kompetenz und hohem Engagement:
- Beschreiben Sie klar, logisch und präzise, welche Qualität und Quantität Sie in welcher Zeit erwarten (*SMART*).
- Verdeutlichen Sie den Sinn der Aufgabe im Rahmen des Gesamtprojekts.
- Klären Sie die Grenzen seiner Verantwortung, seiner Autorität und seines persönlichen Risikos.

Damit diese Methode des *situativen Führens* für Sie noch greifbarer wird, veranschaulichen wir sie anhand des folgenden Fallbeispiels:

Praxisbeispiel
Stellen Sie sich vor, Sie sind Personalverantwortliche in einer großen Versicherungsgesellschaft. Die Versicherungsbranche boomt und jedes Jahr stellen Sie 50 Auszubildende und dual Studierende ein. Über Auswahlverfahren, Persönlichkeitsanalysen/ Persönlichkeitseinschätzung und persönlichen Kontakt haben Sie die verschiedenen Persönlichkeiten kennengelernt. Wir schauen uns aus jedem Ausbildungsjahrgang eine Person dieser Gruppe genauer an und zeigen Ihnen, wie unterschiedlich diese jungen Menschen geführt werden sollten.

Azubi 1: Luisa Ausbildung zur Kauffrau für Versicherungen und Finanzdienstleistungen, 1. Lehrjahr, Persönlichkeitstyp *Grün-Blau*
Azubi 2: Konstantin Ausbildung zum Kaufmann für Digitalisierungsmanagement, 2. Lehrjahr, Persönlichkeitstyp *Blau-Rot*

Azubi 3: Mia Kauffrau für Marketingkommunikation, duales Studium, 3. Lehrjahr, Persönlichkeitstyp *Gelb-Rot*

Azubi 1: Luisa
Luisa ist 18 Jahre alt und kommt direkt nach ihrem Schulabschluss in Ihr Unternehmen. Sie hat keine Berufserfahrung, kennt noch niemanden im Unternehmen. Vom Typ her ist sie ruhig, freundlich, zuverlässig, genau, mag Routineaufgaben.

Wie alle neuen Auszubildenden muss Luisa in den ersten Monaten sehr viel bewältigen. Einerseits sind Informationen über das Unternehmen wichtig: Geschäftsbereiche und die jeweiligen Gebäudeteile, Organisationsstruktur, Zeiterfassung, Betriebsrat und Tarifvertrag, betriebliche Vereinbarungen, Versicherungs- und Finanzprodukte, Kunden, Wettbewerber und interne Kommunikationskanäle. Andererseits muss sie sich mit den Grundlagen von Geschäftsabläufen vertraut machen, wie zum Beispiel Telefonate richtig annehmen und durchstellen, Dokumente ablegen und wiedervorlegen, EDV-Programme bedienen, intern und extern wertschätzend korrespondieren, respektvoll mündlich kommunizieren, typische Arbeitsprozesse verstehen.

Da sie noch sehr wenig weiß, ist ihre Qualifikation gering. Ihre Motivation ist hoch – nach der Schule möchte sie nun endlich praktisch arbeiten und etwas für ihre Zukunft lernen. Sie fühlt sich grundsätzlich stark, sicher und voller Tatendrang. In Bezug auf neue Aufgaben traut sie sich jedoch nicht so viel zu und hat Angst davor, Fehler zu machen. Um sich wohlzufühlen, sich zu entfalten und gute Leistung zu bringen, bräuchte sie einen dirigierenden beziehungsweise anweisenden Führungsstil (S1).

Sie können Luisa mit klaren Strukturen und Anleitungen unterstützen, zum Beispiel mit einem Einführungsplan, Organigrammen, Checklisten, Flussdiagrammen, Workflows, Telefonlisten und Handbüchern.

Sehr wichtig und hilfreich für Luisa wäre ein enger Austausch mit anderen Azubis. Sie bräuchte auf jeden Fall Ansprechpartner, die ihr alle Fragen gern beantworten, sie ermutigen und ihr viel wertschätzendes Feedback geben. Sie sollten daran denken, immer freundlich, zugewandt und gleichzeitig sachlich mit ihr zu kommunizieren.

Azubi 2: Konstantin
Konstantin ist 20 Jahre alt und schon ein Jahr als Azubi im Unternehmen. Er hat schon vier Abteilungen kennengelernt und ist seit drei Wochen in seiner fünften Abteilung. Erste Kontakte zu anderen Azubis und zu Kollegen hat er geknüpft. Vom Typ her ist er distanziert-nüchtern und denkt lösungsorientiert in Strukturen. Seine Welt sind die Zahlen, Daten und Prozesse.

Konstantin hat alle wesentlichen Unternehmensinformationen aufgenommen und kennt sich mit den Geschäftsprozessen der vier Abteilungen aus. Die Grundlagen der fünften Abteilung hat er durch Anweisen schon gelernt. Er ist in der Lage, begrenzt kleine Entscheidungen zu treffen. Aktuell ist es seine Aufgabe, einen kleinen Prozess zu automatisieren. Seine Qualifikation ist durch diese neue Situation eher gering: Er verfügt über einen Teil des hierfür nötigen theoretischen Wissens, hat aber noch keine praktische Erfahrung.

Die Motivation von Konstantin ist auch eher gering: Die erste Euphorie ist vergangen. Er hat schon Fehler gemacht und merkt, dass er noch viel lernen muss. Jetzt ist er zum ersten Mal für einen kleinen Prozess selbst verantwortlich. Das überfordert ihn ein wenig, und er fühlt sich unsicher. Damit Konstantin auch Erfolg hat, braucht er einen trainierenden Führungsstil (S2).

Sie können mit ihm Techniken und Prozesse durchgehen, wie er diese neue Aufgabe bewältigen kann. Zum Beispiel kann eine Meilensteintabelle ihm helfen, die Struktur des Projekts zu klären und Termine für Feedback mit Ihnen zu erhalten. Beim Austausch vergleichen Sie sachlich die aktuellen und erwünschten Ergebnisse. Zusammen diskutieren sie, ob die Ergebnisse ausreichen oder was er noch ändern müsste, um einen hohen Qualitätsstandard zu erreichen. Wichtig ist hierbei, ihm ausreichend Zeit für diesen ganzen Prozess zu geben.

Azubi 3: Mia
Mia ist 23 Jahre alt und hat nach ihrem Abitur eine Weltreise gemacht. Ende des dritten Studienjahrs hat sie alle wichtigen Abteilungen des Unternehmens kennengelernt und spezialisiert sich seit sechs Monaten auf den Bereich *Eventmarketing*. Sie hat schon bei zahlreichen Events unterstützt und weiß, wie sie ein Event organisiert. Vom Typ her ist sie sehr kommunikativ, kreativ, selbstbewusst und zielorientiert.

Mia hat viel in der Akademie gelernt, was sie gut im Unternehmen umgesetzt hat. Ihre Qualifikation ist im Bereich *kleine Events* mit bis zu zwölf Personen hoch. Deshalb haben Sie entschieden, ihr ein Event für ein Managementteam von acht Personen eines jungen Start-ups zu übergeben. Mia soll von der Auftragsanalyse bis hin zur Umsetzung alles selbstständig organisieren. Sie haben volles Vertrauen in Mia, haben aber den Eindruck, dass sich Mia dieses Projekt noch nicht zutraut. Deswegen schätzen Sie ihre Motivation als gering ein. Mia braucht den unterstützenden Führungsstil (S3).

Um Mias Selbstvertrauen zu stärken, geben Sie ihr positives Feedback – konkret zu den Aufgaben, die sie in den letzten Events selbstständig erledigt hat. Außerdem zeigen Sie ihr auch ihre Kompetenzen auf, die ihr bei der Organisation helfen. Damit Mia sich sicherer fühlt und keine Details vergisst, kann sie sich ein kleines Team zur Unterstützung und zum Austausch zusammenstellen. Bieten Sie ihr an, sie zu unterstützen, wenn sie es braucht. Vereinbaren Sie jetzt schon einen Austauschtermin drei Tage vor dem Event, um alle Details zusammen durchzugehen.

Gedanken zum eigenen Lieblingsführungsstil

Das waren einige Tipps und Beispiele zu den Führungsstilen, die zu den jeweiligen Mitarbeitenden und ihrer individuellen Situation passen. Es gibt auch bestimmte Führungsstile, zu denen Führungskräfte mit bestimmten dominanten Farben neigen:

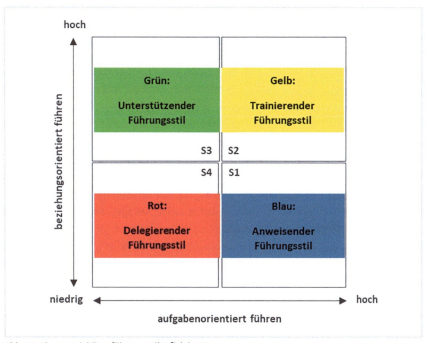

Abb. 22: Eigenen Lieblingsführungsstil reflektieren

Überlegen Sie sich kurz, zu welchem der vier Führungsstile Sie neigen. Sie erkennen Ihren intuitiven Führungsstil daran, dass Ihnen dieser sehr gut gefällt, und er perfekt zu Ihnen passt. Aber dieser Führungsstil ist wahrscheinlich nicht immer sinnvoll: Die Bedürfnisse des Mitarbeiters und die jeweilige Situation, in der dieser sich befindet, können einen ganz anderen Führungsstil erfordern.

Trainieren Sie deshalb bewusst die anderen Führungsstile, denn wenn Sie sich auf den Mitarbeiter und seine Situation individuell einstellen, haben Sie folgende **Vorteile**:

Effektivität: Mitarbeitende bringen ihre besten Leistungen, wenn ihre individuellen Bedürfnisse erfüllt sind.
Erfolg: Ein leistungsfähiges Team, das Sie nach den einzelnen Stärken aufstellen, bringt dauerhaften Erfolg.
Loyalität: Wenn Sie Mitarbeitende wertschätzend und passgenau führen, binden Sie diese emotional an das Unternehmen.

7.2 Situatives Feedback zur Leistung geben

Feedbackgespräche dienen dazu, den blinden Fleck zu verringern (siehe *Johari-Fenster*, Kapitel 2.3). Viele Menschen scheuen sich davor, Feedback zu geben – ob positiv oder kritisch. Einige denken, positives Feedback sei nicht nötig – es sei ja der Job des Mitarbeiters, Leistung zu bringen. Bei kritischem Feedback befürchten manche, dass der andere dann demotiviert wird und die Beziehung darunter leidet.

Reflektieren Sie: Vermeiden Sie es, positives oder kritisches Feedback zu geben? Wenn ja: Ist das immer so oder nur bei bestimmten Personen? Durch Reflexion können Sie das Unbewusste ins Bewusstsein bringen – also über die Wasseroberfläche (siehe *Eisbergmodell*, Kapitel 2.4). Damit haben Sie die Chance, Ihre innere Haltung in Bezug auf das Geben von Feedback zu erforschen und weiterzuentwickeln.

Positives Feedback spornt zu höherer Leistung an – das nutzt Ihrem Unternehmen. Aus vielen Trainings und Coachings wissen wir, dass Mitarbeitende sich bei positivem, konkretem Feedback glücklich, stolz, selbstbewusst, wertgeschätzt, bestätigt und wahrgenommen fühlen. Besonders für die *Gelben* ist es sehr wichtig, ihre Leistung anzuerkennen (siehe *DISG-Persönlichkeitsmodell*, Kapitel 2.2). Wichtig dabei ist, nicht zu loben, also die Person zu bewerten, sondern ein konkretes Verhalten wertzuschätzen (siehe *GfK*, Kapitel 2.1).

Kritisches Feedback führt zu Enttäuschung, Frustration, Selbstzweifel, Traurigkeit und Demotivation, wenn dieses bewertend, verallgemeinernd und anschuldigend kommuniziert wird. Geben Sie das kritische Feedback wertschätzend und verständlich! Dies führt dazu, dass die Mitarbeiterin ihr Verhalten reflektiert. Sich ihrer eigenen Entwicklungsbereiche bewusst zu werden, ist die Grundlage dafür, sich positiv zu verändern und persönlich zu wachsen.

Deshalb ist es wichtig, mit der richtigen Haltung in Feedbackgespräche zu gehen: respektvoll, aufrichtig und unterstützend. Die Fakten sollten auf den Tisch – sprechen Sie klar und sachlich an, was Sie beobachtet haben. Gehen Sie gleichzeitig mit dem Menschen wertschätzend um. Die Person respektieren Sie – es geht lediglich darum, ein bestimmtes Verhalten zu ändern

Die folgenden Tipps können Sie dabei unterstützen, Feedback wertschätzend zu geben:
1. unmittelbar, statt verspätet,
2. erwünscht, statt aufgedrängt,
3. verhaltensbezogen, statt eigenschaftsbezogen,
4. respektvoll, statt herablassend,
5. beschreibend, statt bewertend,
6. konkret, statt pauschal,

7. zielorientiert, statt vage,
8. realistisch, statt utopisch.

Wir erklären jetzt, was genau damit gemeint ist.
1. *Unmittelbar* heißt so zeitnah, dass sich beide Seiten noch an die Situation erinnern können. Manchmal ist die Situation so angespannt, dass eine Pause wichtig ist, um Emotionen abzukühlen und sachlicher miteinander sprechen zu können. In diesem Fall ist es vielleicht sinnvoll, etwas mit dem Feedback zu warten – jedoch nicht länger als fünf Tage.
2. *Erwünscht* bedeutet, dass Sie das Gegenüber fragen, ob der Zeitpunkt gerade passt. Vielleicht steht der andere gerade unter Druck oder muss sich auf etwas konzentrieren und kann deshalb nicht aufmerksam zuhören.
3. *Verhaltensbezogen* meint, dass Sie nicht die Eigenschaften einer Persönlichkeit kritisieren. Stattdessen sprechen Sie ein bestimmtes Verhalten an, das bei Ihnen zu einer Spannung führt.
4. Unter *respektvoll* verstehen wir, dass Sie Ihren Kommunikationspartner nicht von oben herab betrachten und behandeln. Respektieren Sie ihn – reden Sie höflich und auf gleicher Augenhöhe mit ihm.
5. *Beschreibend* den Kritikpunkt zu äußern, ist sehr wichtig, denn Bewertungen sind subjektiv und führen zu Abwehr und Diskussionen. Schildern Sie deshalb unbedingt sachlich, was Sie beobachtet haben.
6. Je *konkreter* Sie das Verhalten benennen, desto besser kann das Gegenüber Ihre Kritik verstehen und annehmen. Pauschalisieren bewirken, dass Ihr Gegenüber sich ungerecht behandelt fühlt und in Abwehrhaltung geht. Nennen Sie deshalb Fakten wie Anlass, Zeitpunkt, Ort, beteiligte Personen und genaues Verhalten.
7. *Zielorientiert* den Wunsch zu formulieren, hilft Ihrer Kommunikationspartnerin zu verstehen: Wie genau soll das Verhalten in Zukunft aussehen? Äußern Sie also deutlich, was Sie von ihr erwarten.
8. Das Ziel sollte *realistisch* sein. Ist das Ziel zu hochgesteckt, frustrieren Sie den anderen. Der Mitarbeiter muss das Ziel mit seinen Fähigkeiten, seinem Wissen und seiner Erfahrung erreichen können. Nur so motivieren Sie ihn, an sich zu arbeiten.

Mithilfe der *gewaltfreien Kommunikation* (siehe Kapitel 2.1) können Sie viele dieser Tipps umsetzen:

Erster Schritt: *Beobachtung*
Zuerst schildern Sie genau, was Sie gesehen haben und welches Verhalten Sie gestört hat. Hier beschreiben Sie mit Zahlen und Fakten und lassen jegliche Bewertung außen vor. Seien Sie sehr konkret und zitieren Sie das Gesagte, wenn möglich. So wird es eine möglichst objektive Rückschau der Situation. Da Sie nichts interpretieren oder vorwerfen, lösen Sie bei Ihrem Gegenüber nicht den Impuls aus, sich zu verteidigen, zu diskutieren oder Sie anzugreifen.

Zweiter Schritt: *Gefühle*
Nennen Sie Ihre Gefühle, die durch die Situation ausgelöst wurden. So erreichen Sie Ihr Gegenüber emotional und erhöhen seine Bereitschaft, sein Verhalten zu verändern. Sehr wichtig dabei: Senden Sie Ich-Botschaften! Sagen Sie: »Ich bin frustriert«, statt »Du hast mich enttäuscht«. Achten Sie dabei darauf, dass Sie echte Gefühle äußern und keine Pseudogefühle, welche Schuldzuweisungen oder Vorwürfe enthalten. Anstatt zu sagen: »Ich habe mich ausgenutzt gefühlt« oder »Ich fühle mich übergangen und nicht respektiert«, überlegen Sie sich, wie Sie sich innerlich gefühlt haben. Vielleicht waren Sie zum Beispiel wütend, betrübt, unsicher oder irritiert.

Dritter Schritt: *Bedürfnisse*
Gefühle werden durch eigene unerfüllte Bedürfnisse ausgelöst – und nicht durch das Verhalten anderer! Ihr unerfülltes Bedürfnis ist der Grund, warum Sie das Feedback geben. Indem Sie Ihre Bedürfnisse erklären, kann Ihr Gegenüber Ihre Gefühle verstehen. Warum ist es Ihnen so wichtig, dass der Mitarbeiter sein Verhalten ändert? Welche Ihrer Bedürfnisse wurden nicht befriedigt? Sehen Sie sich dazu noch einmal in Kapitel 4 den Part über Bedürfnisse an.

Überprüfen Sie bei diesem Schritt auch noch einmal, ob es sich um ein Bedürfnis handelt oder um eine Strategie, dieses zu erfüllen. Wenn Sie zum Beispiel denken: »Ich brauche jetzt einen Spaziergang«, ist das eine von vielen Strategien, um Ihr Bedürfnis nach Erholung zu erfüllen. Vielleicht könnten Sie sich auch erholen, indem Sie Musik hören. Es ist deshalb wichtig, das eigentliche Bedürfnis zu erkennen, damit Sie verschiedene Möglichkeiten sehen, es zu erfüllen.

Vierter Schritt: *Bitte*
Drücken Sie deutlich aus, welches Verhalten den Arbeitsprozess beziehungsweise Ihre Beziehung zueinander verbessern würde. Dabei ist es wichtig, dass Sie das Ziel positiv und konkret formulieren, es realistisch und messbar ist sowie von Ihrem Gegenüber verstanden und akzeptiert wird. Wenn Sie auf Widerstände stoßen, suchen Sie gemeinsam nach einer alternativen Lösung.

In Tabelle 46 sehen Sie die vier Schritte noch einmal übersichtlich im Vergleich *destruktives Feedback* versus *wertschätzendes Feedback*.

Schritte	destruktives Feedback	wertschätzendes Feedback
Beobachtung	• bewertend • verallgemeinernd • pauschalisierend • anschuldigend	• wertfrei • objektiv • konkret • zeitnah
Gefühle	• Du-Botschaften • Pseudogefühle	• Ich-Botschaften • Echte Gefühle

Schritte	destruktives Feedback	wertschätzendes Feedback
Bedürfnisse	• Strategie	• unerfülltes Bedürfnis • Grund für die Veränderung
Wunsch	• negativ • utopisch • unkonkret • unverständlich	• positiv • realistisch • messbar • verständlich

Tab. 46: Vergleich zwischen destruktivem und wertschätzendem Feedback

Mit einigen Beispielen veranschaulichen wir den Unterschied zwischen destruktivem und wertschätzendem Feedback. Wir greifen hier gezielt den kritischen Part in einem Feedbackgespräch auf:

Destruktives Feedback	Wertschätzendes Feedback
Deine Präsentation war schlecht.	Mir ist bei deiner gestrigen Präsentation aufgefallen, dass deine Augen während deines halbstündigen Vortrages auf deinen Laptop gerichtet waren. Dabei hast du zweimal kurz hochgeschaut. Damit war ich unzufrieden, da mir das Thema am Herzen liegt. Um das Publikum zu erreichen und zu überzeugen, braucht es meiner Meinung nach regen Augenkontakt. Ich wünsche mir, dass du die Zuhörer beim Follow-up-Termin mindestens einmal pro Minute anschaust.
Du warst arrogant zum Bewerber.	Bei dem Interview mit Frau Schneider habe ich beobachtet, dass du zu den Antworten der Bewerberin folgende Aussagen gemacht hast: naja, für den Anfang ok; nicht perfekt, aber Sie sind ja auch nicht in unserer Branche tätig; da hätten Sie sich aber noch mehr anstrengen können ... Ich war dadurch sehr irritiert, weil mir Wertschätzung äußerst wichtig ist. Bitte sprich sachlich ohne Bewertung und respektvoll mit den Bewerbern.
Im Interview fällst du mir immer ins Wort.	Während des Interviews mit Herrn Meyer konnte ich dreimal nicht ausreden: als ich die Situationsfrage zur Sicherheit auf dem Schiff stellte, als ich die Skalenfrage zu seiner Teamarbeit stellte und als ich in die Tiefe zum Thema *Durchsetzungskraft* ging. Ich war ärgerlich, da gegenseitiger Respekt für mich wichtig ist. Außerdem wollte ich weitere Beweise zu den Kompetenzen sammeln. Bitte lass mich in Zukunft aussprechen.
Deine Arbeitsverträge sind selten fehlerfrei.	In den Verträgen von Katja Graf, Sönke Hussermann und Uwe Koenig sind mir folgende Fehler aufgefallen: Im Vertrag von Frau Graf steht als Geburtsjahr 1929 anstelle von 1992. Beim Vertrag von Herrn Hussermann steht im Datum der letzte Monat anstatt der aktuelle. Und Koenig ist mit »ö« anstelle von »oe« geschrieben. Ich war genervt, da mir eine hohe Qualität wichtig ist. Bitte überprüfe ab sofort alle Dokumente sorgfältig, bevor du sie mir zur Unterschrift gibst – besonders die Arbeitsverträge.

Tab. 47: Beispiele für destruktives und wertschätzendes Feedback

Nicht nur die *gewaltfreie Kommunikation* hilft Ihnen dabei, wertschätzend Feedback zu geben. Besonders erfolgreich kann Ihr Feedback werden, wenn Sie sich zusätzlich auf die Persönlichkeit des anderen einstellen. Wie muss die Ansprache für diesen Mitarbeiter sein? Direkt oder eher indirekt, kurz und prägnant oder erklärend, sachlich-distanziert oder warmherzig? Hier kommen die Farben des *DISG-Persönlichkeitsmodells* ins Spiel.

Für jede dominante Farbe einige Tipps – Beispiel dazu finden Sie im Anschluss:

Rot
- Achten Sie auf eine feste, sicher klingende Stimme.
- Nennen Sie Bereiche, in denen der *Rote* gut ist.
- Dann sprechen Sie direkt den kritischen Punkt an.
- Beschreiben Sie das Problem und das gewünschte Ergebnis.
- Ihr Fokus: Mit welchen Schritten kann der *Rote* seine Leistung verbessern, um zu besseren Ergebnissen zu kommen?

Gelb
- Achten Sie auf eine lebendig klingende Stimme und Wortwahl.
- Erkennen Sie die Leistung der Gelben wertschätzend an.
- Sprechen Sie das Problem und die Konsequenzen klar an.
- Nutzen Sie konkrete Beispiele, um die Kritik verständlich zu machen.
- Geben Sie ihr die Zeit, auch ihre Gefühle zum Ausdruck zu bringen.
- Betonen Sie die positiven Folgen einer verbesserten Leistung und den guten Eindruck auf andere.
- Regen Sie die *Gelbe* mit offenen Fragen dazu an, selbst auf passende Lösungen zu kommen.

Grün
- Achten Sie auf eine ruhige, freundliche Art zu sprechen.
- Führen Sie mit dem *Grünen* regelmäßige Feedbackgespräche, in denen Sie auch kleine Verbesserungen anerkennen.
- Erklären Sie, welche Teile der *Grüne* gut gemacht hat, und welchen Teil er verbessern kann.
- Betonen Sie die Vorteile, die dadurch entstehen.
- Entwickeln Sie gemeinsam mit ihm einen schrittweisen Plan.
- Bieten Sie an, ihn zu unterstützen.

Blau
- Achten Sie darauf, ruhig und sachlich zu sprechen.
- Teilen Sie der *Blauen* den Zweck des Gesprächs mit.
- Nennen Sie konkrete Belege und logische Argumente.

- Erkennen Sie ihre Kompetenz an.
- Drücken Sie klar aus, welche Ergebnisse vorliegen und welche Leistung notwendig ist.
- Rechnen Sie damit, dass die *Blaue* sich rechtfertigt, wenn Sie ihre Leistung kritisieren.
- Bieten Sie ihr Hilfe dafür an, eine pragmatische Lösung zu finden.

Praxisbeispiel
Im Folgenden zeigt je ein Beispiel für jede der vier Farben, wie Sie die Tipps umsetzen können.

Feedbackgespräch mit einem Roten:

> »Es gefällt mir, wie du eigenständig das richtige Versicherungsprodukt für die Kunden auswählst. Im Vertrag sind mir jedoch Fehler aufgefallen. Ich gebe dir zwei Beispiele: erstens …, zweitens … Bitte arbeite hier an deiner Sorgfalt. Die Kundin sollte rundum zufrieden sein, damit sie wieder bei uns bestellt. Dazu gehört auch, dass Verträge fehlerfrei an die Kundin rausgehen. Wie willst du das Thema angehen?«

Feedbackgespräch mit einer Gelben:

> »Lass uns mal über das Thema Sorgfalt sprechen. Du hast einen super Job gemacht, Herrn Koenig die Versicherung zu verkaufen. Der Vertrag selbst hatte zwei Flüchtigkeitsfehler – Herr Koenig wird mit oe und nicht mit ö geschrieben und das Datum war von 2023 und nicht 2024. Herr Koenig war genervt, da viele seinen Namen falsch schreiben. So hatten wir keinen guten Start mit ihm. Wenn du an diesem Punkt arbeitest, kannst du deine Geschäftsbeziehungen noch erfolgreicher aufbauen. Das wäre auch für unser Team und für mich wertvoll. Wie können wir sicherstellen, dass der Vertrag nächstes Mal fehlerfrei ist?«

Feedbackgespräch mit einem Grünen:

> »Wir sind ein wirklich gutes Team, und ich kann mich auf dich verlassen, dass alle Versicherungsverträge pünktlich in die Post kommen. Gestern habe ich mir den Vertrag von Frau Schmidt angesehen – in der Anrede war Schmidt mit »tt«, also Schmitt geschrieben. Ich war irritiert, da für mich die korrekte Schreibweise des Namens eine wichtige Form von Wertschätzung ist. Ich wünsche mir, dass wir das Thema Sorgfalt zusammen angehen. Dadurch erhöhen wir die Zufriedenheit unserer Kunden und du bekommst positivere Rückmeldungen. Ich möchte dich gern unterstützen. Wollen wir schrittweise aufschreiben, was du konkret tun kannst?«

Feedbackgespräch mit einer Blauen:

> »Ich möchte dir ein kurzes Feedback geben. Gestern in der Vorstandssitzung zum Thema Versicherungscontrolling hattest du die Ergebnisse präsentiert. Du konntest mit deiner Kompetenz voll überzeugen. Am Schluss wollte Frau Möller noch Zahlen zu den Versicherungsbeiträgen der letzten zehn Jahre. Du sagtest: ›Die genauen Zahlen kann ich Ihnen übermorgen geben‹. Frau Möller antwortete: ›Dann müssen wir die Entscheidung auf unsere nächste Sitzung vertagen. Das ist ärgerlich.‹ Im Anschluss in meinem Büro hast du mir alle Zahlen in etwa genannt. Da war ich verwirrt.
> Mir ist wichtig, dass wir den Vorstand schnell mit den für ihn nötigen Informationen versorgen. Er will zügig Entscheidungen treffen. Mein Wunsch ist, dass du dich in Zukunft traust, Zahlen zu nennen, auch wenn du sie nur ungefähr parat hast. Denn der Vorstand möchte am liebsten gleich Antworten haben. Er braucht keine Details, sondern ist zufrieden mit bis zum Tausender gerundeten Zahlen. Wie kannst du den Vorstandsmitgliedern in Zukunft sofort Antworten geben, die ihm genügen? […] Ich könnte dich sonst unterstützen, indem ich dich frage: ›Hast du denn ungefähre Zahlen?‹«

Passen Sie also Ihr Verhalten, Ihre Worte, Ihre Stimme, Ihre Gestik und Ihre Gesprächsstruktur den Farben an, dann wird Ihr Feedback positiv aufgenommen, verstanden und Ihre Wünsche werden nachhaltig umgesetzt. Ihr Gegenüber fühlt sich gesehen und in seinen Bedürfnissen respektiert. Feedback zu geben, ist der erste Schritt zu einem Dialog, in dem Sie mit Ihrem Gegenüber eine Win-win-Situation suchen.

7.3 Angekündigte Feedbackgespräche führen

Vorweg ein paar Sätze zur Fehlerkultur: Fehler sind menschlich und dürfen auch gemacht werden. Denn daraus lernen wir, welche Prozesse noch nicht so gut funktionieren oder welche Kompetenzen noch aufgebaut werden müssen. Verstehen wir die Ursachen der Fehler und lernen hinzu, sind die Fehler wertvoll.

In einigen Unternehmen herrscht noch eine *Blame Culture*: Es wird bei Fehlern nach dem Schuldigen gesucht. Dieser wird dann – womöglich öffentlich – »abgestraft«. Oder es wird versucht, den Fehler zu vertuschen. Die Folge davon ist eventuell, dass gelogen oder etwas verschwiegen wird. Das erzeugt Spannung, widerspricht dem Bedürfnis nach Wahrheit und steht einer wertschätzenden Schreib- und Gesprächskultur entgegen.

In einer solchen *Blame Culture* wagen sich Mitarbeitende an nichts Neues, da sie Angst davor haben, Fehler zu machen und dafür angegriffen zu werden. *Blame Culture* hemmt also die Kreativität und den Mut, Sachen auszuprobieren. Diese Eigenschaften sind aber nötig in einer Zeit, in der sich Dinge schnell wandeln. Zusätzlich macht die Angst davor, für Fehler bestraft zu werden, den Mitarbeiter unsicher und angespannt. Das verursacht neue Fehler. Das Selbstvertrauen des Mitarbeiters sinkt, er wird gestresst und unzufrieden.

Selbstverständlich sollten Fehler sofort angesprochen werden, damit sie sich nicht als Routine einschleichen. Wenn ein bestimmtes Fehlverhalten häufiger auftritt, und Sie dieses schon mehrfach adressiert haben, scheint es einen größeren Gesprächsbedarf zu geben. Dann sollten Sie sich Zeit für ein *angekündigtes Feedbackgespräch* nehmen. In diesem können Sie herausfinden, warum dieser Fehler häufiger auftritt und bewirken, dass der Mitarbeiter sein Verhalten ändert.

Sie haben der Mitarbeiterin das Kritikgespräch angekündigt und möchten sich darauf vorbereiten?

Nutzen Sie das *innere Team* (siehe Kapitel 2.5), um Ihre Mannschaft passend aufzustellen. Welche Ihrer Teammitglieder brauchen Sie im Vordergrund, welche sollten im Hintergrund bleiben?

Mit dem *Nachrichtenquadrat* (siehe Kapitel 2.6) arbeiten Sie kurz heraus: Was wollen Sie auf der Sachebene transportieren? Welche Gefühle und Bedürfnisse geben Sie auf der Ebene der Selbstkundgabe von sich preis? Wie stehen Sie zur Feedbacknehmerin und wie können Sie die Beziehungsebene positiv gestalten? Überlegen Sie sich schließlich: Was genau ist mein Appell an mein Gegenüber?

Ihr Ziel ist es, die Leistung der Mitarbeiterin zu verbessern. Dafür geben wir Ihnen noch eine hilfreiche Grafik an die Hand. Mit dieser können Sie erforschen, welcher der folgenden *drei Verhaltensaspekte* die Mitarbeiterin negativ beeinflusst hat – Fähigkeit, Bereitschaft und Ressourcen:

a) Hat der Mitarbeiter nicht das nötige Know-how? Dann sollten Sie überlegen, wie Sie ihn fachlich unterstützen oder weiterbilden lassen können. Welche Maßnahmen würden zu dem Mitarbeiter passen?

b) Hat der Mitarbeiter genügend Ressourcen für die Aufgabe? Verzettelt er sich? Vielleicht wären dann Werkzeuge für das Selbstmanagement eine Hilfe. Oder fehlt es ihm an den notwendigen Rahmenbedingungen wie ungestörte Arbeitsphasen, Ansprechpartnern oder eine gute Qualität der Arbeitsmittel? Was könnten Sie anstoßen, was der Mitarbeiter selbst verändern?

c) Passt die Aufgabe vielleicht nicht zur Persönlichkeit des Mitarbeiters? Werden seine Bedürfnisse nicht erfüllt? Wie ist sein Menschenbild – respektiert er Diversität oder hat er Vorurteile? Hat der Mitarbeiter andere Maßstäbe, zum Beispiel von Sauberkeit, Ordnung oder Höflichkeit? Was hemmt seine Motivation? Gibt es persönliche Gründe wie Schmerzen, Krankheit, Sucht oder familiäre Probleme? Wie können Sie dem Mitarbeiter die Werte und Regeln des Unternehmens und deren Sinn verdeutlichen? Woran müsste er persönlich arbeiten? Wie könnten Sie ihn unterstützen?

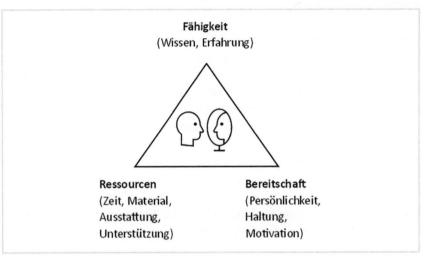

Abb. 23: Drei Aspekte, die Leistung beeinflussen

Wenn Sie genauer darüber nachdenken, was die Ursachen für das problematische Verhalten sein könnten, können Sie darüber in den Dialog mit dem Mitarbeiter gehen. Sie können offene Fragen stellen:
- Wie sehen Sie Ihre Situation?
- Was sind Ihrer Meinung nach die Gründe dafür, dass …?
- Woran könnte es liegen, dass …?
- Wie geht es Ihnen zurzeit (grundsätzlich, in Ihrem Team, bei uns …)?
- Was müsste sich verändern, damit Sie …?
- Was brauchen Sie, damit …?
- Was kann ich anders machen?

Setzen Sie sich zum Ziel, vertrauensvoll und wertschätzend mit dem Mitarbeiter zu sprechen. Zentral dabei ist, gemeinsam eine Lösung zu finden, die für beide Seiten zufriedenstellend ist. Dokumentieren Sie die Ergebnisse unbedingt schriftlich. So bekommen sie einen verbindlichen Charakter, und Sie können darauf zurückgreifen.

Im folgenden Beispiel sehen Sie, wie Sie ein *angekündigtes Feedbackgespräch* gestalten können. Stellen Sie sich vor, zum 1. Oktober wird eine neue Versicherungspolice eingeführt. Die betroffenen Mitarbeitenden sind im September geschult worden. Tim hat einen Kunden nicht ausreichend über die ausgeschlossenen Schäden informiert. Nachdem Sie als Vorgesetzte Tim einmal kritisches Feedback gegeben haben, ist das gleiche Fehlverhalten noch zweimal vorgekommen. Deshalb haben Sie Tim zu einem Feedbackgespräch eingeladen. Sie könnten Ihre Kritik im Gespräch folgendermaßen wertschätzend formulieren:

Praxisbeispiel
>»Ich schätze deine Arbeit als Vertreter für unser Unternehmen sehr. Deshalb war ich erstaunt, als mich Leonie aus der Vertragsbearbeitung am 22. Oktober ansprach, dass sich die Kunden Y und Z beschwert haben. Nach dem Gespräch zwischen dir und den Kunden Y und Z seien in den Verträgen über unser neues Versicherungsprodukt die Glasschäden nicht aufgeführt.
> Am 18. September hat unser Produktmanagement die neue Versicherungspolice vorgestellt und den Außendienst über die Details informiert. Am 5. Oktober hast du bei Firma X ein Informationsgespräch über unser neues Versicherungsprodukt geführt. Der Kunde ist danach davon ausgegangen, dass Glasschäden mitversichert sind. Dies ist bei unserem neuen Produkt nicht der Fall. Da die Glasschäden nicht in dem Vertrag erwähnt wurden, rief mich der Geschäftsführer am 6. Oktober an. Er war verwundert und verärgert. Ich erklärte ihm, dass in dem neuen Produkt diese Schäden nicht abgedeckt sind.
> Am 7. Oktober habe ich dir hierzu Feedback gegeben. Ich habe dich gebeten, in Zukunft darauf zu achten, dass die Kunden verstehen, dass Glasschäden nicht in dem neuen Produkt mitversichert sind. Am 14. Oktober hattest du ein Informationsgespräch bei Firma Y und am 17. Oktober eines bei Firma Z. Laut Vertragsbearbeitung haben diese Kunden ebenfalls verstanden, dass die Glasschäden mitversichert sind.
> Kannst du mir bitte aus deiner Sicht erklären, wie es dazu kam? Was könnte die Kunden dazu bewogen haben zu verstehen, dass die Glasschäden mitversichert sind? […]«

Aus Tims Antworten können Sie erkennen, an welchem der drei Aspekte des Verhaltens (siehe oben) Sie mit ihm arbeiten müssten:
a) Tim wusste durch die Schulung im September, dass Glasschäden nicht versichert sind. Die *Fähigkeit* ist mit diesem Wissen also grundsätzlich gegeben. Es fehlen ihm jedoch Verkaufsargumente der neuen Versicherungspolice. Darüber hinaus scheint ihm nicht klar zu sein, für welche Kunden dieses Produkt geeignet ist.
b) Es lag auch nicht an den *Ressourcen*: Er hatte genug Zeit, das neue Versicherungsprodukt zu erklären. Genügend Materialien standen ihm zur Verfügung.
c) Was die *Bereitschaft* angeht: Tim soll das neue Produkt verkaufen und bekommt dann dafür Provision. Im Gespräch erfahren Sie, dass er jedoch unzufrieden mit dem neuen Produkt ist, da Glasschäden nicht mitversichert sind. Viele seiner Kunden brauchen gerade diesen Schutz – in seinen ersten Verkaufsgesprächen haben etliche deshalb den Vertrag nicht abgeschlossen. Da er seine Verkaufsziele erreichen möchte und die Provision braucht, um seinen Hauskauf zu finanzieren,

verschweigt er seinen Kunden inzwischen diesen Aspekt des Vertrages. Nur wenn die Kunden explizit nachfragen, antwortet er wahrheitsgetreu, dass Glasschäden nicht mitversichert sind.

Am Schluss des Gesprächs entwickeln Sie konkrete Maßnahmen:
a) Sie kündigen Tim an, dass Sie das Entwicklungsteam der neuen Police bitten werden:
    - detailliertere und zusätzliche Verkaufsargumente für den Außendienst zu erarbeiten,
    - das Kundenprofil für das neue Produkt noch einmal zu schärfen sowie
    - diese Ergebnisse mit allen Außendienstmitarbeitern zu teilen.

    Auf dieser Grundlage sieht Tim seinen Kundenstamm durch und trifft eine Vorauswahl der für die Police geeigneten Kunden. Diese gehen Sie gemeinsam mit ihm durch. Zusätzlich erarbeiten Sie zusammen eine Strategie, für welche neuen Kunden das Produkt interessant wäre.
b) Hier sehen Sie keinen Handlungsbedarf.
c) Sie klären mit Tim, dass eines der wichtigsten Unternehmenswerte die langfristige wertschätzende Kundenbeziehung ist. Diese wird erreicht, wenn alle Mitarbeitenden auf die Bedürfnisse der Kunden eingeht. Dazu gehört unbedingt, sie umfassend und transparent zu informieren sowie ihnen nur passende Versicherungen anzubieten. Hierbei steht im Vordergrund, die Kunden gut zu beraten.

    Sie erklären Tim noch einmal kurz das Bonussystem. Sie verstehen, dass Ziel 2 des Bonussystems den Druck erzeugt, möglichst viele Verträge des neuen Produkts zu verkaufen. Jedoch erinnern Sie Tim daran, dass Ziel 4 des Bonussystems langfristige Kundenbeziehungen belohnt. Berät er dagegen seine Kunden nicht umfassend, werden sich diese vielleicht ärgern und ihre bestehenden Versicherungen kündigen. Dadurch würde Tim weniger Provision erhalten.

Vor dem Verabschieden sollten Sie Tim sagen, was Sie konkret von ihm erwarten und das Gespräch positiv abschließen:

> »Mir ist es sehr wichtig, dass du ab jetzt jeden Kunden auch über diesen Aspekt aufklärst. Und ich möchte vermeiden, dass ich dich abmahnen muss. Das heutige Gespräch hat aus meiner Sicht dafür gesorgt, dass wir Prozesse optimieren können und du deine Kunden mit einem besseren Gefühl umfassend beraten kannst. Vielen Dank für deine Offenheit und Mitarbeit.«

Mit diesen Maßnahmen können Sie bewirken, dass Tim in Zukunft das Fehlverhalten unterlässt. Gleichzeitig sorgen Sie dafür, dass Tim seine Ziele erreichen und seine Provision erhalten kann. Wiederholt sich Tims Fehlverhalten, müssen Sie den nächsten arbeitsrechtlichen Schritt gehen – die Abmahnung (siehe Kapitel 8.1).

7.4 Jährliche Mitarbeitergespräche begleiten

Im jährlichen Mitarbeitergespräch blicken Sie gemeinsam mit der Mitarbeiterin auf das ganze Arbeitsjahr zurück. Meistens beinhaltet es die folgenden Themen:
1. Rückblick auf die Vergangenheit (Was lief gut? Was lief nicht so gut?),
2. Bewertung der Kompetenzen für das Aufgabenprofil (Wie ist die Mitarbeiterin zurzeit aufgestellt? Was für Stärken hat sie? Welche Kompetenzen fehlen ihr?),
3. Blick in die Zukunft (Welche Aufgaben soll die Mitarbeiterin leisten? Welche Ziele soll sie erreichen? Welche Entwicklungsmaßnahmen stehen an?).

In diesen Gesprächen sollte es keine Überraschungen geben, denn das Feedback haben Sie über das Jahr verteilt schon gegeben. Deshalb ist es hilfreich, eine Akte pro Mitarbeiter zu führen, in der Sie das Feedback speichern. So können Sie auf konkrete Beispiele zugreifen, wenn Sie Ihre jährliche Beurteilung vorbereiten und im Gespräch begründen.

Als Personalverantwortliche sind Sie meistens dafür verantwortlich, die Gesprächsbögen zu entwickeln und dafür zu sorgen, dass die Führungskräfte die Gespräche erfolgreich durchführen können. Dazu gehört auch, die Führungskräfte zu schulen und konkret für die anstehenden Jahresgespräche zu instruieren. Damit dies gelingt, geben wir Ihnen nützliche Tipps.

Gesprächsbögen entwickeln
Viele Unternehmen haben einen einheitlichen Bogen, der für alle gültig ist. Manchmal wird zumindest nach groben Hierarchieebenen unterschieden – Azubis, Arbeiter, Angestellte und Führungskräfte bekommen jeweils eine angepasste Version.

Nach dem *DISG-Persönlichkeitsmodell* (siehe Kapitel 2.2) haben Menschen je nach ihren vorherrschenden Verhaltensvorlieben unterschiedliche Bedürfnisse. Haben Sie einen einheitlichen Bogen, ist es schwierig, auf die Bedürfnisse der individuellen Persönlichkeiten einzugehen. Unterscheiden Sie nach Hierarchieebenen, werden immerhin *typische Bedürfnisse der jeweiligen Gruppen* berücksichtigt (siehe Kapitel 4).

Wir plädieren dafür, persönlichkeitsorientierte Bögen für die Jahresgespräche zu entwickeln. Wenn die Mitarbeitenden merken, dass Sie darin auf ihre Bedürfnisse eingehen, fühlen sie sich gesehen und wertgeschätzt. Dadurch gehen sie offener und positiver in das Jahresgespräch. Bestenfalls freuen sich beide Seiten darauf – Führungskraft und Mitarbeitende. Dies beflügelt und motiviert.

Uns ist bewusst, dass es schwierig sein kann, als Personalverantwortliche individuelle Bögen durchzusetzen. Es macht mehr Arbeit und eventuell gibt es Bedenken wegen des Grundsatzes zur Gleichbehandlung. Das Minimum sollte sein, dass Sie für jeden der vier Farbtypen passende Elemente in den einheitlichen Bogen einbinden. Optimal wäre es, Bögen für die unterschiedlichen Hierarchie- und Funktionsebenen zu entwickeln (siehe Kapitel 4).

Übergreifend ist es sinnvoll, mithilfe des *DISG-Persönlichkeitsmodells* (siehe Kapitel 2.2) auch noch einmal die Bedürfnisse der verschiedenen Persönlichkeiten zu reflektieren. Dann können Sie von jeder Farbe etwas in den Gesprächsbogen integrieren und so jeden Farbtyp ansprechen. Die folgende Grafik unterstützt Sie dabei, sich beim Entwickeln des Bogens die unterschiedlichen Bedürfnisse der vier Farben beim Ausfüllen des Bogens bewusst zu machen:

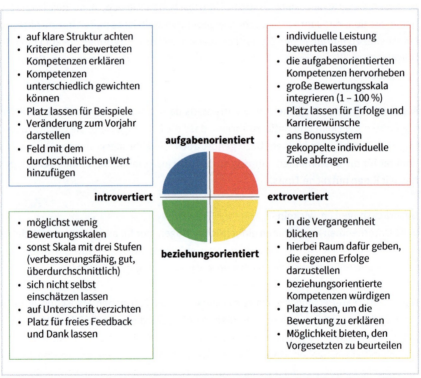

Abb. 24: Bedürfnisse berücksichtigen beim Entwickeln der Bögen für jährliche Mitarbeitergespräche

Jahresgespräche vorbereiten und organisieren
Jede Führungskraft sollte geschult sein oder werden, die Jahresgespräche durchzuführen. Dabei ist es besonders wichtig, neue Führungskräfte grundlegend zu schulen, aber auch die langjährigen Führungskräfte sollten das Know-how hierzu regelmäßig auffrischen.

In einer idealerweise zweitägigen Schulung sollten folgende Inhalte vermittelt werden:
- Ablauf des ganzen Prozesses der Jahresgespräche,
- innere wertschätzende Haltung für diesen Prozess,
- Inhalt und Aufbau der Gesprächsbögen,
- Kompetenzen mit Beispielen,
- Anleitung zum individuellen Ausfüllen der Bögen,
- *gewaltfreie Kommunikation* (siehe Kapitel 2.1),
- *DISG-Persönlichkeitsmodell* (siehe Kapitel 2.2),
- Gespräche vorbereiten, durchführen und nachbereiten.

Haben Sie die Bögen entwickelt und sind alle Führungskräfte geschult, geht es darum, den Prozess anzustoßen. Hilfreich ist eine E-Mail, mit der Sie die aktuellen Bögen an alle Führungskräfte senden und sie über den zeitlichen Ablauf und die wichtigsten Punkte informieren. Dies ist eine Chance, den Sinn der Jahresgespräche zu verdeutlichen und die Perspektive der wertschätzenden Kommunikation aufzugreifen.

Wir haben schon gezeigt: Mitarbeitende gehen offener, positiver und motivierter in die Gespräche, wenn sie das Gefühl haben, dass diese wertschätzend verlaufen. Da die Bögen eher einheitlich sein müssen, kommt es in den Jahresgesprächen selbst darauf an, dass die Führungskräfte sich bestmöglich auf die Persönlichkeit der jeweiligen Mitarbeiterin einstellen. Stellen Sie deshalb sicher, dass die Führungskräfte im Jahresgespräch die Bedürfnisse der Mitarbeiterin im Fokus haben.

Wir möchten Sie beim dafür sinnvollen Briefing der Führungskräfte unterstützen. Mit Tabelle 48 geben wir einige Tipps, die die Führungskräfte für die unterschiedlichen Persönlichkeiten in einem wertschätzenden Jahresgespräch umsetzen könnten:

Farben	Tipps zum Durchführen des jährlichen Mitarbeitergesprächs
rot	• selbstbewusst auftreten • gleich anfangen • gewünschtes Ergebnis konsequent und klar ansprechen • Fokus auf das Fördern legen • in die Zukunft blicken, nächste Schritte besprechen
gelb	• Zeit geben, sich selbst darzustellen • positives Feedback ergänzen • Problem und Konsequenzen klar beschreiben • Gewinn bei verbesserter Leistung betonen
grün	• Gesprächstermin einhalten • für ruhigen, störungsfreien Raum sorgen und Getränk anbieten • auf freundliche Gesprächsatmosphäre achten • kleine Verbesserungen anerkennen • nur notwendige Veränderungen ansprechen • danken

Farben	Tipps zum Durchführen des jährlichen Mitarbeitergesprächs
blau	• mindestens zwei Wochen vorher einladen • Gesprächsbogen mitschicken • Expertise hervorheben • ruhig, sachlich und konsequent sprechen • notwendige Leistungen konkret benennen • Beispiele für Bewertung bringen • auf Rechtfertigung vorbereitet sein • nächste Schritte erklären

Tab. 48: Tipps zum Durchführen des jährlichen Mitarbeitergesprächs

Auf dieser Grundlage können Sie jetzt den Text für das Briefing formulieren. Das folgende Beispiel veranschaulicht, wie dieser aussehen könnte:

Praxisbeispiel

Betreff	Jährliche Mitarbeitergespräche starten! Gesprächsbögen und Checkliste
Liebe Führungskräfte, die jährlichen Mitarbeitergespräche stehen an. Dazu schicke ich Ihnen heute die aktuellen Gesprächsbögen und eine nützliche Checkliste. Die Jahresgespräche bieten Ihnen die Gelegenheit, • die Person und ihre Leistung wertzuschätzen, • das Jahr zu resümieren, • die individuellen Stärken und den Entwicklungsbedarf herauszuarbeiten sowie • sich über die aktuelle Situation und die Zukunft im Unternehmen auszutauschen. Stellen Sie sicher, dass Sie im ersten Quartal mit allen direkten Mitarbeitenden ein Jahresgespräch führen. Bitte nehmen Sie sich ausreichend Zeit und Ruhe für die Gespräche. Die angehängte Checkliste unterstützt Sie dabei, sich gezielt und effektiv vorzubereiten, die Gespräche durchzuführen und sie nachzubereiten. Haben Sie Fragen zu den Bögen oder zu der Checkliste oder zum Prozess? Dann melden Sie sich gern bei mir. Viele Grüße Ina Brandt	

Die Checkliste zum Anhängen:

Gespräch vorbereiten		
Einladen	• Termin verbindlich eintragen	☐
	• mindestens zwei Wochen vor dem Termin einladen	☐
	• dabei Gesprächsbogen geben oder per E-Mail versenden	☐
	• bei Bedarf Bogen erklären	☐
	• um sorgfältiges Ausfüllen bitten	☐
Organisieren	• Raum buchen	☐
	• Getränke bestellen	☐
	• Zeit zum Vorbereiten im Kalender blockieren	☐

Bögen selbst ausfüllen	• Feedback von anderen einholen • wertschätzende innere Haltung einnehmen • Fokus auf die letzten zwölf Monate legen • Kompetenzen bewerten • Beispiele dazu notieren (Beobachtungen, keine Bewertungen)	☐ ☐ ☐ ☐ ☐
Wertschätzend reflektieren	• Erfolge, Verbesserungen zum Vorjahr und Kritikpunkte notieren • Bedürfnisse mit dem *DISG-Persönlichkeitsmodell* identifizieren • Kritikpunkte mit *GfK* aufbereiten • mögliche Weiterentwicklung und Karriereschritte überlegen	☐ ☐ ☐ ☐
Gespräch wertschätzend durchführen		
Rahmenbedingungen schaffen	• Termin einhalten • für Ungestörtheit sorgen • Licht, Temperatur und Lüftung regeln	☐ ☐ ☐
in das Gespräch einsteigen	• persönlichkeitsorientiert begrüßen • Getränk anbieten • kurz Sinn und Ablauf nennen	☐ ☐ ☐
Gespräch führen	• lesbare, aussagekräftige Notizen machen • individuelle Bedürfnisse berücksichtigen • Rückblick des Mitarbeiters erfragen • wertschätzend ergänzen • Beispiele anführen • Kritikpunkte wertschätzend äußern • über aktuelle Situation austauschen • gemeinsam über Zukunft sprechen • gegebenenfalls konkrete Maßnahmen vereinbaren	☐ ☐ ☐ ☐ ☐ ☐ ☐ ☐ ☐
Gespräch abschließen	• Raum für Fragen geben • Ergebnisse zusammenfassen • Feedback zum eigenen Führungsstil erfragen • persönlichkeitsorientiert bedanken und verabschieden	☐ ☐ ☐ ☐
Gespräch nachbereiten		
Dokumentieren	• Gesprächsergebnisse wertschätzend auf Gesprächsbogen notieren • Mitarbeitende durchlesen und unterschreiben lassen • gegebenenfalls Bogen und Entwicklungsbedarf an Personalentwicklung weitergeben	☐ ☐ ☐
Entwicklung begleiten	• Termine für weitere Feedbackgespräche vereinbaren • prüfen, ob Vereinbartes umgesetzt wird	☐ ☐

Tab. 49: Checkliste: Jährliche Mitarbeitergespräche vorbereiten, führen und nachbereiten

Das Jahresgespräch dient dazu, dass die Mitarbeitenden sich individuell weiterbilden und weiterentwickeln. Damit die einzelnen Teammitglieder erfolgreich und motiviert zusammenarbeiten, muss auch das Team entwickelt werden. Nur so kann das Potenzial jedes einzelnen und des ganzen Teams sich entfalten.

7.5 Individuelle Entwicklungsgespräche führen

In unseren sich rasant verändernden Zeiten wird es immer wichtiger, dass eine Organisation und ihre Mitarbeitenden lernen, sich immer weiterzuentwickeln und sich anzupassen. Agilität ist kein *Nice-to-have* mehr, sondern Pflicht – denn sonst ziehen Entwicklungen und Konkurrenz am eigenen Unternehmen vorbei, Produkte oder Dienstleistungen werden nicht mehr nachgefragt.

Darüber hinaus wünscht sich speziell die jüngere Generation persönliche Entwicklungsmöglichkeiten und Flexibilität am Arbeitsplatz. Nur wenn Sie in Weiterbildung investieren, werden Sie diese Mitarbeitenden halten und binden können. Entwicklungsgespräche spielen dabei eine zentrale Rolle, denn sie ermöglichen Ihnen, die Leistungen des Mitarbeiters anzuerkennen und passende Entwicklungsmaßnahmen zu besprechen.

Wir zeigen Ihnen jetzt, wie Sie die folgenden drei Themen im Rahmen des Entwicklungsgesprächs wertschätzend umsetzen können:
- positives Feedback geben,
- Mitarbeitende im Entwicklungsgespräch motivieren,
- das Entwicklungsgespräch persönlichkeitsorientiert gestalten.

Positives Feedback geben

Steigen Sie positiv in das Gespräch ein, indem Sie die Stärken des Mitarbeiters wertschätzen. In der Praxis halten viele Führungskräfte dies für überflüssig. Der Fokus liegt oft mehr auf den Fehlern. Doch positives Feedback ist sehr wichtig für Mitarbeitende! Dadurch fühlen diese sich gesehen, anerkannt und gestärkt.

Wenn Sie wertschätzend mit Ihrem Mitarbeiter sprechen möchten, empfehlen wir Ihnen, nicht (bewertend) zu loben, sondern (konkret) ein *positives Feedback* zu geben. Wir erklären kurz den Unterschied:

Nach Rosenberg (siehe *GfK*, Kapitel 2.1) ist ein Lob keine günstige Kommunikation auf gleicher Augenhöhe. Bewertend zu sagen, dass das Gegenüber eine tolle Person ist oder etwas toll gemacht hat, stärkt nicht. Werde ich auf diese Weise gelobt, kann das zwar grundsätzlich positiv bei mir ankommen. Gleichzeitig kann das auch negative

Emotionen auslösen. Indem der andere sich anmaßt, mich zu beurteilen, stellt er sich über mich.

Gerade bei Menschen mit einem niedrigen Selbstwertgefühl oder strenger Selbstkritik kann ein übertriebenes Lob auch unehrlich wirken (»In Wirklichkeit bin ich überhaupt nicht toll / habe ich das doch gar nicht so toll gemacht!«). Ich fühle mich vom anderen nicht gesehen.

Zusätzlich verstehe ich nicht, was genau dem anderen gefällt, und was er gern wieder erleben möchte. Das bräuchte ich jedoch, um mein positives Verhalten zu wiederholen und weiterzuentwickeln.

Positives Feedback funktioniert dagegen folgendermaßen:

Beschreiben Sie, was Sie beobachtet haben, wie es Ihnen damit geht, welches Bedürfnis der andere damit erfüllt hat und bedanken Sie sich. So können Sie positives Verhalten anerkennen und Ihren Respekt und Ihre Freude ausdrücken. Sie motivieren damit die Mitarbeiterin, diese Stärken weiter auszubauen.

Sagen Sie einem Menschen also lieber nicht, was oder wer sie ist (»Du bist toll, klug, mutig, zuverlässig, engagiert …«). Versuchen Sie es so:
- Beschreiben Sie ihre Handlung konkret (»Ich brauchte dir gar nichts sagen – du hast den nächsten Termin selbstständig organisiert.«).
- Erklären Sie, warum das den Prozess erleichtert oder bereichert hat (»So konnte ich mich auf das Schreiben des Berichts konzentrieren.«).
- Benennen Sie, wie sich das für Sie anfühlt (»Ich war positiv überrascht und sehr froh darüber.«).
- Beschreiben Sie kurz, welches Bedürfnis dadurch erfüllt wurde (»Aufgrund deiner zuverlässigen Unterstützung konnte ich den Bericht rechtzeitig abgeben.«).
- Bedanken Sie sich, wenn es passt (»Vielen Dank!«), motivieren Sie Ihr Gegenüber (»Ergreife sehr gern weiterhin mal die Initiative!«) und/oder sagen Sie, wie Sie sich dafür erkenntlich zeigen werden (»Ich übernehme dafür gern, den nächsten Termin zu organisieren.«).

Denken Sie also in Zukunft daran, Ihren Mitarbeitenden authentisch positives Feedback zu geben. Es ist vielleicht leichter und schneller, pauschal zu loben. Der Effekt ist dabei jedoch nur kurzfristig oder den Mitarbeitenden sogar unangenehm. Mit einem positiven Feedback hingegen sorgen Sie dafür, dass die Mitarbeitenden ihr Bestes geben und ihr Potenzial entfalten.

Mitarbeitende im Entwicklungsgespräch motivieren

Als sehr wichtigen Baustein eines Entwicklungsgesprächs gehen wir kurz speziell auf die Frage ein: Wie motiviere ich meine Mitarbeitenden bestmöglich?

Der rote Faden in unserem Buch: Unterschiedliche Menschen haben ganz unterschiedliche Bedürfnisse. Sie werden deshalb auch auf verschiedene Weisen motiviert. Was mich motiviert, macht anderen vielleicht Angst. Während ich vielleicht neue Aufgaben als Herausforderung sehe und mich meiner neuen Situation begeistert hingebe, haben andere möglicherweise Angst vor dem Versagen bei der neuen Aufgabe. Hier spielt der *Eisberg* (siehe Kapitel 2.4) eine große Rolle: Was tut sich unterhalb der Wasseroberfläche bei Ihrer Mitarbeiterin? Welche Erfahrungen hat sie gemacht, welche Ängste hat sie, und welche Verhaltensvorlieben überwiegen?

Es ist also wichtig, zu erkennen, was den Einzelnen antreibt. Wenn mir das bewusst ist, kann ich mich auf den Mitarbeiter so einstellen und unterstützen, dass dieser in den *Flow* kommt, Spaß an der Arbeit hat und sein Bestes gibt. Denn wir wissen alle, dass die Arbeit leichter fällt, wenn man motiviert ist.

In der folgenden Grafik finden Sie einige Tipps, was die einzelnen Farben motiviert:

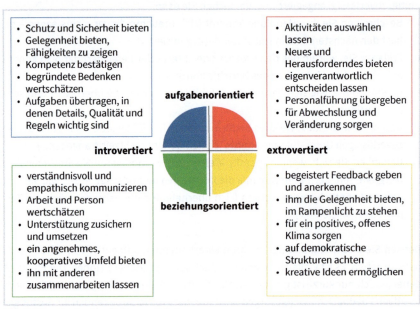

Abb. 25: Was die einzelnen Farben motiviert

Wenn Sie einen *Roten* motivieren möchten, geben Sie ihm unterschiedliche Aufgaben und Herausforderungen. Es langweilt ihn, immer die gleichen Aufgaben zu übernehmen. Er kommt in den Flow, wenn Sie ihm Projekte übertragen, in denen er Verantwortung übernehmen und vieles selbst entscheiden darf.

Eine *Gelbe* motivieren Sie, indem Sie ihr positives Feedback geben und ihre Arbeit anerkennen. Wenn sie präsentieren darf und gesehen wird, blüht sie auf. Geben Sie ihr die Chance!

Bauen Sie ein kooperatives Umfeld und ein Team auf, dass sich gegenseitig unterstützt und hilft. Dann wird sich der *Grüne* wohlfühlen und ist motiviert durch sich wiederholende Aufgaben. Treten Sie ihm gegenüber verständnisvoll und wertschätzend auf!

Eine *Blaue* motivieren Sie, indem Sie ihr analytische Aufgaben zuweisen, die vieler Details bedürfen. Sie braucht Strukturen, Regeln und Sicherheit. Schätzen Sie ihre Expertise!

Das Entwicklungsgespräch persönlichkeitsorientiert gestalten

Auch in Entwicklungsgesprächen können Sie sehr viel erreichen, wenn Sie die unterschiedlichen Farben und ihre Bedürfnisse berücksichtigen (siehe *DISG-Persönlichkeitsmodell*, Kapitel 2.2). Wie gehen Sie auf die individuellen Persönlichkeiten bestmöglich ein?

Die folgenden Tipps können Sie konkret dabei unterstützen:

Rot:
- schnell zum Punkt kommen, kurze Sätze
- betonte, motivierte, dynamische Stimme
- Leistung in Bezug auf das Ziel einordnen
- voller Energie reden
- Erfolgsvokabeln nutzen

Gelb:
- gleichwürdige Atmosphäre schaffen
- viel Wertschätzung
- Bilder, Metaphern und Symbole als Beispiele nutzen
- Vertrauen ist entscheidend
- Begeisterung ausstrahlen
- lebhaft und ausdrucksvoll sprechen

Grün:
- freundliche, entspannte Atmosphäre schaffen
- Bemühungen und kleine Erfolge loben
- Verständnis zeigen
- Zeit geben
- viel Vertrauen schenken
- ruhig und warm sprechen

Blau:
- gut vorbereitet sein
- Qualität in den Vordergrund stellen
- Expertenwissen loben
- Fakten, Details und Beispiele nennen
- klar und beherrscht sprechen

Die folgenden Praxisbeispiele verbinden die gerade vorgestellten Bausteine miteinander. So sehen Sie, wie unterschiedlich die Entwicklungsgespräche für die einzelnen Persönlichkeitstypen aussehen können.

Praxisbeispiele

Entwicklungsgespräch mit einer Roten:

»Heute sprechen wir über deine Karriere bei uns. Du gehörst mit deiner Leistung zu den Top 3 in meinem Team. Mir gefällt, wie zielorientiert du arbeitest und wie proaktiv Verantwortung du übernimmst. Dadurch meisterst du viele Herausforderungen. Deine Ergebnisse sprechen für sich: Projekt X, Projekt Y, Projekt Z. Für mich kommen folgende nächste Karriereschritte infrage: Position A oder Position B. In Position A würdest du Auslandserfahrung sammeln, was bei uns Voraussetzung für eine Position als Geschäftsführerin wäre. In Position B leitest du ein Team von 20 Mitarbeitenden in unserem wichtigsten Entwicklungsmarkt. In dieser Position wärst du sehr sichtbar für den Vorstand. Welche Variante bevorzugst du?«

Entwicklungsgespräch mit einem Gelben:

»Schön, dass du heute Zeit hast, mit mir gemeinsam über deine persönliche Entwicklung bei uns zu sprechen. Du bist jetzt fünf Jahre bei uns. Wow, was du alles erreicht hast: Der Workshop zu den Unternehmenswerten kam supergut an – du hast alle Mitarbeitenden motiviert, sich zu beteiligen und alle hatten richtig Spaß. Noch heute wird davon gesprochen. Und die Präsentation vor den 100 besten Kunden ... Du hast den Laden gerockt! Ich bewundere, wie du voller Charisma frei und überzeugend vor so einer großen Gruppe reden kannst. Ich weiß, dass du Abwechslung brauchst und offen für Neues bist. Hast du eine Idee, wohin oder womit du dich weiterentwickeln möchtest? Ich würde dich gern dabei unterstützen. [...] Ja, ich kann mir sehr gut vorstellen, dass du das innovative Projekt A übernimmst. Im Dezember kannst du deine Ideen dafür dem Vorstand präsentieren.«

Entwicklungsgespräch mit einer Grünen:

»Hallo Claudia, komm herein. Möchtest du einen Tee oder Kaffee? Wie geht es dir heute? Was macht deine Familie? Alles ok? [...] Heute sitzen wir zusammen, nicht um über Aufgaben, sondern über das zu sprechen, was du eventuell brauchst. Davor möchte ich mich bei dir bedanken: Auf dich kann ich mich immer verlassen. Deine Aufgaben machst du gründlich und routiniert. Und du bist unsere gute Seele im Team, immer hilfsbereit und freundlich. Du kannst gut zuhören und vermittelst gern bei Konflikten. Du hältst unser Team zusammen. Du bist mir und den anderen ein wertvolles Teammitglied. Herzlichen Dank! Bist du auch zufrieden hier – in deinem Job, in deinem Team, mit deiner Führungskraft? [...] Brauchst du Unterstützung oder Weiterbildung? [...] Verstehe! Kollege B hat den Kurs X schon belegt. Vielleicht magst du dich mal mit ihm unterhalten, ob das auch für dich eine Option ist. Wenn das der Fall ist, könntet ihr nach deiner Weiterbildung gemeinsam für euer Team ein Handout schreiben. Lass uns doch beide noch einmal drüber nachdenken und dann treffen wir uns am Freitag um zehn wieder hier. Was meinst du?«

Entwicklungsgespräch mit einem Blauen:

»Guten Morgen, Franz. Wir setzen uns an den Tisch hier – ich habe schon alles vorbereitet. Heute geht es mal nicht um die Arbeit, sondern um dich. Zuerst möchte ich dir Feedback geben über deine Arbeit. Im Anschluss möchte ich zusammen mit dir überlegen, welche konkreten Weiterbildungen deine Expertise noch unterstützen könnten. Ich habe für das Gespräch eine Stunde angesetzt. Ich schätze deine Professionalität – dein Wissen über die Antriebstechnik erstaunt mich immer wieder. Auch daran zeigt sich, dass du ein Experte auf deinem Gebiet bist. Außerdem sind deine Projektpläne strukturiert, übersichtlich und immer *up to date*. Wenn ich von dir eine Präsentation mit Fakten erhalte, weiß ich, dass alles richtig ist. Ich bin sehr zufrieden mit dir. Gibt es etwas, das du fachlich oder an dir persönlich weiterentwickeln möchtest? [...] Ja, das Thema KI wird in deiner Arbeit eine immer wichtigere Rolle spielen. Ich finde es gut, dass du dich hier frühzeitig fortbilden willst. Du kannst uns dann beraten, in welchen Bereichen wir KI einsetzen sollten. Dabei bin ich gespannt auf deine kritische Perspektive.
Hier habe ich den Katalog der Trainings, die die Personalabteilung schon qualifiziert hat. Lass uns schauen, welche KI-Weiterbildung für dich infrage kommt.«

Wir haben hier bewusst ein offenes Entwicklungsgespräch gewählt, in dem Sie auf die Wünsche des Mitarbeitenden eingehen können. Im jährlichen Mitarbeitergespräch geben Sie wertschätzendes kritisches Feedback und raten bei Bedarf eine konkrete Weiterbildung an.

7.6 Teams persönlichkeitsorientiert entwickeln

> »Zusammenkommen ist ein Beginn, Zusammenbleiben ist ein Fortschritt,
> Zusammenarbeiten ist ein Erfolg.«
> Henry Ford

Sind Sie auch manchmal unsicher, ob das Team richtig zusammengestellt ist? Wundern Sie sich manchmal, warum nicht alle an einem Strang ziehen, obwohl die Ziele im Team klar vereinbart sind? Fragen Sie sich vielleicht, warum die Kommunikation im Team manchmal nicht gut funktioniert?

Bei gut arbeitenden Teams ist 1 + 1 = 3. Das bedeutet: Hand in Hand ist ein Team stärker als nur die Summe aller einzelnen Mitglieder. Sich nicht wertzuschätzen und in Konkurrenz zu denken, verursacht im Team negative Energie und hemmt die Zusammenarbeit. In vielen Teams kommunizieren Mitglieder manchmal nicht wertschätzend, indem sie lästern, abwerten, ausgrenzen, andere blockieren, Informationen zurückhalten, falsch aussagen, manipulieren, mobben oder sich hervortun. Diese negativen Verhaltensweisen treten besonders unter Druck auf. Die Energie fließt nicht fokussiert in das Erfüllen der Aufgaben, sondern verbraucht sich in zwischenmenschlichen Reibereien und Konflikten.

Was führt also dazu, dass ein Team erfolgreich zusammenarbeitet? Die wertschätzende Interaktion zwischen den einzelnen Teammitgliedern!

Ein Team ist also dann effektiv, wenn seine Mitglieder:
- auf ein konkretes Ziel hinarbeiten und damit eine klare gemeinsame Aufgabe erfüllen,
- eine eindeutige Rolle im Team haben und sich als Spezialisten in ihren Einzelaufgaben ergänzen,
- gemeinsame Werte der Zusammenarbeit definiert haben,
- sich selbst als wertvolles Mitglied betrachten und sich gegenseitig respektieren,
- sich mit dem Team identifizieren und Verantwortung für das Team empfinden,
- offen und wirksam miteinander kommunizieren sowie bereitwillig kooperieren und Informationen austauschen,
- Konflikte in kreative Möglichkeiten umwandeln und sich auf einen Konsens zu einigen sowie

- Entscheidungen treffen, die die Bedürfnisse und Fähigkeiten aller Mitglieder berücksichtigen.

Die zentrale Aufgabe einer Führungskraft ist es, ihr Team zu entwickeln. Diese dabei zu unterstützen, ist Sache der Personalverantwortlichen. Dafür können Sie zum Beispiel Teams umstrukturieren sowie Schulungen, Teamworkshops, Coachings und Moderation von Konflikten einsetzen. Wir sehen folgende Ziele für diese Maßnahmen:

Ziel 1: Die Kompetenzen optimal einsetzen – damit erfüllen alle gemeinsam effektiv die Teamaufgaben.
Ziel 2: Jeweilige Stärken und Entwicklungsbereiche klar benennen – dadurch entwickeln die Teammitglieder Vertrauen und Verständnis füreinander.
Ziel 3: Respektvoll auf die Bedürfnisse und Werte der anderen eingehen – so arbeiten alle wertschätzend zusammen.

Das *DISG-Persönlichkeitsmodell* (siehe Kapitel 2.2) hilft Ihnen dabei, diese Ziele in den Maßnahmen umzusetzen, denn hierfür ist es grundlegend, die individuellen Unterschiede im Team zu verstehen, wertzuschätzen und zu nutzen. Wenn ich weiß, wie der andere tickt und was er braucht, kann ich seine Perspektive berücksichtigen. Dadurch entstehen weniger Konflikte und die Stärken jedes Einzelnen kommen zur Geltung.

Ziel 1 können Sie erreichen, indem Sie die Aufgaben im Team zusammen mit der Führungskraft je nach Stärken und Kompetenzen verteilen (siehe *ganzheitliches Anforderungsprofil*, Kapitel 6.1). Prüfen Sie auch, ob alle benötigten Kompetenzen im gesamten Team zur Verfügung stehen. Wenn sinnvoll, können Sie Mitarbeitende weiterbilden oder Aufgaben intern oder extern auslagern.

Für **Ziel 2** stellen wir Ihnen gleich das *Teamrad* als ein Instrument vor, mit dem Sie die jeweiligen Stärken und Entwicklungsbereiche in einem Team erfahrbar machen können.

Für **Ziel 3** werden Sie weiter unten erfahren, wie Sie in einem *Teamcoaching* alternative Verhaltensweisen entwickeln und konkrete Veränderungen anstoßen können.

Teams persönlichkeitsorientiert mit dem Teamrad entwickeln

Die Arbeit mit dem *Teamrad* macht die Stärken der einzelnen Mitarbeitenden sichtbar und vergleichbar. So sehen die Teilnehmenden alle Farben der Teammitglieder auf einen Blick. Hierdurch vergrößern Sie das Verständnis füreinander: Was brauchen die anderen und warum verhalten Sie sich genau auf diese Art und Weise? In welcher Rolle können sie volle Leistung bringen und das Team bestmöglich unterstützen?

Als Erstes erklären wir Ihnen, wie das Teamrad aufgebaut ist. Dann nennen wir die wichtigsten Stärken der verschiedenen Rollen. Zum Schluss zeigen wir anschaulich, wie genau Sie mit dem Teamrad in der Praxis arbeiten können.

Aufbau des Teamrades
Zuerst zum Aufbau: Da viele Menschen zwei dominante Farben haben, ergänzt das Teamrad die vier Farben mit den typischen vier Mischfarben ihrer jeweils benachbarten Felder. So entstehen acht »Kuchenstücke« mit den passenden Rollen für jede Farbe beziehungsweise Farbkombination:

blau-rot	Reformer
rot	Direktor
rot-gelb	Motivator
gelb	Inspirator
gelb-grün	Berater
grün	Unterstützer
grün-blau	Koordinator
blau	Beobachter

Abb. 26: Das Teamrad (genehmigte Quelle: Trainingsunterlagen der Scheelen Institut GmbH)

Die wichtigsten Stärken der acht Rollen

Im Team sollten die Rollen des Teamrades passgenau verteilt sein, damit die Mitglieder bestmöglich im Flow sind. Leiten Sie das Team an, die Rollen persönlichkeitsorientiert zu besetzen. Voraussetzung hierfür ist es, die wichtigsten Stärken der acht Rollen zu kennen:

blau-rot (Reformer):
- erörtert Themen auf logische Weise, bedenkt Pro und Kontra
- entdeckt Unstimmigkeiten und spricht sie offen aus
- überlegt erst und handelt dann
- gibt dem Team immer wieder den entscheidenden Anstoß, weiterzumachen und sich zu engagieren
- achtet darauf, den Terminplan einzuhalten

rot (Direktor):
- setzt Aufgaben sofort um
- achtet auf Zeit und Termine
- handelt entschieden
- treibt andere mit deutlichen Worten an
- übernimmt gern Kontrollaufgaben

rot-gelb (Motivator):
- liefert Visionen für die Zukunft
- verschafft durch Innovationen neue Aufträge
- verliert nie das große Ganze aus den Augen
- dringt in neue Bereiche vor
- entwickelt neue Möglichkeiten für das Team

gelb (Inspirator):
- sorgt dafür, dass das Team Spaß hat
- unterhält ein großes Netzwerk nach außen
- ergreift Initiative und reißt andere mit
- motiviert andere, indem er seine Unterstützung anbietet
- begeistert andere für eine Aufgabe

gelb-grün (Berater):
- achtet auf die Bedürfnisse anderer
- versteht andere und geht auf sie ein
- vergisst nie den Menschen über der Aufgabe
- unterstützt andere, wo immer es geht
- akzeptiert Entscheidungen, die einmal gefällt wurden

grün (Unterstützer):
- erkennt und formuliert die tieferen Überzeugungen, die für den Zusammenhalt des Teams sorgen
- ist empathisch und geht auf Menschen ein
- vermittelt in Konflikten und sorgt für ein freundliche Atmosphäre
- akzeptiert neue Ideen und hilft dabei, sie umzusetzen
- kennt sich gut in den Routinen aus

grün-blau (Koordinator):
- liefert genaue Informationen, die die Qualität der Teamarbeit sicherstellen
- kennt sich gut in der Materie aus
- versteht den Prozess
- kümmert sich um Einzelheiten
- organisiert sich sehr gut und koordiniert die Zusammenarbeit im Team

blau (Beobachter):
- erarbeitet sorgfältig durchdachte Konzepte
- stellt die Arbeit des Teams auf eine sichere Grundlage
- behält die Infrastruktur und Technik im Blick
- dringt tief in Fragen ein und liefert kluge Lösungen
- arbeitet diszipliniert

Praxisbeispiel
Arbeit mit dem Teamrad in der Praxis
Zum Schluss veranschaulichen wir, wie Sie das Teamrad anwenden können. Sie können unsere Beispiele an das jeweilige Format der Maßnahme anpassen. Ob Schulung, Teamworkshop, Coaching oder Konfliktmoderation – setzen Sie Ihre Fähigkeit ein, das Teamrad didaktisch zuzuschneiden. Voraussetzung ist, dass alle Beteiligten ihre dominanten Farben kennen.

Es geht in den folgenden didaktischen Varianten darum, die eigenen Stärken und die der anderen zu sehen und zu verstehen:

Variante 1: Teamrad real aufstellen lassen
Sie kleben einfach ein Kreuz mit Kreppband auf den Boden. Dann legen Sie in Form des Teamrads die folgenden Karten auf den Boden: eine blau-rote, eine rote, eine rot-gelbe, eine gelbe, eine gelb-grüne, eine grüne, eine grün-blaue und eine blaue Karte. Die Teammitglieder stellen sich auf ihren Platz im Teamrad.

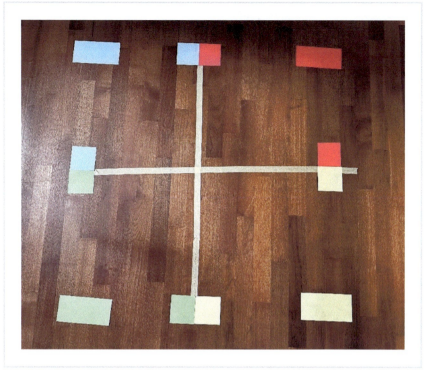

Abb. 27: Teamrad real aufstellen lassen

Variante 2: Positionen im Teamrad mit Punkten veranschaulichen
Stellen Sie das Teamrad auf einer Moderationswand oder einem Flipchart dar. Lassen Sie die Teammitglieder ihre Position im Team mit Punkten in unterschiedlichen Farben kleben. Diese Methode lässt sich auch online durchführen. Dafür nutzen Sie eine vorbereitete PowerPoint-Folie oder ein virtuelles Board.

Sie finden auf *myBook+* eine vereinfachte Version des Teamrads als Arbeitshilfe. Diese können Sie nutzen, um sich einen Überblick über die Positionen Ihrer Mitarbeitenden im Teamrad zu verschaffen.

228 | Teil B: Anwendung in den Personalbereichen

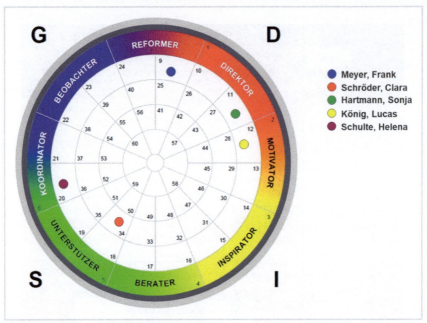

Abb. 28: Positionen im Teamrad mit Punkten veranschaulichen, Farbauswertung nach INSIGHTS MDI®-Analysen, Scheelen-Institut

Variante 3 (für Coachings und Konfliktmoderation): Verschiedenfarbige Schirmmützen einsetzen

Abb. 29: Verschiedenfarbige Schirmmützen einsetzen

Sie besorgen zwei rote, zwei gelbe, zwei grüne und zwei rote Schirmmützen (Caps). Die beiden Beteiligten setzen eine Schirmmütze in ihrer dominanten Farbe auf. Mit zusätzlichen Halstüchern könnten sie die zweite dominante Farbe hinzunehmen und dadurch die Mischfarbe verdeutlichen.

Variante 4: Farbig angemalte große Spielfiguren aufstellen
Bemalen Sie handgroße Spielfiguren aus Rohholz oder nutzen Sie fertige kleine Spielfiguren. Nehmen Sie die Figuren mit den dominanten Farben der Beteiligten. Diese stellen die Beteiligten je nach Situation auf dem Tisch auf. So lassen sich Distanzen zwischen Konfliktpartnern veranschaulichen und Konflikte zwischen den Farben darstellen.

Abb. 30: Farbig angemalte große Spielfiguren aufstellen

Sie haben die Farben optisch dargestellt. Lassen Sie jetzt diese Aufstellung auf die Teilnehmenden wirken. Beginnen Sie damit zu arbeiten, indem Sie den Beteiligten spezielle Fragen stellen:
- Was fällt Ihnen bei der Aufstellung auf? Überrascht Sie etwas? Fehlt aus Ihrer Sicht etwas?
- Wie geht es Ihnen auf Ihrer Position? Wie fühlen Sie sich mit Ihrer Rolle im Team?
- Wie sieht die Situation aus der Perspektive des anderen aus? Was fühlt der andere vermutlich?
- Welche Bedürfnisse haben Sie selbst? Welche vermutlich die anderen?
- Wie können Sie einen Schritt auf den anderen zugehen? Was könnte das konkret sein? Wie geht es Ihnen und dem anderen damit?

- Welche Mitglieder des *inneren Teams* (siehe Kapitel 2.5) müssen nach hinten treten, welche vorn agieren?
- Welche Lösungen sehen Sie?
- Welche Ideen und Wünsche haben Sie insgesamt beziehungsweise darüber hinaus?

Dies sind nur Impulse. Seien Sie kreativ in der jeweiligen Situation. Sie kennen diese am besten und können die Fragen passgenau formulieren. Gehen Sie in die Tiefe – fragen Sie weiter, um zu den entscheidenden Auslösern und Lösungen zu kommen.

Noch ein Hinweis für Sie: Es müssen nicht immer alle Farben in einem Team abgedeckt werden. Hier kommen kurz Vor- und Nachteile von *heterogenen* und *homogenen* Teams:
- Haben Sie alle Farben im Team, kommen alle Sichtweisen zur Geltung und weniger Fehler entstehen. Der Nachteil ist, dass *heterogene* Teams mehr Zeit für Prozesse brauchen, da Zwischenschritte und Ergebnisse meist intensiv diskutiert werden. Solche ausgewogenen Teams sind ideal, wenn es um die Qualität der Arbeit geht.
- Sind in einem Team nur eine oder zwei Farben vertreten? In solch *homogenen* Teams verstehen sich die Mitglieder besser, sind sich schneller einig, kommen leichter zu Entscheidungen. Sie verfügen aber nur über eine begrenzte Bandbreite an Sichtweisen. Solche fokussierten Teams sind ideal, wenn Deadlines vorrangig sind oder ein spezieller, zur Farbe des Teams passender Fokus sinnvoll ist (zum Beispiel in einem *blau-roten* Controlling-Team der Fokus auf *aufgabenorientiert*).

Nutzen des Teamrads

Das Teamrad zeigt:
- welche Stärken und Schwächen jeder Typ in das Team einbringt,
- ob die Mitglieder optimal eingesetzt werden,
- welche Aufgaben an wen delegiert werden können,
- welche Konflikte auftreten könnten,
- ob sich die Qualifikationen, die Fähigkeiten und die Verhaltensweisen der Teammitglieder sinnvoll ergänzen sowie
- was im Team noch fehlt.

So entsteht ein besseres gegenseitiges Verständnis für die Unterschiede und Gleichheiten im Team. Außerdem stärkt eine solche Aktion die gegenseitige Wertschätzung und den Respekt, da man merkt, dass alle verschiedenen Kompetenzen gebraucht werden. So wächst das Vertrauen ineinander und verbessert sich das Teamklima.

Im Teamcoaching alternative Verhaltensweisen entwickeln

Auf den Grundlagen der Arbeit mit dem Teamrad können Sie jetzt konkrete Veränderungen anstoßen, damit das Team wertschätzender und damit erfolgreicher zusammenarbeitet. Bei der Zusammenarbeit spielt eine Erkenntnis eine große Rolle: Menschen werden in ihrem sozialen Verhalten dann als effektiv betrachtet, wenn sie:
- das tun, *was* andere benötigen (aufgabenorientiertes Erfüllen von Aufträgen) und
- es so tun, *wie* andere es benötigen (bedürfnisorientierte Art und Weise).

Am Praxisbeispiel des Versicherungsunternehmens (siehe Kapitel 7.1) erläutern wir Ihnen dies anschaulich:

Praxisbeispiel
Das *Was*:
Ich wünsche mir von meinem Kollegen Informationen über das neue Versicherungsprodukt.

Das *Wie*:
Rot   DIN-A4-Seite mit den wichtigsten Stichpunkten zum Produkt und dessen Nutzen
Gelb   PowerPoint-Präsentation mit Bildern und Checkliste mit den Verkaufsargumenten
Grün   geduldig-freundliche Einweisung und konkrete, schrittweise Anleitung
Blau   Handbuch mit detaillierten Informationen inklusive Zahlen, Belege und Vergleiche

Erarbeitet also ein *Blauer* für einen *Gelben* ein detailliertes Handbuch, entstehen Spannungen, denn der *Gelbe* mag keine Details. Bekommt der *Gelbe* jedoch griffige, anregende Materialien, werden seine Bedürfnisse erfüllt. Stellt sich der *Blaue* also auf die Bedürfnisse des *Gelben* ein, funktioniert eine effektive Zusammenarbeit im Team – beide Seiten sind zufrieden. Der *Gelbe* kann das neue Versicherungsprodukt motiviert und erfolgreich verkaufen.

Die Aufgabe der Teamentwicklung ist es, die verschiedenen Farben dabei zu unterstützen, ihre Aufgaben zielorientiert an den Bedürfnissen ihrer Teammitglieder zu erfüllen. Sie als Personalverantwortliche können beispielsweise so vorgehen (Voraussetzung dafür ist, dass das Team offen und bereit ist, etwas auszuprobieren und an sich zu arbeiten):

Sie sammeln im Team erst Gedanken dazu, was ein gutes Team ausmacht – mit einer geeigneten Moderationsmethode. Dann arbeiten Sie heraus, welche Aspekte wichtig für eine wertschätzende Kommunikation bei der Zusammenarbeit sind. Präsentieren

Sie kurz die einzelnen Bestandteile einer positiven inneren Haltung gegenüber denjenigen mit anderen Verhaltensvorlieben (siehe Kapitel 1 und 2.2).

Jetzt lassen Sie jedes Teammitglied mithilfe der folgenden Fragen reflektieren. Beispielsweise bekommt jedes Teammitglied einen Flipchart-Bogen und beantwortet darauf die Fragen.

Fragen	Notizen
1. Was sind meine dominanten Farben (rot, gelb, grün, blau)? Was sind meine Stärken?	
2. Was brauche ich in der Zusammenarbeit? Was wünsche ich mir?	
3. Welches Verhalten erzeugt bei den anderen Farben eventuell Spannungen und warum?	
4. Wie kann ich mein Verhalten so verändern, dass die Bedürfnisse der anderen besser erfüllt werden?	

Tab. 50: Fragen für die Reflexion

Im Anschluss daran hängen Sie alle Bögen sichtbar auf. Alternativ können Sie mit Moderationswand und Kärtchen arbeiten. Gemeinsam schauen Sie sich die Ergebnisse an und tauschen sich aus. Sie können diese Tabelle auch jedem Teammitglied als Arbeitsblatt zur Verfügung stellen und die Ergebnisse als Grundlage für einen Austausch nehmen.

Als Abschluss erarbeiten Sie mit der Kärtchen-Methode die Werte des Teams für eine wertschätzende Kommunikation. Diese Werte können jetzt noch konkret gefüllt werden. Ist der Wert zum Beispiel »Zuverlässigkeit«, schreiben Sie dazu »interne E-Mails innerhalb eines Tages beantworten«, »Deadlines einhalten« oder »spätestens zwei Minuten vor Beginn im Meeting-Raum sein«. Diese gemeinsamen Werte sollten für alle sichtbar aufgehängt, gelebt und gepflegt werden. Gibt es einen Konflikt im Team, lassen sich darüber auch die betreffenden Werte noch einmal bewusst machen.

Ein Training zur *gewaltfreien Kommunikation* (siehe Kapitel 2.1 und Kapitel 7.2) kann zusätzlich dabei helfen, wertschätzend Feedback zu geben, bestehende Spannungen zu lösen sowie zukünftigen Konflikten vorzubeugen.

Sie können die Führungskraft also bei der Teamentwicklung unterstützen:
- indem Sie die Aufgaben gemeinsam mit der Führungskraft nach den Stärken des Einzelnen verteilen,
- mit dem Teamrad gegenseitiges Verständnis aufbauen sowie
- durch respektvollen Umgang, gemeinsame Werte und wertschätzende Kommunikation eine positive Zusammenarbeit zu gestalten.

7.7 Kapitel 7 auf den Punkt gebracht

Sie haben in diesem Kapitel erfahren, dass Sie Mitarbeitende passend zu ihrer Persönlichkeit und ihrer aktuellen Situation führen können. Dabei setzen Sie Ihre geschärfte Menschenkenntnis ein. Gleichzeitig berücksichtigen Sie das Wissen, die Fähigkeiten und die Motivation des Mitarbeiters in Bezug auf dessen aktuelle Aufgabe. Wie Sie Ihre Führungstechniken in drei Schritten anpassen können, haben wir Ihnen am Beispiel von drei Auszubildenden veranschaulicht.

Damit situatives Feedback zur Leistung wertschätzend gelingt, haben wir Ihnen konkrete Kriterien dafür an die Hand gegeben. Sie haben außerdem erfahren, wie Sie mithilfe der vier Schritte der *gewaltfreien Kommunikation* zwischen destruktivem und wertschätzendem Feedback unterscheiden. Zusätzlich können Sie die zur jeweiligen Persönlichkeit passende Ansprache finden.

Für angekündigte Feedbackgespräche haben wir gemeinsam den Begriff der Fehlerkultur reflektiert. Danach konnten Sie sehen, auf welche Weise die drei Aspekte *Fähigkeit*, *Ressourcen* und *Bereitschaft* die Leistung beeinflussen. Am Beispiel des Versicherungsvertreters Tim haben wir Ihnen sehr konkret gezeigt, wie Sie ein solches Gespräch wertschätzend gestalten können.

Damit auch die jährlichen Mitarbeitergespräche wertschätzend verlaufen, können Sie Führungskräfte gezielt briefen und unterstützen. Sie haben dafür von uns das nötige Know-how bekommen. Dazu gehört, bedürfnisorientierte Gesprächsbögen zu entwickeln und die Führungskräfte optimal beim Organisieren, Durchführen und Nachbereiten der Gespräche zu begleiten.

Sie führen in Ihrem Berufsalltag individuelle Entwicklungsgespräche mit Mitarbeitenden? Wir haben deutlich gemacht, warum Sie nicht (bewertend) loben, sondern ein wertschätzendes Feedback geben sollten. Sie haben zusätzlich Werkzeuge und Beispiele an die Hand bekommen, um bedürfnisorientiert zu motivieren und das ganze Gespräch persönlichkeitsorientiert zu gestalten.

Schließlich konnten Sie sehen, wie sich Teams persönlichkeitsorientiert entwickeln lassen. Damit ein Team wertschätzend und damit erfolgreich zusammenarbeiten kann, haben wir drei Ziele für Maßnahmen gesetzt: erstens Aufgaben bedürfnisorientiert zu verteilen, zweitens mit dem Teamrad Stärken und Entwicklungsbereiche erfahrbar zu machen und drittens über Teamcoaching das Verhalten zu entwickeln und zu verändern. So können Mitarbeitende Aufträge aufgabenorientiert erfüllen und gleichzeitig die Bedürfnisse ihrer Teammitglieder bestmöglich berücksichtigen.

8 Sich wertschätzend von Mitarbeitenden trennen

Es gibt unterschiedliche Anlässe, sich von Mitarbeitenden zu trennen: verhaltensbedingt, personenbedingt und betriebsbedingt. Darüber hinaus kann ein Mitarbeiter selbstverständlich auch kündigen. Die Gründe hierfür sind zum Beispiel, dass er unzufrieden ist, einen besseren Job gefunden hat, in eine andere Stadt zieht, seine persönlichen Rahmenbedingungen sich verändert haben, oder er sich selbstständig machen will.

Bei jeglichen Trennungsprozessen ist es sehr wichtig, wertschätzend vorzugehen. Wir konzentrieren uns in diesem Buch auf die verhaltensbedingten Kündigungen, da wir hier das größte Konfliktpotenzial bei gleichzeitigem größtem Handlungsspielraum der Personalverantwortlichen sehen.

Sich von Mitarbeitenden verhaltensbedingt zu trennen heißt nicht, dass diese »schlecht« sind. Meistens passen Verhaltensvorlieben, Kompetenzen oder Motivatoren nicht zur Unternehmenskultur, zum Vorgesetzten, ins Team oder zu den Rahmenbedingungen und Aufgaben.

Vielleicht stellen Sie sich die Frage, warum Sie wertschätzend mit Mitarbeitenden kommunizieren sollten, die das Unternehmen ohnehin verlassen. Auf den Punkt gebracht sprechen folgende Argumente dafür:
- Mitarbeitende gehen nicht verletzt und hasserfüllt, sondern unbeschadet und in Frieden, bestenfalls positiv.
- Sie bewerben sich nicht selbstzweifelnd und verzweifelt bei einem anderen Arbeitgeber, sondern selbstbewusst und mit sich im Reinen.
- Sie sehen nicht nur die negativen Seiten der Veränderung, sondern erkennen die Chance, sich neu aufzustellen.
- Das Arbeitgeber-Image nimmt keinen Schaden, sondern wird geschützt und gestärkt.
- Die bleibenden Mitarbeitenden erleben keinen beängstigenden Trennungsprozess, sondern sehen einen respektvollen Umgang mit ausscheidenden Kollegen.
- Bei Ihnen als Personalverantwortliche hinterlässt die Trennung keinen bitteren Nachgeschmack, sondern die Beziehung bleibt respektvoll.

Häufig empfindet mindestens eine der beiden Seiten Trennungsschmerz. Daraus zu lernen, ist eine große Chance. Auf der einen Seite kann die Mitarbeiterin reflektieren, was für sie wichtig ist. So kann sie bei ihrer Arbeitssuche darauf achten, dass ihre Bedürfnisse besser erfüllt werden. Auf der anderen Seite können Sie als Personalverantwortliche über sogenannte Exit-Interviews herausfinden, was Sie verändern und weiterentwickeln können. Hierauf kommen wir in Kapitel 8.2 zurück.

Wir zeigen Ihnen auf den folgenden Seiten, wie Sie:
- Mitarbeitende respektvoll abmahnen,
- Trennungsgespräche empathisch führen und Exit-Interviews nutzen sowie
- Zeugnisse individuell formulieren können.

8.1 Mitarbeitende respektvoll abmahnen

Die Abmahnung drückt förmlich aus, dass der Arbeitgeber die Verletzung bestimmter arbeitsvertraglicher Pflichten durch den Arbeitnehmer missbilligt. Damit verbunden ist immer der Hinweis auf arbeitsrechtliche Konsequenzen, insbesondere eine Kündigung, falls sich der Fall wiederholt.

Grundsätzlich geben alle Mitarbeitenden ihr Bestes. Fehler zu machen, ist menschlich, und es soll keine Angstkultur entstehen. Überlegen Sie: Ist das festgestellte Fehlverhalten Nachlässigkeit, ein Flüchtigkeitsfehler? Oder ist es ein gravierender Fehler, der zu arbeitsrechtlichen Konsequenzen führt?

Abmahnungen sind dann sinnvoll und notwendig, wenn der Mitarbeiter etwas vorsätzlich oder grob fahrlässig falsch macht, oder er durch sein Verhalten seinem Team oder dem Unternehmen schadet. Bei einem gravierenden Fehlverhalten sollte der Vorgesetzte ein Abmahngespräch mit dem Mitarbeiter führen, eine schriftliche Abmahnung überreichen und das Gespräch dokumentieren. Diese korrektive Maßnahme soll dem Mitarbeiter zu verstehen geben, dass Sie sein Fehlverhalten nicht akzeptieren, und er es abstellen muss.

Eine Abmahnung ist ein arbeitsrechtlicher Prozess. Mit Abbildung 31 geben wir Ihnen einen Überblick darüber, wie dieser verlaufen kann.

Abb. 31: Prozess des Abmahnens

Im Abmahnprozess müssen Sie als Personalverantwortliche sicherstellen, dass eine bestimmte Form eingehalten wird. In den meisten Fällen müssen Sie mindestens zweimal schriftlich abgemahnt haben, bevor Sie verhaltens- oder personenbedingt kündigen können. Kommt es also innerhalb von zwei Jahren (Verjährungsfrist) wieder zum gleichen Fehlverhalten, sollten Sie mit dem Mitarbeiter ein zweites Abmahngespräch führen – zusammen mit dem Vorgesetzten. Zu Beweiszwecken müssen alle Gespräche protokolliert werden.

Wir gehen zuerst auf das Abmahngespräch und dann auf die schriftliche Abmahnung ein.

Abmahngespräche führen

Das Abmahngespräch sollte zeitnah stattfinden. Geben Sie der Mitarbeiterin aber genug Zeit, sich darauf vorzubereiten. Neben Ihnen als Personalverantwortliche sollte auch die disziplinarische Vorgesetzte dabei sein. Der Betriebsrat darf auch daran teilnehmen. Wenn Sie die Beteiligten einladen, müssen Sie unbedingt ankündigen, dass es sich um ein Abmahngespräch handelt.

Das Gespräch vorbereiten
Setzen Sie sich mit der Vorgesetzten zusammen. Lassen Sie sich das Fehlverhalten detailliert schildern und notieren Sie dies. Fragen Sie sich gemeinsam:
- Wann genau hat die Mitarbeiterin welches konkrete Fehlverhalten gezeigt?
- Welche Auswirkungen hatte das Verhalten?
- Waren noch andere Mitarbeitende beteiligt?
- In welcher Situation hat sich die Mitarbeiterin falsch verhalten?
- Ist das Fehlverhalten wiederholt aufgetreten?
- Was war im angekündigten Feedbackgespräch vereinbart worden?
- Was hat sich seitdem geändert?
- Gibt es mögliche Gründe für das Fehlverhalten?

Sammeln Sie Belege und Beweise. All dies ist auch Grundlage für die schriftliche Abmahnung und für einen eventuellen Prozess vor dem Arbeitsgericht.

Besprechen Sie mit der Vorgesetzten den Ablauf des Gesprächs und ihre Rolle dabei. Hierbei ist sehr wichtig, sie davon zu überzeugen, so wertschätzend wie möglich mit der Mitarbeiterin zu sprechen: Sachlich beschreiben, Emotionen kontrollieren, ausgelöste Gefühle nennen, Bedürfnis formulieren, gewünschtes Verhalten konkret und verständlich auf den Punkt bringen (siehe *GfK*, Kapitel 2.1).

Je nach Fehlverhalten und Auftreten der Mitarbeiterin kann dies sehr schwierig sein. Für den weiteren Prozess ist es jedoch sehr wichtig, die Situation nicht weiter zu eskalieren. Auf der einen Seite geht es um den Wert *Respekt* im Unternehmen, den Sie idealerweise selbst vertreten und in dem Sie Vorbildfunktion ausüben. Auf der anderen Seite wollen Sie möglichst erreichen, dass Sie im Dialog einen Weg finden und sich die Fronten nicht weiter verhärten. Hierfür kann es hilfreich sein, sich Ihr *inneres Team* (siehe Kapitel 2.5) für das Führen des Abmahngesprächs aufzustellen. Welche Mitglieder Ihres inneren Teams sollten in den Hintergrund, welche in den Vordergrund treten?

Im Anschluss an das vorbereitende Gespräch mit der Vorgesetzten entwerfen Sie die schriftliche Abmahnung. Tipps dazu finden Sie weiter unten. Zunächst geht es darum, wie das Abmahngespräch konkret ablaufen könnte.

Das Gespräch führen
Das Abmahngespräch könnten Sie so strukturieren:
- Sie nennen den Gesprächsanlass. Um welches Fehlverhalten geht es genau und warum findet jetzt dieses Gespräch statt?
- Die Mitarbeiterin schildert die Situation aus ihrer Sicht.
- Die Führungskraft schildert das wiederholte Fehlverhalten aus ihrer Perspektive.
- Sie moderieren einen wertschätzenden Austausch und fassen zusammen.
- Sie erklären, dass Sie das Fehlverhalten nicht dulden.
- Sie sprechen klar aus, dass es bei erneutem Fehlverhalten zu arbeitsrechtlichen Konsequenzen bis hin zur Kündigung kommen kann.
- Sie überreichen der Mitarbeiterin die Abmahnung und lassen sich die Übergabe von ihm beziehungsweise von seinem Vorgesetzten als Zeugen quittieren.

Worauf Sie bei dem Gespräch achten sollten:

Gehen Sie bewusst in eine wertschätzende innere Haltung (siehe Kapitel 1) und aktivieren Sie die aufgestellte Mannschaft Ihres *inneren Teams*.

Beherzigen Sie – besonders im Gesprächseinstieg –, dass Sie das Fehlverhalten beschreiben, ohne dabei zu bewerten (Schritt 1 der *GfK*, siehe Kapitel 2.1). Es ist wichtig, dass der Mitarbeiter sich nicht als Person kritisiert fühlt, sondern versteht, dass es sich um ein konkretes Fehlverhalten handelt.

Wenn der Mitarbeiter seine Version seines Verhaltens schildert, gibt es meistens eine Schnittmenge, aber auch Unterschiede. Geben Sie deshalb danach dem Vorgesetzten erneut die Möglichkeit, sich zu diesen Unterschieden zu äußern.

Versuchen Sie durch gezielte Fragen ein umfassendes Bild zu bekommen. Notieren Sie sich alles genau. Intervenieren Sie, wenn die Kommunikation nicht wertschätzend ist. Dies sollten Sie mit Fingerspitzengefühl und Respekt tun.

Im weiteren Gespräch müssen Sie dem Mitarbeiter klar mitteilen, welches wiederholte Fehlverhalten aus Ihrer Sicht besteht, und welche Folgen dies für das Unternehmen hat. Nutzen Sie jetzt Schritt 2 und 3 der *GfK*. Verdeutlichen Sie damit, wie wichtig es ist, dass sich das Verhalten ändert. Bitte stellen Sie auch sicher, dass der Mitarbeiter sich genau vorstellen kann, wie das gewünschte Verhalten und die Erwartungen aussehen. Das ist Schritt 4 der *GfK* – formulieren Sie die Anforderungen positiv, konkret, überprüfbar und realistisch.

Wenn sich weitere Faktoren oder andere Sichtweisen aus dem Gespräch ergeben, passen Sie die schriftliche Abmahnung an und händigen sie dem Mitarbeiter erst später aus. Wie Sie eine Abmahnung schreiben? Dazu kommen wir jetzt.

Abmahnungen schreiben

Nicht nur beim Abmahngespräch können Sie wertschätzend kommunizieren. Wir finden es auch sehr wichtig, eine dazu passende Abmahnung zu schreiben.

Eine Abmahnung muss dann verfasst werden, wenn der Arbeitnehmer wiederholt arbeitsvertragliche Pflichten verletzt hat und ein Ermahnen nicht geholfen hat. Sie ist das letzte arbeitsrechtliche Mittel vor der Kündigung. Stellt der Arbeitnehmer sein Fehlverhalten nicht ein, kann ihm also eine verhaltensbedingte Kündigung drohen.

Eine Abmahnung können grundsätzlich alle diejenigen unterschreiben, die kündigungsberechtigt sind: Firmeneigentümer, Geschäftsführer sowie Personal- oder Abteilungsleiter mit Procura.

Inhaltliche und formale Anforderungen an Abmahnungen
Abmahnungen müssen erstens *eindeutig*, zweitens *präzise* und drittens *wahrheitsgemäß* sein. Pro Fehlverhalten schreiben Sie eine eigene Abmahnung.

Die arbeitsrechtlich notwendigen Elemente von Abmahnungen sind:
- Fehlverhalten schildern,
- auf die konkret verletzte Bestimmung im Arbeitsvertrag hinweisen,
- dazu auffordern, das Fehlverhalten zu unterlassen,
- unmissverständlich die Konsequenz dafür ankündigen, wenn sich dieses Fehlverhalten wiederholt.

Ziele
Mit einer schriftlichen Abmahnung lassen Sie den Mitarbeiter wissen, wie wichtig es Ihnen ist, dass er sein Verhalten anpasst und bessert. Sie unterstreichen damit, dass dies seine letzte Chance ist, im Unternehmen zu bleiben.

Formulieren Sie die schriftliche Abmahnung so wertschätzend wie irgend möglich. Dadurch motivieren Sie bestenfalls den Mitarbeiter, sein Fehlverhalten zu unterlassen. Gleichzeitig können Sie erreichen, dass kein (weiterer) Schaden durch das Fehlverhalten entsteht. Im schlechtesten Fall sorgen Sie mit einem respektvollen Tonfall zumindest für einen wertschätzenden Trennungsprozess.

Sie schaffen mit der schriftlichen Abmahnung die Voraussetzung, dem Arbeitnehmer bei weiterem Fehlverhalten verhaltensbedingt zu kündigen. Handeln Sie dann auch konsequent.

Darüber hinaus soll das Schreiben der Abmahnung Sie gut darauf vorbereiten, falls erforderlich vor das Arbeitsgericht zu ziehen.

Negative Aspekte und ihre Auswirkungen

Abmahnungen sind generell eine unangenehme Sache. Besonders problematisch wird es jedoch, wenn die Texte folgende Fehler und Merkmale aufweisen:

Formales:
- Es fehlt eines der arbeitsrechtlich notwendigen Elemente (siehe oben).
- Es wird vorschnell mit Kündigung gedroht (je nach Schwere des Fehlverhaltens sind mehrere Abmahnungen notwendig).
- Bei mehreren Abmahnungen sind diese durchnummeriert (ist eine davon ungültig, werden alle darauffolgenden auch ungültig).
- Es wird zu spät gekündigt (Arbeitnehmer haben das Recht auf Verjährung).
- Der Kündigungsgrund ist verbraucht (schon abgemahntes Fehlverhalten darf später nicht mehr der Grund dafür sein, zu kündigen).
- Es wird zu häufig abgemahnt (Arbeitgeber wirkt nicht glaubwürdig).
- Es fehlt ein Beleg, dass die Arbeitnehmerin die Abmahnung erhalten hat.

Inhalt und Sprache:
- Das Fehlverhalten ist nicht wahrheitsgetreu beschrieben.
- Die Abmahnung ist ungenau formuliert (zum Beispiel mit Worten wie *häufig*, *ständig*, *immer wieder* oder *unfreundlich* oder *schlecht*).
- Die Ausdrucksweise ist unverständlich oder missverständlich.
- Der Schreibstil ist unsachlich (beispielsweise drohend, beleidigend oder von oben herab).

All das gefährdet den Erfolg und kann letztlich dazu führen, dass das Arbeitsgericht die Abmahnung nicht anerkennt. Und noch etwas: Wir vergessen öfters, uns in diesem eskalierenden Prozess zu fragen: Warum verhält sich der Arbeitnehmer so? Und wie wird er sich beim Lesen der Abmahnung fühlen? Eine fehlerhafte, schwer verständliche und unsachliche Abmahnung gießt Öl ins Feuer und trägt dazu bei, das Verhältnis zwischen Arbeitnehmer und Arbeitgeber (weiter) zu zerrütten. Vor allem dann, wenn es an Respekt mangelt.

Gehen Sie also auch – oder vielleicht gerade – an das Thema *schriftliche Abmahnungen* wertschätzend heran. Dabei helfen Ihnen folgende Tipps (siehe auch die *vier Verständlichmacher*, Kapitel 2.7):

Tipps für schriftliche Abmahnungen

Eigenschaften	Die Tipps im Detail
Layout und Textumfang	• Corporate Design und eventuelle Vorlage nutzen • gut lesbare Schriftart und -größe wählen • so kurz wie möglich, so ausführlich wie nötig
Struktur	1. Fehlverhalten schildern 2. auf die konkret verletzte Bestimmung im Arbeitsvertrag hinweisen 3. dazu auffordern, das Fehlverhalten zu unterlassen 4. erwünschtes Verhalten nennen 5. unmissverständlich die Konsequenz dafür ankündigen, wenn sich dieses Fehlverhalten wiederholt
Fakten	• Beobachtung sachlich schildern, statt die Person oder ihr Verhalten zu bewerten (siehe *GfK*, Kapitel 2.1) • so konkret wie möglich • genau und wahrheitsgetreu • Ort, Datum, Uhrzeit exakt angeben • sinnvoll und angemessen belegen
Sprache und Stil	• wirksam und rechtssicher formulieren • dabei sehr verständlich: kurz, klar, greifbar, aktiv • klar und unmissverständlich ausdrücken • gleichzeitig absolut sachlich und fair • gewünschtes Verhalten klar benennen: konkret, positiv, messbar und realistisch (siehe *GfK*, Kapitel 2.1)
Wertschätzung	• vorher unbedingt prüfen, ob die Abmahnung verhältnismäßig ist • auf jeden Fall auch die Sichtweise des Arbeitnehmers einbeziehen (in manchen Tarifverträgen ist eine Anhörung sogar obligatorisch) • sich empathisch in den Empfänger der Abmahnung hineinversetzen
Rechtliches	• verhältnismäßig abmahnen • eindeutig, präzise, wahrheitsgemäß • pro Fehlverhalten eine Abmahnung schreiben • Abmahnungen nicht durchnummerieren • von einer Person mit Procura (unter-)schreiben lassen • gegebenenfalls juristisch prüfen lassen • Erhalt mit Unterschrift bestätigen lassen

Tab. 51: Tipps für schriftliche Abmahnungen

Praxisbeispiel: Abmahnschreiben

Vorname Nachname
Straße Hausnummer
PLZ Ort
16. Oktober 2024

Abmahnung
Sehr geehrter Anrede Nachname,
wir haben festgestellt, dass Sie am 11.10.2024 und am 14.10.2024 unentschuldigt gefehlt haben.
Mit Ihrem Arbeitsvertrag haben Sie sich dazu verpflichtet, sich unverzüglich zu melden, wenn Sie nicht zur Arbeit kommen. Sind Sie krank, müssen Sie unaufgefordert und sofort eine ärztliche Bescheinigung der Arbeitsunfähigkeit vorlegen. »Sofort« bedeutet, dass Sie diese dem Arbeitgeber gleich am ersten Tag geben müssen. Dieses Vorgehen regelt § 8 (*Arbeitsversäumnis*).
Es hätte uns also spätestens am 11.10.2024 eine Arbeitsunfähigkeitsbescheinigung erreichen müssen. Bis heute haben wir keine Information und auch keine Krankmeldung von Ihnen erhalten. Damit fehlen Sie unentschuldigt am 11.10.2024 und am 14.10.2024.
Mit Ihrem Verhalten verstoßen Sie gegen Ihre arbeitsvertraglichen Pflichten. Dieses Fehlverhalten können wir nicht hinnehmen und mahnen Sie hiermit ab.
Wir erwarten, dass Sie sich ab jetzt bei Ihrem Vorgesetzten vor Arbeitsbeginn melden, wenn Sie nicht zur Arbeit erscheinen.
Falls Sie diese Pflicht ein weiteres Mal verletzen, müssen Sie mit arbeitsrechtlichen Konsequenzen rechnen, die bis hin zur Kündigung gehen können.
Wir bitten Sie, uns unten zu bestätigen, dass Sie diese Abmahnung erhalten haben.

Freundliche Grüße
ppa. Vorname Nachname
Abmahnung erhalten:

_____
Vorname Nachname

Idealerweise wünschen Sie sich, dass es bei der einen Abmahnung bleibt und sich das Verhalten des Mitarbeiters zum Positiven verändert. Es gibt aber auch Fälle, in denen sich das Fehlverhalten wiederholt und Sie konsequent handeln müssen. Es wird notwendig, sich vom Mitarbeiter zu trennen. In dieser Situation führen Sie ein Trennungsgespräch.

8.2 Trennungsgespräche empathisch führen

Auch und gerade bei Trennungsgesprächen ist es wichtig, wertschätzend mit der Mitarbeiterin umzugehen. Eine negative Erfahrung im Trennungsprozess macht schnell die Runde und färbt negativ auf das Arbeitgeber-Image ab. Mitarbeitenden zu kündigen, ist nie eine schöne Aufgabe – aber Sie können dies fair und wertschätzend tun.

Trennungsgespräch vorbereiten
Es gehört zu den schwierigsten Aufgaben von Personalverantwortlichen, Trennungsgespräche zu führen. Bereiten Sie sich deshalb möglichst intensiv darauf vor. Die folgenden Schritte helfen Ihnen dabei; Sie finden sie als Arbeitshilfe auch in Form einer Checkliste auf *myBook+*.

- Überprüfen Sie, ob die Kündigung rechtmäßig ist.
- Prüfen Sie die Alternativen (zum Beispiel Teilzeit, Versetzung).
- Entscheiden Sie, ob Freistellen, Abfindung und/oder Outplacement möglich sind.
- Wählen Sie einen Vormittagstermin für das Kündigungsgespräch aus und laden einen Tag vorher dazu ein.
- Analysieren Sie mit dem *DISG-Persönlichkeitsmodell* (siehe Kapitel 2.2) die Bedürfnisse des Mitarbeiters, um die Kommunikation anzupassen.
- Machen Sie sich mit dem *Eisbergmodell* (siehe Kapitel 2.4) die Gefühle aller Beteiligten bewusst.
- Stellen Sie die Mannschaft Ihres *inneren Teams* (siehe Kapitel 2.5) auf.
- Klären Sie mit dem *Nachrichtenquadrat* (siehe Kapitel 2.6) die vier Seiten Ihrer Nachricht.
- Legen Sie sich mit *GfK* (siehe Kapitel 2.1) Formulierungen zurecht, um angemessen zu kommunizieren und zu reagieren. Üben Sie konkrete Sätze.
- Verfassen Sie eine wertschätzende schriftliche Kündigung.
- Bereiten Sie Inhalte und Ablauf des Trennungsgesprächs vor.

Das Trennungsgespräch durchführen
Denken Sie kurz vor Beginn an die folgenden wichtigen Elemente:
- Bringen Sie auf den Punkt, warum Sie sich von der Mitarbeiterin trennen (Fehlverhalten und Abmahnungen).
- Erklären Sie Ihre Entscheidung (Folgen des Fehlverhaltens für das Unternehmen).
- Nennen Sie das Datum für das endgültige Ausscheiden.
- Informieren Sie, dass zu einem späteren Zeitpunkt (ein bis zwei Tage später) ein Folgegespräch möglich ist.
- Stellen Sie die Mitarbeiterin für den Rest des Tages frei.

Während des Trennungsgesprächs ist es wichtig, dass Sie für eine ungestörte Atmosphäre sorgen, schnell auf den Punkt kommen, eine klare Botschaft senden sowie ruhig und wertschätzend bleiben. Sie steuern das Gespräch und sein Ende. Stellen Sie sich darauf ein, Reaktionen auszuhalten und Pausen zuzulassen.

Mit den Reaktionen der Mitarbeitenden umgehen

Die Reaktionen können je nach Typ sehr unterschiedlich sein. Angelehnt an die instinktiven Reaktionen von Tieren kann Folgendes passieren:
a) Flucht (Angst, Weinen, Verzweiflung)
b) Totstellen (keine sichtbare Reaktion, Schweigen)
c) Angriff (Wut, verbale oder sogar körperliche Aggression)

Sie haben die Möglichkeit, zu beeinflussen, wie heftig der Mitarbeiter im Trennungsgespräch reagiert und wie der weitere Trennungsprozess verläuft. Wie können Sie wertschätzend auf die Reaktionen eingehen?

Art der Reaktion	Wertschätzend auf die Reaktion der Mitarbeitenden eingehen
Flucht = **Angst**	• versuchen Sie, sich zu entspannen • kontrollieren Sie Ihre eigenen Emotionen • achten Sie auf eine beruhigende Stimme • vermitteln Sie, dass die Gefühle in Ordnung sind • geben Sie der Mitarbeiterin Zeit, die Emotionen zu spüren und sich zu fangen • je nach Persönlichkeit gehen Sie in einen empathischen Kontakt oder halten sich zurück • fragen Sie, was die Mitarbeiterin jetzt braucht • bieten Sie ihr Ihre Unterstützung an
Totstellen = **Schweigen**	• wiederholen Sie die Nachricht • fragen Sie nach, ob dem Mitarbeiter die Kündigung klar ist • vermeiden Sie es, ununterbrochen zu reden • lassen Sie eine Pause zu und warten Sie ab, was geschieht • zeigt der Mitarbeiter Anzeichen einer Reaktion, sprechen Sie an, wie es weitergeht • achten Sie darauf, ein zweites Gespräch anzubieten
Angriff = **Wut**	• versuchen Sie, es nicht persönlich zu nehmen • lassen Sie sich nicht provozieren und bleiben Sie souverän • beruhigen Sie sich selbst • kontrollieren Sie Ihre eigenen Emotionen • sprechen Sie sachlich, klar und bestimmt • vermitteln Sie, dass es in Ordnung ist, wütend zu sein • sorgen Sie dafür, dass Grundregeln des respektvollen Umgangs eingehalten werden • unterbrechen oder beenden Sie das Gespräch, wenn die Mitarbeiterin ausfallend wird • verlassen Sie zur Not den Raum und holen Sie sich Hilfe

Tab. 52: Wertschätzend auf die Reaktion des Mitarbeiters eingehen

Den gesamten Trennungsprozess aus Sicht der Mitarbeitenden verstehen
Wir betten diese ersten Reaktionen in den gesamten Trennungsprozess ein – und zwar aus der Sicht der Mitarbeitenden. So können Sie sich empathisch in ihre Lage hineinversetzen und mit wertschätzender Kommunikation dazu beitragen, dass dieser Prozess positiv verläuft. Abbildung 32 zeigt, wie sich diese spontanen Reaktionen des Schocks idealerweise weiterentwickeln können – über eine Abschiedsphase hin zur Neuorganisation.

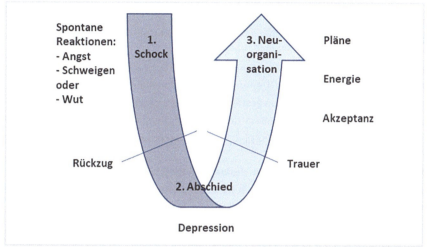

Abb. 32: Phasen des Trennungsprozesses aus Sicht des Mitarbeiters (angelehnt an das Krisenmodell von Cullberg)

Nach dem ersten Schock durchlaufen gekündigte Mitarbeitende häufig eine Abschiedsphase mit den Komponenten *Rückzug*, *Depression* und *Trauer*. Haben sie diese bewältigt, können sie ihre Kündigung akzeptieren, fühlen neue Energie, schmieden Pläne und können aktiv werden.

Dies ist ein idealer Verlauf. Je nach Persönlichkeit und Situation des jeweiligen Mitarbeiters fallen sowohl dessen spontane Reaktion auf die Kündigung als auch der weitere Trennungsprozess sehr unterschiedlich aus: Einerseits spielen hier wieder die Verhaltensvorlieben und Bedürfnisse der vier Farben eine wichtige Rolle. Ist jemand zum Beispiel introvertiert und beziehungsorientiert, neigt er vermutlich eher zu einer Angstreaktion und zieht sich stärker zurück. Extrovertierte und aufgabenorientierte Persönlichkeiten würden wahrscheinlich eher mit Wut und Angriff reagieren. Andererseits spielt die Lebenssituation eine große Rolle: Ist jemand beispielsweise jung, selbstbewusst, finanziell abgesichert und auf dem Arbeitsmarkt begehrt? Dann reagiert diese Person vermutlich anders als jemand, der älter und selbstunsicher ist, der Existenzsorgen hat und dessen Qualifikationen wenig nachgefragt sind. Ist jemand ungebunden, reagiert diese Person vielleicht weniger stark auf die Kündigung als jemand, der in einer Partnerschaft oder Familie lebt.

Gelingt es nicht, das Trennungsgespräch wertschätzend zu führen, wirkt sich dies wahrscheinlich negativ aus. Das kann dazu beitragen, dass die Mitarbeiterin in der ersten oder zweiten Phase des Prozesses steckenbleibt. Sie dreht sich im Kreis ihrer negativen Emotionen, verharrt im Rückzug, entwickelt eine andauernde und vielleicht schwere Depression. Der Weg hinaus geht dann häufig nur über ein Abstrafen des Unternehmens (zum Beispiel schlechte Bewertungen in den sozialen Medien) und/oder die Notwendigkeit einer psychologischen Begleitung/Behandlung.

Gelingt ein wertschätzendes Trennungsgespräch, tragen Sie hingegen dazu bei, dass der Mitarbeiter den gesamten Trennungsprozess durchläuft, neutral über Ihr Unternehmen denkt und spricht sowie gestärkt daraus hervorgeht. Manche Mitarbeitenden brauchen in der dritten Phase Unterstützung. Sie als Personalverantwortliche können diesen dafür zum Beispiel eine Outplacement-Maßnahme anbieten.

Über Exit-Interviews Kritik der ausscheidenden Mitarbeitenden aufarbeiten
Es gibt in einem Trennungsprozess immer zwei Seiten. Egal, ob der Mitarbeiter sich von Ihnen trennt oder Sie sich von ihm trennen: Nutzen Sie die Chance, um die Sichtweise des Mitarbeiters genau zu erkunden und Kritik zu verstehen. Dadurch erhalten Sie Ansatzpunkte, um Prozesse und Führungspraktiken zu prüfen und weiterzuentwickeln.

Haben sich beide Seiten auf alle Trennungsmodalitäten geeinigt, können Sie ein Exit-Interview mit dem ausscheidenden Mitarbeiter führen. Waren Sie im Trennungsprozess wertschätzend, ist der Mitarbeiter offener dafür, Ihnen konstruktives Feedback zu geben.

Für dieses Exit-Interview geben wir Ihnen einige mögliche Fragen an die Hand. Je nachdem, welche Seite gekündigt hat, sollten Sie Fragen anpassen oder sogar auslassen.

Mögliche Fragen im Exit-Interview:
- Was hat Ihnen bei uns gefallen?
- Was hat Sie gestört?
- Was sollten wir Ihrer Meinung nach verbessern?
- Wenn wir Ihre Vorschläge umsetzen würden, würden Sie hier wieder arbeiten?
- Würden Sie dieses Unternehmen Ihren Freunden als Arbeitgeber empfehlen?
- Fühlten Sie sich gut über das Unternehmen, seine Ziele, Werte, Richtlinien, Prozesse und aktuelle Veränderungen informiert?

- Hatten Sie das Gefühl, dass unser Unternehmen Ihnen Arbeitsplatzsicherheit bietet?
- Haben Sie die richtige Ausbildung erhalten, um Ihre Arbeit effektiv zu erfüllen?
- Waren Ihre Aufgaben und Verantwortlichkeiten klar definiert?
- Wurden Sie wie ein wertvolles Mitglied des Unternehmens behandelt?
- Hat Ihr direkter Vorgesetzter Ihnen regelmäßig wertschätzendes Feedback gegeben?
- Durften Sie Ihrem Vorgesetzten Änderungen vorschlagen, die Ihre Abteilung verbessern würden?
- Wurden Mitarbeiterprobleme und Beschwerden in Ihrer Abteilung fair und zeitnah gelöst?
- Wie ging es Ihnen, wenn Sie Fragen oder Bedenken hatten, mit ...
  - Ihrem direkten Vorgesetzten?
  - dem oberen Management?
  - der Personalabteilung?

Die Informationen, die Sie aus dem Exit-Interview gewinnen, sind natürlich subjektiv und häufig emotional aufgeladen oder gefärbt. Gleichzeitig steckt immer mindestens ein Funke Wahrheit darin und gibt Ihnen wertvolle Hinweise. Versuchen Sie, diese Aussagen zu validieren, indem Sie die Perspektiven der Beteiligten erfragen. Anhand dieser gefilterten Informationen können Sie dann die Unternehmenskultur in Richtung Wertschätzung weiterentwickeln.

8.3 Zeugnisse individuell formulieren

Wenn ein Arbeitsverhältnis beendet wird, ist der Arbeitgeber rechtlich dazu verpflichtet, dem Arbeitnehmer ein schriftliches Zeugnis auszustellen. Das Gleiche gilt für ein Zwischenzeugnis, sofern der Arbeitnehmer triftig begründen kann, warum er es braucht. Für den Arbeitnehmer ist ein Zeugnis sehr wichtig. Einerseits, weil es schwarz auf weiß seine Leistungen und sein Verhalten anerkennt. Andererseits, weil es in Deutschland von den meisten potenziellen Arbeitgebern verlangt wird.

Häufig werden Mitarbeitende aufgefordert, ihr Arbeitszeugnis selbst zu formulieren. Der Vorteil dabei wäre, dass Sie als Personalverantwortliche ihre Sicht erhalten und nicht die vielleicht einseitig negative der Führungskraft. Die Gefahr dabei: Die Mitarbeitenden beurteilen sich positiver als sie es waren. Oder sie geraten in eine Zwickmühle – sie sollen sich selbst beurteilen und möchten sich dabei weder zu sehr loben noch unter Wert verkaufen. Außerdem haben sie meistens nicht das nötige Wissen darüber, wie Zeugnisse rechtssicher, korrekt, verständlich und passend verschlüsselt geschrieben werden sollten. Dieses Wissen fehlt oft auch den Vorgesetzten.

Arbeitszeugnisse zu schreiben, gehört deshalb in die Hände von Personalverantwortlichen. Dass es für diese oft eine unbeliebte und lästige da aufwendige und schwierige Aufgabe ist, hat verschiedene Gründe:
- Im Tagesgeschäft hat das Zeugnisschreiben meist unterste Priorität – das Erfüllen dieser Aufgabe hat nur für den ausscheidenden Arbeitnehmer einen Nutzen.
- Darüber hinaus kennen Sie als Personalverantwortliche häufig nicht jeden Arbeitnehmer gut genug. Deshalb müssen Sie die Vorgesetzten ansprechen oder anschreiben, um aussagekräftigen Input zu erhalten: zu den Aufgaben, Stärken, Schwächen, Verhaltensvorlieben, Motivatoren, kommunikativen Fähigkeiten und zum sozialen Verhalten. Das ist aufwendig!
- Beim anschließenden Zeugnisschreiben sollen Sie dann fair und wahrheitsgetreu die Leistung, das Verhalten und die Motivation der Mitarbeiterin bewerten. Das ist nicht so einfach, weil Sie sich in einen Spagat zwischen Wohlwollenspflicht für die Mitarbeiterin und Wahrheitspflicht für zukünftige Arbeitgeber begeben.

Zu einer wertschätzenden Unternehmenskultur gehört, auch diese Aufgabe engagiert zu erfüllen. Wertschätzend formulierte Zeugnisse runden eine wertschätzende Personalarbeit ab – beide Seiten können sich bestenfalls versöhnlich voneinander verabschieden. Darüber hinaus tragen sie zu einem positiven Arbeitgeber-Image bei.

Wir werden im Rahmen dieses Buchs nicht auf die verschlüsselten Formulierungen für Noten eingehen. In unserem Beispiel werden Sie jedoch sehen, wie sich auch diese sprachlich fein überarbeiten lassen. Wir geben Ihnen einige nützliche Tipps für Struktur, Rechtliches, Form und Sprache mit. Den Fokus legen wir darauf, Zeugnisse aus einer inneren wertschätzenden Haltung heraus zu erarbeiten.

Elemente und Aufbau von Zeugnissen

Elemente	Details
Briefkopf Arbeitgeber	• mit allen rechtlich notwendigen Angaben
Überschrift	»Zeugnis«
Einleitung	• Anrede • Name • bisherige Position • Beginn + Ende des Arbeitsvertrages • Unternehmen kurz beschreiben • eventuell Standort
Tätigkeiten	• Aufgabenfelder • Haupt- und Nebentätigkeiten • absteigend nach ihrer Bedeutung • differenzieren, ob verantwortlich oder unterstützend

Elemente	Details
Beurteilung	- Leistung - Arbeitsbereitschaft - Arbeitsbefähigung - Fachwissen - Arbeitsweise - Projekte, Erfolge
Verhalten (Beispiele)	- personale Kompetenzen - Kommunikationsfähigkeit - Teamgeist - Methodisches Know-how
Sozialverhalten	- gegenüber Vorgesetzten - gegenüber Kollegen - gegenüber Kunden
Führungskompetenzen (Beispiele für Manager)	- Empathie und Menschenkenntnis - Mut und Innovation - Zielstrebigkeit und Resilienz - Konflikt- und Kritikfähigkeit, kommunikative Kompetenzen
Austrittsgrund	- Weiterentwicklung - Umzug - Betriebsbedingte Kündigung
Schluss	- Dank für die Zusammenarbeit - Schlusssatz und Zukunftswünsche - Unterschrift mit Ort und Datum

Tab. 53: Elemente und Aufbau von Zeugnissen

Negative Aspekte und ihre Auswirkungen
Formmängel bei Arbeitszeugnissen sind leider weit verbreitet: Falsche Daten und Angaben, Rechtschreib- und Grammatikfehler, ein nachlässiger optischer Eindruck zeugen von mangelnder Sorgfalt und damit auch an fehlendem Respekt dem Arbeitnehmer gegenüber. Es wirft kein gutes Licht auf den Arbeitgeber, wirkt unaufmerksam und unprofessionell. Es ist für beide Seiten ärgerlich, wenn nachkorrigiert werden muss, denn es kostet Zeit und Nerven.

Auch **rechtliche Mängel** kommen vor: Aussagen im Zeugnis sind falsch, wichtige Informationen fehlen oder das Zeugnis ist nicht wohlwollend formuliert. Vielleicht finden sich Inhalte, die nicht hineingehören, wie krankheitsbedingte Fehltage, Behinderung, verhaltens- oder personenbedingte Gründe für das Ausscheiden, einen Hinweis auf die Tätigkeit in Betriebsrat oder Gewerkschaft oder auf einmalige Vorfälle ohne Aussagekraft. Auch wenn das Zeugnis nicht von einer Person mit Prokura unterschrieben ist, verstößt der Arbeitgeber dadurch gegen das Arbeitsrecht. Alle diese rechtlichen Mängel wirken nicht wertschätzend auf den Arbeitnehmer. Dieser kann zwar Schadensersatz einklagen, das Verhältnis zum Arbeitgeber hat jedoch (noch einmal mehr) gelitten.

Darüber hinaus finden sich oft **Mängel bei Inhalt, Sprache und Tonfall**. Was häufig auffällt, sind die immer gleichen Floskeln und Satzbausteine über den unvermeidlichen Bewertungscode hinaus. Das hat entweder damit zu tun, dass seit Jahrzehnten dieselben Vorlagen benutzt werden oder dass Zeugnisse mit Generatoren oder KI erstellt und nicht überarbeitet und individualisiert werden. Wenn das ganze Zeugnis wie automatisch erstellt wirkt, hat das mit Wertschätzung der Arbeitnehmerin nichts zu tun.

Problematisch wird es besonders dann, wenn negative Emotionen oder Rachegedanken ersichtlich sind. Aber auch das Gegenteil kann auf einen potenziellen neuen Arbeitgeber negativ wirken: übertriebenes Loben. Entweder das Zeugnis verrät, dass es selbst geschrieben wurde oder dass die Arbeitnehmerin weggelobt wurde. Wenn der **Bewertungscode** falsch eingesetzt wurde und das gezeichnete Bild nicht mit der Person übereinstimmt, wirkt das Zeugnis unglaubwürdig und macht misstrauisch. Vor allem ist ein solches Zeugnis nicht fair und wertschätzend der Arbeitnehmerin gegenüber.

Tipps für wertschätzende Zeugnisse
Räumen Sie auch Arbeitszeugnissen einen gebührenden Platz in einer wertschätzenden Schreibkultur ein. Geben Sie Ihr Bestes, damit dieses Dokument ein Arbeitsverhältnis positiv abschließt. Wir fassen zuerst die Basics dafür zusammen und runden diese mit einigen Impulsen zum Thema *Wertschätzung* ab.

Eigenschaften	Die Tipps im Detail
Rechtliches	<ul><li>rechtssicher</li><li>wahrheitsgetreu</li><li>wohlwollend</li><li>mindestens »befriedigend«</li><li>schlechter: begründen</li><li>vollständig</li><li>vom Richtigen unterschreiben lassen (Prokura)</li></ul>
Form	<ul><li>Firmenpapier</li><li>sauber, knitter- und geruchsfrei</li><li>ansprechend formatiert im Corporate Design</li><li>fehlerfrei</li><li>alle Elemente in richtiger Reihenfolge</li><li>maximal zwei DIN-A4-Seiten</li></ul>

Eigenschaften	Die Tipps im Detail
Inhalt, Sprache und Stil	• möglichst keinen Zeugnis-Generator verwenden • wenn doch, auf jeden Fall individualisieren • persönliche Erfolge und Projekte erwähnen • wohlwollend formulieren • verständlich ausdrücken • aktiv, frisch, aktuell schreiben • positive Gefühle lebendig ausdrücken
Sonstiges	• Angaben mit Lebenslauf abstimmen • Entwicklung des Mitarbeiters beachten • eng mit dem Vorgesetzten des Mitarbeiters abstimmen • vor dem Unterschreiben sorgfältigst prüfen • direkte Führungskraft und Personalabteilung unterschreiben lassen • auf die Bedeutung dessen achten, was nicht aufgenommen wird • bei Führungskräften: Führungsqualitäten dokumentieren • pünktlich zum Austritt fertigstellen

Tab. 54: Die Basics für wertschätzende Zeugnisse

Über diese Grundlagen hinaus finden wir es wichtig, eine tiefergehende wertschätzende Perspektive einzunehmen. Eigentlich widerspricht das Bewerten an sich dem Prinzip der gewaltfreien Kommunikation: Wir maßen uns im Zeugnis an, den Mitarbeiter zu beurteilen. Über die *wertschätzende innere Haltung* (siehe Kapitel 1) und das *DISG-Persönlichkeitsmodell* (siehe Kapitel 2.2) können Sie jedoch zumindest einen respektvollen und empathischen Blickwinkel hinzugewinnen.

Wichtig vorweg: Die folgenden Punkte schreiben Sie natürlich nicht direkt ins Zeugnis. Sie zu reflektieren, hilft Ihnen aber dabei, Zeugnisse wertschätzend zu formulieren.

Als Erstes sehen wir uns die für das Zeugnisschreiben relevanten Facetten einer *wertschätzenden inneren Haltung* an:

Facetten	Details
Positive Grundeinstellung	• ein faires und wahrheitsgetreues Zeugnis schreiben wollen • das Gute, die Stärken sehen
Menschenbild	• respektvoll behandeln, auch bei eventuellen persönlichen Antipathien • den Grundsatz »Jeder Mensch gibt das Beste, das ihm in der Situation möglich ist.« zugrunde legen • Gründe für eventuelle Schwächen berücksichtigen (nicht passend eingesetzt; durch chronische Schmerzen, Depressionen, familiäre oder finanzielle Probleme belastet)

Facetten	Details
Soziale Einstellung	• die Zukunftsaussichten des Mitarbeiters nicht beeinträchtigen • dazu beitragen, dass der nächste Job besser passt
Fehlerkultur	• auch Versäumnisse des Unternehmens einräumen • ungünstige Rahmenbedingungen mit in die Waagschale werfen
Offenheit	• alle Perspektiven erfahren wollen • sich eigene Emotionen bewusst machen
Dankbarkeit	• erkunden, was der Mitarbeiter für das Unternehmen geleistet und beigetragen hat • dabei nicht nur die Aufgaben, sondern auch das Zwischenmenschliche in den Blick nehmen

Tab. 55: Facetten der wertschätzenden inneren Haltung

Als Zweites bringen wir noch einmal das *DISG-Persönlichkeitsmodell* ins Spiel. Dies vertieft Ihr Nachdenken darüber, welche Rahmenbedingungen für die Mitarbeiterin eventuell ungünstig waren. Dadurch erweitern Sie die Perspektive der Führungskraft und Ihre eigene und schaffen es noch besser, fair und umfassend zu bewerten.

- Welche Verhaltensvorlieben hat die ausscheidende Mitarbeiterin? Welche der vier Farben sind bei ihm vorherrschend?
- War die Mitarbeiterin ihren Verhaltensvorlieben und Bedürfnissen entsprechend eingesetzt? Passten ihre Aufgaben zu ihren dominanten Farben?
- Gab es aufgrund von gegensätzlichen Verhaltensvorlieben Konflikte mit wichtigen Kolleginnen, im Team oder mit der Führungskraft?

In der folgenden Tabelle können Sie – eventuell gemeinsam mit der Führungskraft – die dominanten Farben einschätzen:

	rot	gelb	grün	blau
Persönlichkeit des ausscheidenden Mitarbeiters				
Aufgaben des ausscheidenden Mitarbeiters				
Vorgesetzte				
engster Kollege				
bei Führungskräften: ihr Team				

Tab. 56: Dominante Farben einschätzen

Schreiben Sie das Zeugnis aus einer wertschätzenden inneren Haltung mit den Erkenntnissen des DISG-Persönlichkeitsmodells heraus, lässt sich damit eine einseitige negative Sicht der Führungskraft relativieren. Besonders wenn Sie das Gefühl haben, dass die Führungskraft den Mitarbeiter sehr negativ sieht, ist dieses Reflektieren wichtig. Spüren Sie in sich hinein und versuchen Sie, so objektiv wie möglich beide Seiten zu berücksichtigen.

Beispiele
An einigen typischen Formulierungen aus Zeugnissen zeigen wir Ihnen, wie Sie frischer und individueller schreiben können:

üblicher Text	frische und wertschätzende Version
Herrn X oblagen im Zusammenhang mit seiner Tätigkeit als »Sachbearbeiter Ersatzteilvertrieb« die folgenden Aufgaben: • Prüfung von Akkreditiven • Ermittlung von Finanzierungs- und Kreditversicherungskosten • Kundenbetreuung • Unterstützung bei der Ausbildung von Auszubildenden im Ersatzteilvertrieb	Herr X war als *Sachbearbeiter Ersatzteilvertrieb* für folgende Aufgaben verantwortlich: • Akkreditive prüfen • Kosten von Finanzierung und Kreditversicherung ermitteln • Kunden betreuen • Auszubildende im Ersatzteilbetrieb betreuen
Bei der Erfüllung ihrer Aufgaben beweist Frau Y eine gute Auffassungsgabe.	Wir sind sehr zufrieden damit, wie schnell Frau Y neue Aufgaben versteht und umsetzt.
Hervorzuheben ist das stets sehr gute und verhandlungssichere Englisch, das Frau B jederzeit in der Praxis anwenden konnte.	Mit ihrem verhandlungssicheren Englisch hat Frau B feinfühlig die Bedürfnisse unserer internationalen Kunden herausgefunden und passgenaue Produkte verkauft.
Wir bedauern seine Entscheidung sehr, das Unternehmen zu verlassen. Für seine berufliche Zukunft wünschen wir Herrn M alles Gute.	Dass Herr M uns verlässt, finden wir ausgesprochen schade – wir werden ihn sehr vermissen. Wir wünschen ihm weiterhin viel Erfolg.
Die Arbeitsweise von Herrn C war stets von sehr großer Systematik, Genauigkeit und Effizienz gekennzeichnet.	Uns hat begeistert, wie systematisch, genau und effizient Herr C arbeitet.
Auch bei anspruchsvollen Aufgaben und unter schwierigen Bedingungen erzielte Frau D stets Ergebnisse von hoher Güte.	Auch wenn es anspruchsvoll und schwierig wurde: Frau D hat uns mit ihren Ergebnissen immer vollkommen überzeugt.
Die Anwendung von Fachwissen bei der Bewältigung neuer Arbeitssituationen entsprach den Anforderungen an die Position.	Wir waren zufrieden damit, wie Herr S in neuen Situationen sein Fachwissen eingebracht und seine Aufgaben erfüllt hat.

Tab. 57: Vergleich von Zeugnisformulierungen

Sie können an den Beispielsätzen sehen, wie sich aus Floskeln ein sprachlich frischerer und persönlicherer Stil entwickeln lässt. Die innere wertschätzende Haltung kann durchschimmern, ohne dass der Bewertungscode verfälscht wird.

8.4 Kapitel 8 auf den Punkt gebracht

In jedem Bereich der Personalarbeit haben Sie die Chance, wertschätzend mit Mitarbeitenden umzugehen – auch wenn Sie abmahnen oder kündigen müssen. Jeder hat ein Recht darauf, fair behandelt zu werden. Auch wenn man sich letzten Endes voneinander trennt, sollte dies achtsam geschehen.

Sie wissen jetzt, wie Sie Mitarbeitende respektvoll abmahnen können. Dazu gehören das Abmahngespräch und die schriftliche Abmahnung. Hierfür haben Sie jetzt eine Fülle an *Dos and Don'ts*. Ein Beispiel hat Ihnen gezeigt, dass es sehr wohl möglich ist, juristisch wie inhaltlich korrekt und gleichzeitig wertschätzend vorzugehen.

Auch Trennungsgespräche können Sie empathisch und respektvoll führen. Den Trennungsprozess aus der Perspektive der Mitarbeitenden zu betrachten und zu verstehen, kann sehr dabei helfen. So können Sie sich auf das Gespräch und auf Reaktionen wie Angst, Schweigen oder Wut vorbereiten. Es gibt immer zwei Seiten mit ihren berechtigten Sichtweisen. Wenn Sie den Trennungsprozess wertschätzend gestalten, lohnt sich dies nicht nur für die Arbeitgebermarke: Die Kosten der Trennung fallen geringer aus, da der Arbeitnehmer kompromissbereiter ist. Er geht nicht auf volle Konfrontation und ist offener für Win-win-Lösungen. Mit dem Instrument der Exit-Interviews können Sie wertvolle Informationen gewinnen, um auf der Unternehmensseite dazuzulernen und Prozesse zum Positiven zu verändern.

Auch wenn Zeugnisse durch einen floskelhaften Code nicht viel Raum für individuelle Formulierungen zu lassen scheinen: Sie haben gesehen, wie Sie Form, Inhalt und Sprache wertschätzender gestalten können.

Wie hoffen, wir konnten verdeutlichen: Sie können aktiv dazu beitragen, dass die Mitarbeiterin trotz des Konflikts noch positiv über das Unternehmen denkt und spricht. Darüber hinaus kann die Mitarbeiterin sich selbstbewusster und ohne Verbitterung in einem anderen Unternehmen neu bewerben. Jeder Mensch ist wertvoll und kann sich positiv entwickeln. Er muss nur die zu seiner Persönlichkeit passenden Aufgaben und Rahmenbedingungen finden.

9 Schlussgedanken und Impulse

Ob Sie unser Buch von A bis Z durchgelesen haben, ob Sie es durchgeblättert und quergelesen haben oder ob Sie es selektiv gelesen haben: Wahrscheinlich hat sich etwas verändert und Sie schauen jetzt durch die Brille der Wertschätzung auf Ihren Arbeitsalltag.

Unsere zentralen Fragen in diesem Buch waren immer wieder:
- Was bin ich für ein Mensch? Wie geht es mir gerade, was ist mir wichtig und welche Bedürfnisse habe ich? Was kann ich verändern, worum kann ich bitten?
- Was ist mein Gegenüber für ein Mensch? Wie geht es dieser Person gerade? Wie fühlt sie sich in bestimmten Situationen? Was mag sie, was stört sie? Was braucht sie, um ihr Potenzial entfalten zu können und motiviert zu arbeiten?

Auf der Basis einer wertschätzenden inneren Haltung, nützlicher Werkzeuge, Modelle und einer Fülle an Tipps und Beispielen können Sie die Schreib- und Gesprächskultur im Unternehmen so gestalten, um den individuellen Bedürfnissen der unterschiedlichen Persönlichkeiten bestmöglich gerecht zu werden. Teil A hat Ihnen dafür die Grundlagen gezeigt. In Teil B konnten sie sehen, wie Sie diese in Ihrer Personalarbeit konkret umsetzen können. Dafür haben wir Ihnen für die wichtigsten Aufgabenbereiche Praxiswissen und verschiedene Beispiele an die Hand gegeben.

Bei oder nach dem Lesen unseres Buches mag der ein oder die andere vielleicht überlegt haben:
- »Ist das Ganze nicht zu zeitaufwendig? Lohnt es sich, sich so viele Gedanken über die andere Person zu machen?«
  Wir finden: »Ja, unbedingt!« Die meisten Menschen sind unglücklich in ihrer Arbeit, wenn die Aufgaben nicht zu ihrer Persönlichkeit passen und/oder sie nicht wertschätzend behandelt werden. Welch Energie, Zeit, Motivation und Produktivität gehen dadurch verloren!
  Am Anfang kostet es zwar Zeit, die Modelle zu üben und anzuwenden. Nach und nach werden Sie jedoch diese wertschätzende Art des Kommunizierens verinnerlichen – sie wird selbstverständlich. Erfolgserlebnisse werden Sie beflügeln: Sie können einen monatelang schwelenden Konflikt wertschätzend lösen, Sie bekommen positive Rückmeldungen auf Ihre E-Mails und Texte, ein Mitarbeiter verändert sich nach Ihrem konstruktiven Feedback, Sie selbst merken, wie viel klarer Sie sich selbst und die Situationen sehen.
- »Ist es nicht zu weich? Wird der andere sein Verhalten wirklich ändern, wenn ich nicht fordernd auftrete?«
  Wir glauben, dass jeder Mensch ein Recht darauf hat, respektvoll und empathisch behandelt zu werden. Wiederholt sich sein Fehlverhalten, kann ich wertschätzend

bleiben, aber gleichzeitig klar und konsequent kommunizieren und handeln. Hierbei ist es wichtig, seine Persönlichkeit zu berücksichtigen, denn jeder braucht eine passende Ansprache, die ihn motiviert, sich weiterzuentwickeln.
- »Ich denke manchmal auch nicht wertschätzend ...«
Dazu wollen wir gern anmerken, dass vermutlich niemand frei von abwertenden und negativen Gedanken ist. Jeder Mensch hat eigene Erfahrungen gemacht, darunter auch negative. Jeder wurde in einem anderen Umfeld sozialisiert mit den entsprechenden Botschaften, Prägungen, blinden Flecken und Lasten aus der Vergangenheit.
Es ist in Ordnung, solche Gedanken zu hegen, ebenso wie die Gefühle und die unerfüllten Bedürfnisse, die dahinterstehen. Diese inneren Vorgänge zuzulassen, anzunehmen und zu verstehen, ist ein wichtiger Schritt. Gleichzeitig finden wir es sehr wichtig, sich zunehmend nicht mehr davon zu einem abwertenden *Verhalten* leiten zu lassen. Fragen Sie sich: Wie kann ich gut für mich selbst sorgen und gleichzeitig die Bedürfnisse meiner Kommunikationspartner im Blick haben? Wie kann ich dabei authentisch sein? Wie kann ich mich als Mensch und Personalverantwortliche weiterentwickeln? Wie kann ich erreichen, dass mein Umfeld sich mitverändert, hin zu noch mehr Respekt und Empathie?

Wertschätzend zu kommunizieren, gelingt nicht von heute auf morgen. Es kann Widerstände und Rückschläge geben – wie bei allem Neuen, das Sie ausprobieren, üben, lernen und anderen vermitteln. Fangen Sie bei sich selbst an: Üben Sie, sich selbst wertzuschätzen. Achten Sie auf Ihre Körpersignale, nehmen Sie Ihre Gefühle wahr, erforschen Sie Ihre Bedürfnisse und versuchen Sie sich darin, wertschätzende Bitten zu äußern. Setzen Sie jeden Tag die Brille der Wertschätzung auf, bemerken Sie kleine positive Zeichen, fragen Sie sich immer wieder: Wofür bin ich dankbar?

Wertschätzend zu kommunizieren, können Sie überall üben und pflegen:
- mit allen Personen in Ihrem Unternehmen mit Führungskräften, Kolleginnen, Mitarbeitenden,
- in allen Aufgaben der Personalarbeit,
- in jeder E-Mail, jedem Text, jeder Präsentation,
- in jedem Gespräch, jeder Besprechung,
- in den sozialen Medien,
- im privaten Bereich.

Gehen Sie kleine Schritte, kommen Sie regelmäßig zu den Grundlagen zurück, greifen Sie sich unser Buch, vertiefen Sie Ihr Wissen mit weiterer Literatur oder über Weiterbildungen. Und tauschen Sie sich aus!

Integrieren Sie die wertschätzende Kommunikation immer mehr in Ihre Personalarbeit. Bieten Sie Trainings und Coachings zum Thema *Wertschätzende Kommu-*

nikation an. Intervenieren Sie auf wertschätzende und gewaltfreie Art, wenn Sie abwertendes Verhalten beobachten. Der Lohn kann wundervoll sein: Sie selbst laden sich zunehmend positiv auf, ziehen Zufriedenheit, Freude und Motivation aus Ihrer Arbeit und den sich veränderten Reaktionen Ihrer Kommunikationspartner. Sie schaffen in Ihrem Unternehmen eine Atmosphäre, in der die richtigen Mitarbeitenden am richtigen Platz sind. Sie führen das Unternehmen weiter hinaus aus einer Kultur von Misstrauen, Druck, Abwertung, Unwillen und Angst. Sie tragen dazu bei, die Schreib- und Gesprächskultur empathisch und respektvoll zu gestalten.

Mit diesem Buch geben wir Ihnen eine Fülle von Impulsen, Wissen, Einsichten, Ideen, Methoden, Werkzeugen, Tipps, Praxisbeispiele und Know-how. Wir wünschen Ihnen viel Spaß und Erfolg beim Ausprobieren und Umsetzen!

Literatur und Onlinequellen

Literatur

Andrzejewski, Laurenz (2008): Trennungskultur: Handbuch für ein professionelles, wirtschaftliches und faires Kündigungsmanagement, 3. Aufl., Hermann Luchterhand Verlag Neuwied

Baum, Katrin/Deeg, Cornelia (2018): Sich verständlich ausdrücken – Trainingsprogramm: Leserorientiert schreiben lernen, Ernst Reinhardt Verlag München

Beck, Don Edward/Cowan, Christopher C. (2017): Spiral Dynamics, Leadership, Werte und Wandel, 7. Aufl, jkamphausen Bielefeld

Benedikt, Lutz (2015): Verständlichkeitsforschung transdisziplinär, Brill Deutschland GmbH Paderborn

Blanchard, Ken (2020): Leading at a higher level, 3. Aufl., Pearson International London

Blanchard, Ken/Zigarmi, Patricia (2015): Der Minuten-Manager: Führungsstile: Situationsbezogenes Führen, 7. Aufl., Rowohlt Verlag Reinbek

Bruch, Heike/Vogel, Bernd (2008): Organisationale Energie: Wie Sie das Potenzial Ihres Unternehmens ausschöpfen, 2. Aufl., Gabler Verlag Wiesbaden

Brüggemeier, Beate (2020): Wertschätzende Kommunikation im Business: Wer sich öffnet, kommt weiter, 5. Aufl., Junfermann Verlag Paderborn

Burow, Olaf-Axel (2018): Führen mit Wertschätzung: Der Leadership-Kompass für mehr Engagement, Wohlbefinden und Spitzenleistung, Beltz Verlag Weinheim

Cullberg, Johan (2008): Krise als Entwicklungschance, Psychosozialverlag Gießen

Fröchling, Anke (2003): Schreibcoaching: ein innovatives Beratungskonzept, 2. Aufl., Shaker Verlag Aachen

Fröchling, Anke (2018): Professionelles Schreibcoaching: Konzept, Methoden, Praxis, Verlag Texthandwerk über Tredition Hamburg

Fröchling, Anke (2021): Wertschätzend korrespondieren: Wie Sie mit Wissen, Einfühlung und Respekt erfolgreiche E-Mails und Briefe schreiben, Tredition Hamburg

Khodakarami, Anahita/Schubert, Josefine (2022): Kommunikationskompetenz für Führungskräfte: Wissen und Methoden für einen konfliktabbauenden und lösungsorientierten Umgang, 2. Aufl., managerSeminare Verlags GmbH Bonn

König, Cornelius/Marcus, Bernd (2013): Persolog-Persönlichkeits-Profil, Psychologische Rundschau, Nr. 3/13, Braunschweig

Laloux, Frederic (2024): Reinventing Organizations: Ein Leitfaden zur Gestaltung sinnstiftender Formen der Zusammenarbeit, Franz Vahlen Verlag München

Langer, Inghard/Schulz von Thun, Friedemann/Tausch, Reinhard (2019): Sich verständlich ausdrücken, 11. Aufl., Ernst Reinhardt Verlag München

Lausch, Karin (2023): Trust me. Warum Vertrauen die Zukunft der Arbeit ist, Haufe Sachbuch Wirtschaft Freiburg

Luft, Joseph (1973): Einführung in die Gruppendynamik, Klett Hamburg

Lutz, Benedikt (2015): Verständlichkeitsforschung transdisziplinär. Plädoyer für eine anwenderfreundliche Wissensgesellschaft, Göttingen

Miyashiro, Marie R. (2013): Der Faktor Empathie, Junfermann Verlag Paderborn

Pelz, Waldemar (2012): Kompetent führen: Wirksam kommunizieren, Mitarbeiter motivieren, Gabler Verlag Wiesbaden

Rosenberg, Marshall B. (2016): Gewaltfreie Kommunikation: Eine Sprache des Lebens, 12. Aufl., Junfermann Verlag Paderborn

Ruch, Floyd L./Zimbardo, Philip G. u. a. (1974): Lehrbuch der Psychologie. Eine Einführung für Studenten der Psychologie, Medizin und Pädagogik, Springer Verlag Berlin

Scharmer, C. Otto/Käufer, Katrin (2017): Von der Zukunft her führen, Theorie U in der Praxis, 2. Aufl., Carl-Auer Verlag Heidelberg

Scheelen, Frank (2014): Menschenkenntnis auf einen Blick, mvg Verlag München

Scheelen, Frank/Vogelhuber, Oliver (2019): Was Menschen wirklich wollen, Waldshut-Tiengen

Schulz von Thun, Friedemann (2004): Das innere Team in Aktion. Hamburg

Schulz von Thun, Friedemann (2023): Miteinander reden 1– 4 (Faltschachtel): Störungen und Klärungen / Stile, Werte und Persönlichkeitsentwicklung / Das »Innere Team« und situationsgerechte Kommunikation / Fragen und Antworten, Rowohlt Verlag Reinbek

Spranger, Eduard (1914/1921): Lebensformen: Geisteswissenschaftliche Psychologie und Ethik der Persönlichkeit, M. Niemeyer Verlag Halle (Saale)

Stephan, Ingrid (2020): Duden Ratgeber – Briefe, E-Mails und Kurznachrichten gut und richtig schreiben: Berufliche und private Kommunikation verständlich und korrekt gestalten, 4. Aufl., Duden Verlag Berlin

Weckert, Al (2014): Gewaltfreie Kommunikation für Dummies, Wiley-VCH Verlag Weinheim

Onlinequellen

Barth, Stefan (02.04.2019): Entscheidung, Konsequenz, Wirkung: Warum wir mehr Mut und Vertrauen brauchen. https://www.informatik-aktuell.de/management-und-recht/projektmanagement/warum-wir-keine-entscheidungsvorlagen-mehr-brauchen.html. Abrufdatum: 27.05.2024

Büntemeyer, Lisa (27.01.2017): Diese 9 Stellenanzeigen gingen in die Hose. https://www.impulse.de/management/recruiting/schlechte-stellenanzeigen/3551353.html. Abrufdatum: 27.05.2024

Döbbelt, Johannes (22.02.2018): Wir kommen weiter, wenn wir übertreiben. https://www.deutschlandfunknova.de/beitrag/bewerbungsgespraech-uebertreiben-nicht-luegen. Abrufdatum: 27.05.2024

Feil, Frank (12.12.2023): Recruiting und Künstliche Intelligenz: Die Revolution im Bewerbungsprozess. https://www.techtag.de/digitalisierung/recruiting-und-kuenstliche-intelligenz-die-revolution-im-bewerbungsprozess/. Abrufdatum: 27.05.2024

Franke, Ronald (06.11.2023): Die Beschränktheit künstlicher Intelligenz in Personalauswahlprozessen. https://www.hrjournal.de/ki-in-personalauswahlprozessen/. Abrufdatum: 27.05.2024

Gallup Studie: Engagement Index Deutschland 2023. https://www.gallup.com/de/472028/bericht-zum-engagement-index-deutschland-2023.aspx. Abrufdatum: 27.05.2024

Hesener, Britta (11.10.2018): Vorsicht, Klage! Diese Formulierungen in Jobanzeigen können teuer werden. https://www.impulse.de/personal/diskriminierung-stellenanzeigen/4402459.html. Abrufdatum: 27.05.2024

Karrieremagazin Redaktionsteam von IQB & Myjobfair (14.06.2023): KI in Bewerbungsprozessen – Vor- und Nachteile beim Einsatz künstlicher Intelligenz. https://iqb.de/karrieremagazin/bewerbung/kuenstliche-intelligenz-bewerbungsprozesse/. Abrufdatum: 27.05.2024

Koytek, Marie (20.11.2023): Künstliche Intelligenz im Job: So beeinflusst KI die Bewerberauswahl. https://www.zdf.de/nachrichten/ratgeber/ki-kuenstliche-intelligenz-bewerbung-100.html. Abrufdatum: 27.05.2024

Lassen, Robert (01.02.2021): Wertschätzung durch ein Zeugnis ausdrücken. https://flowmium.com/blog/wertschaetzung-im-zeugnis. Abrufdatum: 11.06.2024

Redemund, Mathilda (2024): Vor- und Nachteile der Powerpoint-Präsentation. https://www.experto.de/businesstipps/vor-und-nachteile-der-powerpoint-praesentation.html. Abrufdatum: 27.05.2024

Scheller, Stefan (15.10.2018): Wie sehen kreative Stellenanzeigen aus? Echte Musterbeispiele im Praxistest. https://persoblogger.de/2018/10/15/wie-sehen-kreative-stellenanzeigen-aus-echte-musterbeispiele-im-praxistest. Abrufdatum: 27.05.2024

Schuricht, Uwe (10.09.2018): Bewerberauswahl durch KI: Wie mächtig werden die Algorithmen? https://bewerbung.com/bewerberauswahl-algorithmen/. Abrufdatum: 27.05.2024

Weck, Andreas (01.05.2024): Keine Antwort auf Bewerbung? Diese perfiden Gründe stecken oft dahinter. https://t3n.de/news/keine-antwort-bewerbung-gruende-1088056/. Abrufdatum: 27.05.2024

Die Autorinnen

Anke Fröchling ist Diplom-Kulturpädagogin und ausgebildete Trainerin für berufliches und wissenschaftliches Schreiben.

Sie arbeitet seit 1998 als Schreibcoach, Fach- und Sachbuchautorin. Als Pionierin des Schreibcoachings setzt sie sich dafür ein, den Begriff für eine hochqualifizierte Dienstleistung zu verwenden. 2002 veröffentlichte sie mit *Schreibcoaching – ein innovatives Beratungskonzept* ein wissenschaftliches Konzept für Schreibcoaching analog zum Führungskräftecoaching. 2018 erschien *Professionelles Schreibcoaching: Konzept, Methoden, Praxis*.

Von 1999 bis 2024 war Anke als Trainerin für berufliches Schreiben im deutschsprachigen Raum im Einsatz. In ihren Seminaren und Workshops gab sie ihr Wissen und Know-how in den Bereichen *aktueller Sprachstil*, *Verständlichkeit* und *wertschätzende Korrespondenz* weiter. Als Beraterin begleitet sie bis heute Kundenservices in Projekten zu einer verständlichen, frischen, empathischen und respektvollen Art des Korrespondierens.

Ihre vielfältigen Erfahrungen in den unterschiedlichsten Unternehmen und Branchen, ihre damit verbundene Weiterentwicklung und ihr persönlicher Weg führten Anke zum Konzept der wertschätzenden Kommunikation. 2021 erschien ihr Buch *Wertschätzend korrespondieren: Wie Sie mit Wissen, Einfühlung und Respekt erfolgreiche E-Mails und Briefe schreiben*.

Ursprünglich Hamburgerin, lebt Anke Fröchling seit 2009 in München. Ihre beiden Kinder sind Jahrgang 2003 und 2007.

Myrna Stuckert hat ihren Master in *International Human Ressource Management* gemacht und ist systemische Organisationsberaterin, Trainerin und systemischer Business Coach.

Sie verfügt über zwanzig Jahre praktische Erfahrung als Führungskraft im Bereich Personalmanagement – fünf Jahre davon in England in einem internationalen Mineralölkonzern. In Hamburg war sie als *Director International Human Resource Management* langjährig in der Geschäftsführung eines renommierten Unternehmens im Bereich Luxusgüter tätig.

Mit diesem Wissen und zusätzlichen Fortbildungen machte sich Myrna 2013 selbstständig. In all ihren Arbeitsbereichen liegt ihr Schwerpunkt auf der *wertschätzenden Kommunikation*.

Besonders den Mittelstand berät sie dabei, passgenaue Personalstrategien zu entwickeln. Damit diese erfolgreich umgesetzt werden können, bindet Myrna die Mitarbeitenden über Teamworkshops ein. Bei ihren Trainings geht es um die Themen *ganzheitliche Führungskräfteentwicklung* und *Kommunikation*. In ihren Coachings unterstützt sie ihre Klienten dabei, die Perspektive zu wechseln und Handlungsalternativen zu entwickeln.

Myrna arbeitet als *akkreditierte Insights MDI®-Beraterin* mit Persönlichkeitsanalysen. Sie kombiniert leidenschaftlich das Wissen über unterschiedlichen Persönlichkeiten und die Anwendung der *gewaltfreien Kommunikation*.

Myrna Stuckert lebt in Wohltorf bei Hamburg, mit ihrem Mann und ihren beiden Kindern.

Nachwort und Dankeschön

Liebe Leserin, lieber Leser,

unser Buchprojekt ist für uns etwas ganz Besonderes und eine beglückende Erfahrung gewesen. In unzähligen Online-Arbeitsterminen haben wir Mind Maps erstellt, unsere jeweiligen Textentwürfe durchgesprochen, gemeinsam geschrieben, an Formulierungen gefeilt, Fehler korrigiert, die Leserperspektive eingenommen und Freud und Leid miteinander geteilt. Auch wenn wir uns schon vorher jede für sich intensiv mit dem Thema Wertschätzung beschäfig hatten: Durch unser Buchprojekt haben wir es noch viel tiefer durchdrungen. Wir haben uns gegenseitig inspiriert und sehr viel voneinander gelernt. Zwei unterschiedliche Perspektiven und Persönlichkeiten haben sich perfekt ergänzt. Uns ist es gelungen, die verschiedenen Bedürfnisse mit Humor zu erkennen und zu nehmen. Das verlief in einer sehr wertschätzenden Atmosphäre.

Zweimal haben wir uns bei Myrna für eine Präsenzphase getroffen und tagelang live zusammen am Manuskript gearbeitet. Dabei ist dank Holger Karkheck (www.karkheck.de) eine Fotostrecke entstanden, die uns nicht nur als gutes Schreibteam zeigt – sondern auch als alte Schulfreundinnen, die sich über ihre gemeinsame Leidenschaft für das Thema Wertschätzung wiedergefunden haben.

Wir danken dem Haufe-Verlag – insbesondere unserem Produktmanager Dr. Bernhard Landkammer und unserem Lektorat. Ein Dankeschön gilt den Urhebern der Modelle, die unser Thema bereichert haben. Von Herzen möchten wir unseren Familien, Freundinnen und Kunden Danke sagen: für ihre Unterstützung, für ihr Interesse, für ihr Mitfiebern und Mitfreuen …

Wenn Ihnen unser Buch gefallen hat, freuen wir uns sehr über eine Rezension und Empfehlung auf den Internetseiten des Buchhandels und/oder in den sozialen Netzwerken. Schon jetzt unser herzliches Dankeschön!

Anke Fröchling und Myrna Stuckert

Verzeichnis unserer Arbeitshilfen auf myBook+

Nr.	Titel	Kap.
1.	Reflexion der inneren Haltung	1.9
2.	Gefühlswortschätze	2.1
3.	Bedürfnis-Check und Reflexion	2.1
4.	Erfolgversprechende Bitten	2.1
5.	Farbeigenschaften im DISG-Persönlichkeitsmodell	2.2
6.	Einschätzungsbogen DISG-Persönlichkeitsmodell	2.2
7.	Vorgehensweise spontane Einschätzung	2.2
8.	Reflexion Eisbergmodell	2.4
9.	Anleitung Freies Schreiben	2.4
10.	Mitglieder des eigenen inneren Teams	2.5
11.	Das Nachrichtenquadrat	2.6
12.	Checkliste Vier Verständlichmacher	2.7
13.	Führungsstil auswählen	2.8
14.	Checkliste Korrespondenzpartner einschätzen	3.1
15.	Checkliste Sich auf Präsentationen vorbereiten	5.3
16.	Aufgaben und Kompetenzen Farben zuordnen	6.1
17.	Checkliste: Jahresmitarbeitergespräche	7.4
18.	Positionen der Mitarbeitenden im Teamrad	7.6
19.	Checkliste Trennungsgespräche vorbereiten	8.2

Stichwortverzeichnis

A
Abmahnungen 236 ff.
Absagen 104, 166 ff., 174 f.
Anforderungsprofil 61, 150 f., 154 f., 158, 163, 165, 189, 223
Angestellte 119 f., 211
Arbeiter 118 f., 211
Arbeitsverträge 120, 181, 183, 203
Auszubildende 117, 196 ff., 211

B
Bedürfnisse 21, 24, 27 ff., 31 ff., 37 ff., 46 ff., 51, 59, 68 f., 73, 88, 93, 95, 98, 104 f., 111, 114 f., 117 ff., 129, 137, 142 ff., 156, 160, 162, 179, 187, 192 f., 199, 202 f., 206 f., 211 ff., 217 ff., 223, 231, 235, 245, 252, 255 f.
Betriebsrat 106, 112, 119, 124, 137, 140, 160, 182, 237
Bewerberauswahl 106
Bewerbungsgespräche 158, 163, 166 f., 176, 190
Blame Culture 206

D
Dankbarkeit 24 f., 28 f., 252
DISG-Persönlichkeitsmodell 47 ff., 52 f., 58 ff., 94, 97, 105, 144, 146, 153, 162 f., 177, 187, 192, 204, 211 ff., 219, 223, 251 f.

E
Eisbergmodell 67 f., 70, 72, 94, 97, 200
E-Mails 101 ff., 115, 163
Empathie 21, 24, 27, 32, 34, 59 f., 149, 256
Entscheidungsvorlagen 101, 109 ff., 137 f., 140 f., 144
Entwicklungsgespräche 216, 218 ff., 233
Ethische Haltung 19, 27, 29
Externe 106, 124

F
Feedbackgespräche 66, 96 f., 145, 200 f., 203 ff., 233, 237
Fehlerkultur 23, 27, 29, 140, 206, 252

G
Geschäftsführung 70 f., 109, 112, 122 ff., 136, 140, 144
Gewaltfreie Kommunikation (GfK) 26, 32 ff., 39, 43, 45 ff., 54, 95, 98, 143, 179, 201, 213, 232, 238, 251

I
Innere Haltung 17, 19, 26, 28 f., 31 ff., 94, 109, 129, 232, 238, 251 f., 255
Innere Stärke 25, 28 f.
Inneres Team 72 ff., 94, 98, 141 f., 146, 178, 230, 238

J
Jährliche Mitarbeitergespräche 211 ff., 233
Johari-Fenster 62 f., 66, 97, 200

K
Kollegen 22, 119, 123, 145, 187, 252
Korrespondenz 31, 166 ff., 190
Kündigung 23, 139, 184, 191, 235 f., 238 ff., 243 ff.
Künstliche Intelligenz (KI) 135, 149, 176

L
Layout 105, 108, 110 f., 113 f., 161 f., 168, 183, 241

M
Menschenbild 18, 27, 29, 33, 207, 251
Menschenkenntnis 32, 47, 59 f., 93, 192
Mitarbeiterführung 191 f., 196

N
Nachrichtenquadrat 79 ff., 93, 96, 146, 178, 207

O
Offenheit 22, 24, 28 f., 252
Onboarding 158, 186 ff.

P
Personalbeschaffung 149, 151

Personalentwicklung 64
Personalführung 61, 191 f., 196
Personalstrategien 60 f., 112, 135 ff., 141, 143, 145 ff.
Persönlichkeit 47 f., 50 f., 58, 60, 63, 67 ff., 93, 103, 108, 117, 143 ff., 149, 152, 161, 168, 179, 187, 189, 192 f., 196, 204, 207, 211 ff., 219, 244 f., 252, 255 f.
Positive Grundeinstellung 17 f., 29, 251
Präsentationen 82, 93 ff., 101, 112 ff., 137, 142 f., 203
Protokolle 106 ff.

R
Respekt 17, 25, 28, 32, 46, 108, 149, 230, 237, 256

S
Situatives Führen 88, 97, 192 f., 196
Sorgfalt 205
Soziale Einstellung 21, 27, 29, 252
Stellenanzeigen 101, 158 ff., 189
Stellenprofil 154

T
Teamcoaching 223, 231
Teamentwicklung 231, 233

Teamrad 223 f., 226 ff., 230 f.
Trennungsgespräche 243 f., 246
Trennungsprozess 61, 235, 243 ff., 254

V
Vertrauen 22, 27, 29, 46, 48, 66, 223, 230
Vier Seiten einer Nachricht (Nachrichtenquadrat) 79 ff., 93, 96, 207
Vier Verständlichmacher 82 f., 85 ff., 95, 99, 114, 146, 162, 241
Vorgesetzte 53, 61, 88 f., 109, 112, 117, 121 f., 124, 136 f., 146, 152, 187, 191, 208, 235 ff., 247 f., 252

W
Wertschätzende Kommunikation 17, 22, 25 f., 29, 31 f., 34, 37 f., 40, 60, 65, 75, 112, 129, 140, 231 f., 245, 256
Wertschätzung 19, 22, 24 f., 32, 41, 48, 67, 93, 115, 135, 141, 189, 230, 241, 250, 255 f.

Z
Zeugnisse 101, 247 ff.
Zusage 102, 166, 168, 172 f.
Zwischenbescheid 166, 168, 170

Ihre Online-Inhalte zum Buch: Exklusiv für Buchkäuferinnen und Buchkäufer!

▶ https://mybookplus.de

▶ Buchcode: DNX-37929